D1640065

# „Also ich glaube, Strom ist gelb“

*„Frauen, Zigarren und Whiskey sind okay.
Aber die beste Droge für einen anständigen Kerl
ist ein Schuß Wahnsinn."*

Groucho Marx

# „Also ich glaube, Strom ist gelb“
Über die Kunst, Konzerne
Farbe bekennen zu lassen

**Bernd Kreutz**

**Hatje Cantz Verlag**

Die Deutsche Bibliothek – CIP-Einheitsaufnahme

Kreutz, Bernd:
Also ich glaube, Strom ist gelb : über die Kunst, Konzerne Farbe bekennen
zu lassen / Bernd Kreutz. - Ostfildern-Ruit : Hatje Cantz, 2000
ISBN 3-7757-0920-7

Grafische Gestaltung: Bernd Kreutz, Düsseldorf
Reproduktion: F+S GmbH, Düsseldorf
Gesamtherstellung: Dr. Cantz'sche Druckerei, Ostfildern-Ruit

© 2000 Bernd Kreutz
© 2000 an dieser Ausgabe Hatje Cantz Verlag

Alle Rechte vorbehalten.

Kein Teil dieses Buches darf ohne die schriftliche Genehmigung des Autors in
irgendeiner Form vervielfältigt, abgespeichert, übertragen oder mit elektronischen
oder digitalen Medien verbreitet werden.

Erschienen im
Hatje Cantz Verlag
Senefelderstraße 12
D-73760 Ostfildern-Ruit
Telefon 0711/44 05-0
Fax 0711/44 05-220
Internet www.hatjecantz.de

Printed in Germany

## Inhaltsverzeichnis


| | | |
|---|---|---|
| Kapitel 1 | Begegnungen | 7 |
| Kapitel 2 | Erster Versuch | 15 |
| Kapitel 3 | Abgelehnt | 26 |
| Kapitel 4 | Plauderstündchen | 31 |
| Kapitel 5 | Hilfe! | 33 |
| Kapitel 6 | „Sauber" | 39 |
| Kapitel 7 | Anlauf | 48 |
| Kapitel 8 | Mit freundlichen Grüßen | 52 |
| Kapitel 9 | Startschuss | 54 |
| Kapitel 10 | Basiskontakt | 59 |
| Kapitel 11 | Gottvater lobt | 63 |
| Kapitel 12 | Kamera läuft | 67 |
| Kapitel 13 | Herr Bundeskanzler | 74 |
| Kapitel 14 | Branding | 80 |
| Kapitel 15 | Marke ist Marke ist Marke | 92 |
| Kapitel 16 | Yello Strom | 97 |
| Kapitel 17 | Werkstatt. Streng geheim. | 101 |
| Kapitel 18 | Absurdistan | 107 |
| Kapitel 19 | Frust und Lust | 112 |
| | Anschauungsmaterial | |
| Kapitel 20 | Irrungen und Wirrungen | 215 |
| Kapitel 21 | To live and have fun | 220 |
| Kapitel 22 | Orakel | 224 |
| Kapitel 23 | Ein Sommernachtstrauma | 227 |
| Kapitel 24 | Bitte anschnallen | 235 |
| Kapitel 25 | Schweine, Schweiß und Schreie | 239 |
| Kapitel 26 | Yello, das bin ich | 249 |
| Kapitel 27 | Sonne, Mond & Yello Strom | 254 |
| Kapitel 28 | Wettrennen | 257 |
| Kapitel 29 | Steilvorlage | 261 |
| Kapitel 30 | Lieber David | 266 |
| Kapitel 31 | Sonnenfinsternis | 270 |
| Kapitel 32 | Kommandosache „Komödie" | 273 |
| Kapitel 33 | Yello ohne Ende | 278 |
| Kapitel 34 | Danke! | 285 |
| | Anhang | 287 |

## Kapitel 1
## Begegnungen

Am Donnerstag, dem 21. Oktober 1999, klingelte der TV-Star Ingolf Lück gegen 14 Uhr an der Wohnungstür der Familie Königsfeld in Sankt Augustin (bei Bonn). Er kam als Glücksbringer. Und als Gratulant: Die Familie Königsfeld hatte als hunderttausendster Yello-Kunde eine Reise zum Yellowstone National Park in die USA gewonnen. Zur gleichen Zeit saß ich mit Gerhard Goll, dem Vorstandsvorsitzenden der EnBW Energie Baden-Württemberg, im Stuttgarter Firmenkasino. Wir feierten mit Teinacher Mineralwasser: Auf den Tag genau vor zwei Jahren hatten wir uns kennen gelernt. Damals gab es die EnBW nur auf dem Papier. Es gab jedoch auch den Ehrgeiz von Gerhard Goll, den neuen Energiekonzern in die Spitzengruppe der europäischen Stromlieferanten zu führen. An jenem 21. Oktober 1997 hatten Gerhard Goll und ich unsere Zusammenarbeit beschlossen. Ich ahnte damals nicht, was mich erwartete: viele schlaflose Nächte, Panikattacken, gelegentliche Wutanfälle. Aber auch euphorische Momente, spannende Begegnungen und Erfolge.

Für die EnBW und alle anderen europäischen Energiekonzerne war der Wechsel in den freien Wettbewerb ein Aufbruch ins Ungewisse. Ich war mit im Treck. Und ich erlebte die aufregendste Zeit meines bisherigen Berufslebens.

Es begann mit einem Telefonanruf am 22. September 1997 frühmorgens in meiner Düsseldorfer Agentur. Der Anrufer stellte sich als Goll vor. Gerhard Goll. Ich kannte ihn noch nicht persönlich, aber sein Name war mir ein Begriff; ich wusste, dass er Vorstandssprecher des Energieunternehmens Badenwerk in Karlsruhe war. Was mir sofort positiv auffiel: Gerhard Goll sprach mit einem leichten schwäbischen Dialekt. Vertraute Heimattöne für mich, einen gebürtigen Schwaben, der sich in Düsseldorf wie im Exil fühlt.

Gerhard Goll: „Herr Kreutz, vermutlich haben Sie schon gehört, dass Badenwerk und die Energie-Versorgung Schwaben fusionieren werden."

Ja, hatte ich gehört. Ich erinnerte mich an einen Artikel in der „Frankfurter Allgemeinen Zeitung"; dort stand, dass die beiden Unternehmen beabsichtigten, sich zur Energie Baden-Württemberg Aktiengesellschaft zusammenzuschließen. Auch von Problemen berichtete der Artikel: Eine breite Phalanx von Aktionären sei mit der Fusion nicht einverstanden und habe mit Anfechtungsklagen gedroht.

„Das ist alles vom Tisch", sagte Goll, „die Fusion ist seit August dieses Jahres beschlossene Sache." Das neue Unternehmen müsse sich nun auf die anstehende Liberalisierung des Energiemarkts vorbereiten. Ein harter Wettbewerb stehe ins Haus. Goll: „Und dafür suche ich einen Wahlkampfmanager, einen Experten für Kommunikation, der nicht nur für das neue Unternehmen wirbt und ihm ein attraktives Erscheinungsbild gibt, sondern auch an entscheidender Stelle mithilft, dass das Unternehmen überhaupt funktioniert." Ich sei ihm für diese Aufgabe empfohlen worden.

Dann erzählte Goll kurz, wie er zu meinem Namen und meiner Telefonnummer gekommen war: Vor kurzem hatte er bei dem baden-württembergischen CDU-Generalsekretär Volker Kauder telefonisch angefragt, ob dieser ihm für die bevorstehende Wettbewerbsschlacht nicht einen versierten Wahlkampfmanager empfehlen könne. Eigentlich brauche er das Unmögliche, nämlich einen Menschen, der nicht nur mit allen Wassern der Kommunikation und Werbung gewaschen sei; der Kandidat müsse zudem sensibel auf wirtschaftliche Zusammenhänge reagieren können und gleichzeitig robust und erfahren genug für langfristige Strategien und Kampagnen sein.

So also das Wunschbild von Goll. Und Kauder hatte sofort geantwortet: „Da gibt es nur einen für Sie. Der heißt Kreutz und sitzt in Düsseldorf."

So etwas hörte ich natürlich gern. Ich hatte 1996 für die CDU in Baden-Württemberg einen relativ erfolgreichen Landtagswahlkampf gemacht. Seit dieser Zeit schätzen wir uns, Kauder und ich. Wir hatten damals in erster Linie über Politik und Strategien geredet und damit eine Gesprächsebene gefunden, die eher ungewöhnlich ist zwischen Werbemenschen und Politikern.

„Könnte Sie grundsätzlich eine Zusammenarbeit mit uns reizen?", fragte Goll.

„Grundsätzlich ja."

„Gut, dann wird Sie jetzt in fünf Minuten ein Herr Zerr anrufen. Danke schön und auf Wiederhören." Hörer aufgelegt. Mein erster Kontakt mit Gerhard Goll.

Das kurze Telefonat hatte mich ziemlich beeindruckt. Erstens ist es ungewöhnlich, dass ein Vorstandsvorsitzender höchstpersönlich bei einer Werbeagentur anruft. Ungewöhnlich für deutsche Verhältnisse auch, dass ein Vorstandsvorsitzender die Suche nach einem Kommunikationsexperten zur Chefsache macht – ein Indiz, dass er über die Rolle und die Möglichkeiten der Kommunikation zumindest schon einmal nachgedacht hatte. Und drittens hatte Goll mir signalisiert, dass er sich in dem bevorstehenden Wettbewerb nicht mit der üblichen Werbung begnügen wollte. Wer als Unternehmer einen „Wahlkampfmanager" anheuert, der kann gegen den Strich denken. Eine seltene Tugend unter den Konzernbossen hierzulande.

*In den USA und in Großbritannien setzen Politiker und Wirtschaftsbosse längst auf die Erfahrungen so genannter „spin doctors". Diese Experten, die oft aus der Werbung kommen, sollen den Projekten und Plänen den entscheidenden „spin" – Dreh – geben. Der Erfolg der Labour Party in Großbritannien ist nicht zuletzt den Wahlkampfmanager-Qualitäten des ehemaligen Werbefachmanns Peter Mandelson zuzuschreiben, der den Begriff „New Labour" erfand. Er überzeugte den späteren Premier Tony Blair außerdem, das traditionelle Klassenkampfsymbol der Labour Party, die rote Fahne, gegen eine rote Rose auszutauschen.*

Exakt fünf Minuten später klingelte wieder das Telefon, und es meldete sich der Herr „Zerr". Er fragte mich, ob ich Zeit und Lust hätte, irgendwann in den nächsten Tagen nach Karlsruhe zu kommen. Zu einem Gespräch. Und so fuhr ich am 2. Oktober 1997 nach Karlsruhe und betrat um zehn Uhr zum ersten Mal das Hauptverwaltungsgebäude des Konzerns.

Michael Zerr und sein Kollege Dr. Bernd-Michael Zinow begrüßten mich in einem Besprechungsraum im zweiten Stock: zwei junge Typen in grauen Anzügen mit korrekten Krawatten; dynamisch und glatt rasiert – wie man das kennt von dem strebsamen Nachwuchs in oberen Konzernetagen. Aber im Gegensatz zu den gestressten Jungmanagern, die man morgens auf den Flughäfen in Hundertschaften zu den Frühmaschinen pilgern sieht, wirkten meine beiden Gesprächspartner richtig fröhlich und neugierig.

Zum Anwärmen redeten wir zunächst über das bisherige wirtschaftliche Profil der beiden baden-württembergischen Energieunternehmen Badenwerk und Energie-Versorgung Schwaben (EVS). Früher hatte es auf Grund ihrer Monopolstellung keine Rivalität zwischen den beiden Stromlieferanten gegeben. Erst seit den Fusionsverhandlungen gab es Spannungen. Die Führungskräfte der EVS hatten Angst, durch die „Heirat" weitgehend entmachtet zu werden – nicht zuletzt wegen der unternehmerischen Dominanz des Badenwerk-Chefs Gerhard Goll.

Im Verlauf des Gesprächs erwies sich Dr. Zinow als Experte für die neuen EU-Richtlinien zur Liberalisierung des europäischen Energiemarktes. 1997 hatten die deutschen Energieversorger noch immer eine unangefochtene Monopolstellung inne. Doch die Tage der Monopolisten waren gezählt. In Brüssel waren im Dezember 1996 EU-Richtlinien erlassen worden, nach denen das Monopolprivileg der Stromlieferanten schrittweise und mit Übergangsfristen für die einzelnen Mitgliedsländer abgebaut werden sollte. Zunächst sollten Industrie und Gewerbe von der Öffnung beziehungsweise Liberalisierung des Energiemarktes profitieren können. Anschließend die privaten Haushalte. Freie Wahl des Stromanbieters – so lautete die frohe Botschaft für die Kunden. Freier Wettbewerb auf einem Milliardenmarkt – das war die Herausforderung für die Energiewirtschaft.

Mit dem Beschluss, das Monopol der staatlichen Fernmeldegesellschaften aufzulösen, hatte die Europäische Union bereits ihren ersten Jahrhundertcoup gelandet. Schon 1996 waren zahlreiche neue Telekommunikationsfirmen gegründet worden, der Markt boomte, gute Ideen waren Gold wert. Die Öffnung des Energiemarktes würde der zweite Jahrhundertcoup werden. Mit ihrer Fusionsbereitschaft hatten Badenwerk und Energie-Versorgung Schwaben bereits ein Zeichen gesetzt: Das neue Unternehmen würde vom Start weg der viertgrößte deutsche Stromkonzern sein, mit einem geschätzten Jahresumsatz von über acht Milliarden Mark. Ein guter Anfang. Aber nur ein erster Schritt in ein weites, noch unübersichtliches Neuland. Mir war klar: Wer auch immer den „Wahlkampfmanager" für Goll und den neuen Konzern machte, der würde zwar die Chance seines Lebens bekommen. Aber auch das Desaster seines Lebens, wenn er scheiterte.

Die Binnenmarktrichtlinien für Elektrizität sollten bis spätestens 19. Februar 1999 in allen EU-Ländern rechtskräftig werden. So viel stand fest. Wie aber würde sich die Bundesregierung in dem von Brüssel vorgegebenen Zeitrahmen verhalten? Obwohl Dr. Zinow guten Kontakt zur Bonner Politbürokratie hatte, vermochte er an diesem Tag noch nicht einzuschätzen, wann die Brüsseler Vorgaben in nationales Recht umgesetzt würden. Die Bundesregierung konnte die Umsetzung beschleunigen oder blockieren, sie konnte Sonderregelungen beschließen oder mit einem dicken Auflagenkatalog herausrücken. Für Abenteuerstimmung war also gesorgt.

Ganz nach dem Geschmack von Zerr. Er hatte schon Witterung aufgenommen, lief ungeduldig im Käfig auf und ab. Behörde, Anstalt, Staatswirtschaft – all das schien nicht seine Welt zu sein.

Er wollte nicht tagaus, tagein der nächsten Fütterung entgegendämmern. Er wollte jagen gehen. Draußen, in der freien Wildbahn.

Irgendwann kamen wir auch auf Gerhard Goll zu sprechen. Zerr und Dr. Zinow gaben sich sogleich als Bewunderer des Vorstandsvorsitzenden zu erkennen. Beide waren sich einig: „Der Goll tickt etwas anders, als man es von einem Konzernchef erwartet." Sie erzählten von einer denkwürdigen Betriebsversammlung: Da kommt Goll in den Saal, legt vor versammelter Mannschaft eine Stechuhr auf den Tisch, nimmt einen Vorschlaghammer und zertrümmert die Uhr. Stille und großes Staunen im Saal. Dann erklärt Goll, die Zeiten seien vorbei, in denen man in die Firma kommt, die Stechuhr bedient, seine Stunden absitzt und sich abends beim Verlassen des Gebäudes wieder von der Stechuhr den Segen holt. In Zukunft sei es zweitrangig, wann einer kommt und geht. „Wichtig ist vor allem, dass sich jeder für seine Arbeit verantwortlich fühlt und sie nach bestem Können erledigt."

Kurz bevor ich mich gegen 14 Uhr von Zerr und Dr. Zinow verabschiedete, ließ mir Goll telefonisch mitteilen, dass er zu einem Gespräch nach Düsseldorf kommen werde, „irgendwann in den nächsten Tagen."

Obwohl ich mir noch keineswegs sicher war, ob ich den Auftrag des Energiekonzerns annehmen sollte, traf ich in den folgenden Tagen einige Vorbereitungen. Am 21. Oktober fand dann meine erste Begegnung mit Gerhard Goll statt, in einem kleinen Tagungsraum im Düsseldorfer Airport-Hotel.

In vielen großen Theaterstücken kommen zuerst einige Nebenfiguren auf die Bühne. Sie bereiten den effektvollen Auftritt des Helden vor. Der belesene Goll ist ein Meister solcher Dramaturgie. So erschienen zunächst Dr. Zinow und ein Herr Wertel im Tagungsraum. Klaus Wertel, ein Mann über 50, Bartträger, Pfeifenraucher, Marke „bedächtig". Goll hatte den gelernten Journalisten vor kurzem als Pressesprecher und Leiter der Öffentlichkeitsarbeit eingestellt. Mit seinen guten Kontakten zur baden-württembergischen Presse sollte Wertel während der schwierigen Umbruchphase für ein gutes Medienklima sorgen. Was ich damals nicht ahnte: Im Laufe der folgenden Monate sollten Wertel und ich einige Probleme miteinander haben.

Zehn Minuten später: Die Tür ging auf. Auftritt von Goll. Da kam ein mittelgroßer, drahtiger, leicht nach vorn gebeugter Mann herein, mit Brille und mit einem dichten grauen Schnauzbart. Er trug einen unauffälligen Anzug mit einem ganz feinen Muster. An anderen Männern hätte dieser Anzug im Stil der 60er-Jahre vielleicht spießig gewirkt. Nicht so bei Goll. Er gehört zu den Männern, die ihren Anzug tragen – und nicht vom Anzug getragen werden. Ein unangepasster, eigenwilliger Mann; fester Händedruck, im Blick zuerst gelassene Skepsis, dann freundliche Neugier.

*Gerhard Goll, 1942 in Stuttgart geboren; studierter Jurist. Vier Jahre im baden-württembergischen Kultusministerium, anschließend im Finanzministerium; dann Regierungssprecher. Wechsel in die Wirtschaft; elf Jahre lang Vorstandsmitglied der Landeskreditbank Baden-Württemberg. Seit 1993 in der Energiebranche. Gerhard Goll: „Als ich damals über Kundenservice gesprochen habe, wurde ich von den meisten Vorstandskollegen nur ausgelacht – Tenor: Die Leute sollen froh sein, wenn sie den Strom von uns bekommen. So begann ich im Konzern einen regelrechten Wahlkampf, im Interesse der Kunden. Als dann die Liberalisierung des Energiemarkts beschlossen wurde, wusste ich sofort: Jetzt ist endgültig Schluss mit Monopoldenken."*

Es begann wie in Karlsruhe: Plauderei zum Anwärmen. Goll erzählte von seinen Erfahrungen mit Werbeagenturen: „Es ist mir schon ein paar Mal passiert, dass ich mit Werbeleuten ausführlich gesprochen habe und später dann Protokolle und Vorschläge von ihnen bekam, die rein gar nichts mit den im Gespräch entwickelten Vorstellungen zu tun hatten." Ich erwiderte, dass es mir umgekehrt mit manchen Konzernbossen auch so gegangen sei. Und so verstanden wir uns auf Anhieb richtig gut.

Nachdem Goll kurz die politischen und wirtschaftlichen Aspekte der bevorstehenden Marktöffnung zusammengefasst hatte, sprach er über das angestrebte Erscheinungsbild des künftigen Konzerns: „Strom ist ein unscheinbares Produkt, das keine qualitativen Unterscheidungsmerkmale besitzt und dessen Preisdifferenzen im Wettbewerb sehr gering sein werden. Strom wird sich vor allem über Vertrauen und Sympathie verkaufen. Ein Konzern, der Strom einkaufen will, oder ein Stadtwerk, das einen Partner sucht, oder Privatkunden, die auf die Öffnung des Marktes reagieren wollen: Sie alle werden in ihrer Wahl von dem öffentlichen Erscheinungsbild der Energieanbieter beeinflusst. Wenn es unserem Unternehmen gelingt, sich als kundenorientiert, vertrauenswürdig und sympathisch zu profilieren, dann werden wir auch den gewünschten Erfolg haben."

Dann gab Goll mir Zucker: „Nach dem, was ich von Ihnen gehört habe, scheinen Sie genau der richtige Mann zu sein. Wenn Sie diese Aufgabe übernehmen, Herr Kreutz, dann haben Sie die Freiheit, auch andere Agenturen zu beschäftigen. Es ist mir egal, wie Sie die anfallenden Arbeiten organisieren, mir ist nur das Resultat wichtig."

Das klang nicht schlecht. Die Persönlichkeit von Goll, die in Aussicht gestellten Arbeitsbedingungen und die einmalige Chance, in der Umbruchphase einer ganzen Wirtschaftsbranche den Aufbruch eines bedeutenden Unternehmens mitzugestalten – das alles reizte mich sehr. Aber ich hatte noch einen Rest von Misstrauen in mir. Schon mehrmals war es mir bei großen Konzernen passiert, dass auf großartige Versprechungen ein Heer erbarmungsloser Erbsenzähler gefolgt war. Solche Enttäuschung wollte ich mir nicht mehr antun, dafür ist einfach die Zeit zu schade. Und so hielt ich zwei Prüfungen für Goll bereit. Ich wollte herausbekommen, ob er wirklich „etwas anders tickt".

Kurzer Rückblick: Ich hatte am Tag zuvor unseren Grafiker Peter Schlotte mit in meine Wohnung genommen und dort eine Wand freigeräumt, an der sich unten an der Fußleiste eine Steckdose befindet. Ich zu Schlotte: „Herr Schlotte, auf die Knie. Starren Sie einfach regungslos in diese Steckdose." Ein herrliches Bild. Meine Hasselblad geholt, Schwarzweiß-Polaroids rein, ein Foto gemacht: Herr Schlotte kniend vor dieser Steckdose. Zurück in die Agentur, Polaroid auf den Scanner, im Computer auf eine Doppelseite „Frankfurter Allgemeine Zeitung" eingespiegelt, dazu ein paar Zeilen Blindtext und darüber die Schlagzeile „Der Wettbewerb im Energiemarkt kommt nicht. Er ist schon da."

So weit der erste Teil. Im zweiten Prüfungsteil ging es um eine sehr wichtige und weit tragende Frage:

Ich hatte mir Gedanken über den Namen des Konzerns gemacht. Das Unternehmen war angemeldet und eingetragen als Energie Baden-Württemberg AG, und die Abkürzung des Unternehmens, vom Aufsichtsrat beschlossen, war bisher EBW. Bürokratisch und nichts sagend. Ich hatte zwei Schrifttafeln gemacht: Auf einer stand untereinander einfach BMW, RWE, EBW, VEW, KGB, EZB. Auf einer zweiten Schrifttafel standen dieselben Abkürzungen, EBW war jedoch durch die Abkürzung EnBW ersetzt.

Zurück zum Treffen im Düsseldorfer Airport-Hotel. Nachdem mir Goll also „Zucker" gegeben hatte, stand ich auf und sagte: „Ich habe da etwas mitgebracht, das sollten wir uns mal gemeinsam anschauen." Dann bin ich zu einem großen Tisch in der Ecke gegangen, habe die DIN-A3-großen Pappen mit den Kürzeln hingestellt und die Anzeige aufgeblättert.

Goll, Dr. Zinow, Wertel versammelten sich um den Tisch, schauten sich die Entwürfe an und waren hellauf begeistert. Dr. Zinow: „Super! Das isses!" Goll guckte auf die Schrifttafel mit dem

Kürzel EnBW: „Genau so muss es sein.“ Ich habe ihm dann noch meine Vorstellung von Markennamen oder Markenzeichen in der heutigen Zeit erläutert: In einer Welt voller Zeichen und Bilder kann ein abstraktes Symbol für eine neue Firma nicht mehr funktionieren. Ich glaube an die Wirkung von Wortmarken. Eine gute Wortmarke löst eine emotionale oder eine sehr konkrete Assoziation aus – sehr wichtig für einen Konzern, der neu auf den Markt kommt und auch seine Mitarbeiter mit völlig neuen Konzepten und Ansprüchen konfrontiert.

Um es kurz zu machen: Goll bestand beide Prüfungen. Als wir uns nach zwei Stunden voneinander verabschiedeten, meinte er fast beiläufig: „Na, dann machen Sie mal weiter.“ Und so stand nun fest, dass der neue Konzern nicht mehr mit EBW, sondern mit EnBW abgekürzt wird. Außerdem war ich nun Wahlkampfmanager für Gerhard Goll. Eine schriftliche Vereinbarung gab es nicht. Es galt das unausgesprochene Einverständnis. So send se, dia Schwoba.

Einen Tag später, am 22. Oktober 1997, wurde die Fusion von Badenwerk und Energie-Versorgung Schwaben rechtswirksam. Der neue Konzern Energie Baden-Württemberg AG existierte nun auf dem Papier, aber noch nicht in den Köpfen der Mitarbeiter und auch noch nicht im Bewusstsein der Öffentlichkeit. Es war viel zu tun, und die Zeit war sehr knapp.

## Kapitel 2
## Erster Versuch

Ich hatte ein gutes Gefühl. Nein, das ist zu schwach ausgedrückt. Ich war fasziniert von den Möglichkeiten, die sich mir plötzlich eröffneten. In meiner Branche bekommen nur wenige die Chance, ein großes Unternehmen für den Wettbewerb vorzubereiten, und zwar von Anfang an, mit Firmenzeichen, Erscheinungsbild, Werbung und allem Drum und Dran. Die Reaktion von Goll auf meine Entwürfe machte mich zuversichtlicher, als es für einen Werbemenschen eigentlich erlaubt ist. Ein „normaler" Vorstandschef hätte nie und nimmer kurz entschlossen und gleichsam zwischen Tür und Angel die ursprünglich vorgesehene Firmenbezeichnung EBW durch EnBW ausgetauscht, sondern zumindest vorher den Aufsichtsrat befragt. Wenn nicht sogar die Ehefrau.

*„Der größte Trick an dem Logo ist dieses n. Dieses kleine n hat zu einem Aufschrei bei unseren Eigentümern geführt, die wollten partout das Kürzel EBW behalten. Dass es Ärger geben würde, war mir klar. In meiner früheren Tätigkeit hatte ich das Wortungetüm Landeskreditbank Baden-Württemberg durch das Kürzel L-Bank ersetzt. Auch damals gab es Ärger. Und dennoch erwies sich die Entscheidung als richtig."*

Gerhard Goll

Mich reizte auch ein nostalgischer Aspekt. Wie viele Zufälle braucht der Mensch? Die neue Aufgabe bescherte mir zwei besonders schöne: Am alten Erscheinungsbild von Badenwerk und Energie-Versorgung Schwaben hatten zwei Personen mitgearbeitet, die eine wichtige Rolle in meinem Leben gespielt haben, jede im Rahmen ihrer Fähigkeiten. Ich beginne mal mit Jürgen Stöhr.

Stöhr war mehrere Jahre lang mein Agentur-Partner; ein sehr charmanter Mann, gescheit und beweglich. 1990 haben wir uns getrennt, unsere Vorstellungen von guter Werbung waren zu verschieden. Stöhr ist ein Meister der Reklame. Reklame setzt in der Regel auf vordergründige Reize und kurzfristige Effekte. Sie will nicht verändern, sondern lediglich beeindrucken. Ihr gesellschaftlicher Anspruch ist – was ja durchaus sympathisch sein kann – minimal. Wenn es aber um das Erscheinungsbild und damit die Haltung und den Ausdruck eines Unternehmens geht, ist Reklamedenken verheerend. Ein Erscheinungsbild darf nicht den Zeitgeist zum Paten haben, denn schließlich sollte es auch noch überzeugen, wenn seine Initiatoren schon längst in Rente sind. Als Architekt hätte Stöhr beim Entwerfen immer von außen nach innen gedacht. Nie umgekehrt.

Nun zu der anderen Person, zu Otl Aicher (1922–1991). Aicher war ein kulturelles Großereignis, als Grafiker, Typograph, Fotograf, Bildhauer, Ökologe, Schriftsteller, Pädagoge, Philosoph, Widerstandskämpfer im Dritten Reich. 1951 gehörte er zu den

Gründern der legendären Hochschule für Gestaltung in Ulm, lehrte dort visuelle Kommunikation, war von 1962 bis 1964 ihr Rektor. Er prägte das Erscheinungsbild von Unternehmen wie Braun, Lufthansa, Erco, gab dem ZDF ein „Gesicht". Als Gestaltungsbeauftragter der Münchener Olympiade schuf er Piktogramme, die zur internationalen Sprache wurden.

Der bekennende Idealist Otl Aicher wollte verändern: „Wir schaffen das moderne Deutschland, und zwar auch mit den Mitteln der Gestaltung, mit Architektur, mit Produktgestaltung, mit visueller Kommunikation, mit Sprache." Der berühmte Fotograf Arnold Newman wurde in der frühen Wirtschaftswunderphase von dem amerikanischen Magazin „Holiday" über den Atlantik geschickt, um die Repräsentanten Nachkriegsdeutschlands zu porträtieren. Und es erschien dann ein ganzseitiges Porträtfoto von Otl Aicher, neben den Bildern von Adorno und Stockhausen.

Ich durfte mehrere Jahre lang ein Mitarbeiter von Otl Aicher sein. Seit jener Zeit hatte ich ihn immer als „Übervater" empfunden. Ein Privileg, aber auch eine Bürde. Und Stöhr? In Stöhr sah ich so eine Art „Antithese" von mir.

*Die Zusammenarbeit mit Otl Aicher hat mich gezwungen, mich vor allem mit drei Begriffen auseinander zu setzen: 1. Ambition, 2. Ordnung, 3. Verantwortung. Der Architekt Ludwig Mies van der Rohe drückte dies so aus: „Gute Architektur beginnt mit der Art und Weise, wie man einen Bleistift spitzt."*

Der nostalgische Aspekt meiner neuen Aufgabe: Otl Aicher hatte das Firmenzeichen der Energie-Versorgung Schwaben entworfen; Stöhr war für die Leuchtreklame des Badenwerks verantwortlich. Ich löste jetzt beide ab, meinen „Übervater" und meine „Antithese". Und damit löste ich mich auch endgültig ab vom Stöhr-Fall und von der Aicher-Bürde.

Zurück zur Arbeit. Seit September 1997 tagten im ehemaligen Badenwerk regelmäßig Arbeitsgruppen, in denen die notwendigen Schritte zur Fusion und Wettbewerbsvorbereitung besprochen wurden. Auf Wunsch von Goll sollten meine Mitarbeiterin Inge Reuhl und ich künftig an diesen Gesprächen teilnehmen. So fuhren wir ab Anfang November 1997 mindestens einmal pro Woche mit dem Frühzug nach Karlsruhe. Ein heller Tagungsraum, langer Tisch, harte Stühle, Flipchart. Um den Tisch saßen in der Regel zehn bis fünfzehn Mitarbeiter aus unterschiedlichen Unternehmensbereichen. Dr. Zinow moderierte mit höflicher Bestimmtheit. Wir waren Zaungäste. Beobachten, zuhören und lernen. Wir wollten es wissen: Was macht diese Firma? Und vor allem: Was macht diese Firma aus?

Uns ist schnell klar geworden, wie komplex die anstehenden

Probleme waren. So musste der neue Konzern gleichzeitig mit der Fusion wieder aufgeteilt werden in rechtlich selbständige Gesellschaften für Energieerzeugung, Energieverteilung, Energiehandel, Energievertrieb. Und die vielen Beteiligungsgesellschaften, die von den beiden alten Unternehmen mit in die Ehe gebracht wurden, brauchten eine neue Struktur. Ein Monopolist wie die Rheinisch-Westfälischen Elektrizitätswerke (RWE), der hatte nur ein Problem: den Konzern marktorientiert neu zu ordnen. Goll aber hatte ein Problem im Doppelpack: Er musste sich erst einmal einen Konzern basteln, und gleichzeitig musste er den noch nicht existenten Konzern auf die Marktöffnung vorbereiten. Was die Sache nicht leichter machte: Im Badenwerk und in der Energie-Versorgung Schwaben hatten sich nach unserem Eindruck im Lauf der Jahrzehnte Unternehmenskulturen entwickelt, wie sie unterschiedlicher nicht sein konnten. Schwäbische Pietisten auf der einen, badische Katholiken auf der anderen Seite. So ungefähr kann man es sich vorstellen. Wenn Mitarbeiter der beiden Firmen zusammentrafen, sagten sie zwar oft dasselbe, meinten aber meistens etwas anderes.

*Inge Reuhl, 1962 in Frankfurt am Main geboren, studierte Betriebswirtschaftslehre in Gießen und Köln. Mit ihrem Prädikatsexamen gehörte sie zu den Jahrgangsbesten ihres Studienfachs. Sie begann ihre Werbekarriere als Kundenberaterin in der Düsseldorfer Werbeagentur Stöhr/Kreutz. Nach zwei Jahren wechselte sie zur Düsseldorfer Werbeagentur BMZ!FCA. Nachdem ich mich von meinem Geschäftspartner Jürgen Stöhr getrennt hatte, kehrte sie 1995 in meine Agentur zurück. Für Michael Zerr ist Inge Reuhl „eine gute Seele mit Charme für zwei, mindestens". Ich schätze sie als „Stimme der reinen Vernunft". Sie selbst behauptet, dass ihre eigentliche Stärke ihre Geduld mit mir sei.*

Natürlich meldeten Inge Reuhl und ich uns in den Arbeitskreisen gelegentlich zu Wort. Ich fiel mehrmals unangenehm auf, weil ich vorschlug, jeder möge doch mal in einem einzigen Satz aufschreiben, auf welches Ziel die Gespräche zusteuern sollten. Worauf dann alle ganz erschrocken aufschauten. Ein Ziel? Was denn für ein Ziel? Die meisten von ihnen dachten halt immer noch wie Monopolisten. Eine ähnliche Reaktion erlebte ich, wenn ich nach Preisvorstellungen fragte. Als Monopolisten mussten sie sich darüber nie den Kopf zerbrechen. Preis? Der besteht aus Kosten zuzüglich Gewinn. Geteilt durch Kilowattstunden.

Insgeheim dachten sie vermutlich: Von was redet dieser Typ eigentlich, der soll endlich Werbung machen, dann lösen sich alle Probleme von selbst. Werbung als Wundermittel. Hinter dieser Haltung steckte unter anderem die Angst, bei der Marktöffnung nicht aus den Startlöchern zu kommen.

Die Missverständnisse waren indes für meine Arbeit nicht wesentlich. Inge Reuhl und ich konnten in den Karlsruher Gesprächsrunden sehr viel lernen. Wichtig war auch, dass wir uns dort nie als Fremdkörper gefühlt haben; wir waren von Anfang an in das Unternehmen integriert.

Ende 1997 stand noch immer nicht fest, wann die Liberalisierung kommt. In der Energiebranche rumorte es, Gerüchte machten die Runde, fast täglich tauchten neue Prognosen auf. Im Schwäbischen gibt es einen schönen Spruch: „Schluss mit der Pietät, jetzt wird gestorben.“ Wir verabschiedeten uns aus dem Arbeitskreis. Die theoretischen Lehrstunden in Karlsruhe brachten uns nichts mehr. Goll erwartete konkrete Ergebnisse von uns.

Nach dem ersten Düsseldorfer Treffen hatte ich mich, ausgehend von der neuen Firmenbezeichnung, weiter mit dem möglichen Erscheinungsbild der EnBW beschäftigt. Zeichenalternativen entwickelt, Zeichenableitungen für Konzerngesellschaften versucht, Farbgebung überlegt, Schriftfamilien ausprobiert, mit Gestaltungsregeln für die Anwendung experimentiert. Dann erste Versuchsanordnungen: Wie könnten die Briefbogen des neuen Konzerns aussehen, die Fahrzeuge, die Leuchtreklame, die Broschüren, der Geschäftsbericht, die Stellenanzeigen, die Werbung?

Einerseits musste das Erscheinungsbild eine stringente Ordnung haben, andererseits sollte es aber auch Flexibilität in allen Gestaltungsbereichen bis hin zur Werbung ermöglichen. Überhaupt Grafikdesign und Werbung: Es gibt in der deutschen Kommunikationsbranche nahezu niemanden, der beide Professionen gleichermaßen beherrscht. Meine Chance: Ich konnte jetzt diese beiden Disziplinen exemplarisch miteinander verbinden. Eine seltene Gelegenheit. Und dafür schaffte ich rund um die Uhr, abzüglich fünf Stunden Schlaf pro Nacht.

„Wir brauchen eine Namensagentur und eine Corporate-Design-Agentur und eine Marktforschungsagentur und eine Werbeagentur und eine Weiß-der-Geier-Agentur“: einmal wieder den Nachweis liefern, dass dieser Spezialistenmythos grober Unfug ist. Einmal wieder diese vollmundigen Sprüche widerlegen, mit denen diese einzelnen Professionen ihre scheinbar singuläre Bedeutung reklamieren. Diese Truppenverbände so genannter Spezialisten kosten Unsummen an Geld und Nerven, und oft ist der Flurschaden, den sie anrichten, größer als der wirkliche Nutzen. Einmal wieder schlüssig beweisen: Ein einziger Kopf tut’s auch.

Mein einziger Kopf brauchte freilich Gedankenaustausch. Am Erscheinungsbild konnte ich völlig allein arbeiten, unterstützt von zwei Assistenten. Zur Entwicklung eines Kommunikationskonzeptes aber brauchte ich Sparringspartner und Mitarbeiter.

Zwei gute Bekannte konnte ich dafür gewinnen: Uwe Höfer, erfahrener Marketingmensch und ehemaliger Geschäftsführer einer Düsseldorfer Werbeagentur mit Ruhesitz auf Ibiza. Und Rulf Neigenfind, freier Journalist und Werbetexter mit Wohnsitz in Paris. Diese beiden von mir sehr geschätzten Kollegen können um die Ecke denken, ohne das Ziel aus den Augen zu verlieren.

Auf unseren ersten gemeinsamen Arbeitstag hatte ich mich gut vorbereitet. Man kann zwar Vegetarier sein, wenn man für Wurstwaren werben will. Aber man sollte möglichst viel über Wurst wissen. Ich wollte möglichst viel über Strom wissen. In Karlsruhe hatten wir schon viel erfahren. Aber vielleicht ja nicht genug. Also besorgte ich mir jede Menge einschlägige Literatur, bunt bebilderte Lehrbücher für Kinder, populärwissenschaftliche Wälzer, trockene Fachpublikationen.

Ich arbeitete mich auch durch die dicke „Maria". So heißen die Marktanalysen des Verlagshauses Gruner + Jahr. In den Berichtsbänden Energiewirtschaft und Elektrizitätswirtschaft sind alle aktuellen, öffentlich verfügbaren Informationen übersichtlich zusammengefasst: allgemeine Marktentwicklung, Preisentwicklung und Preisvergleiche, Marktforschungsergebnisse, Werbeaufwendungen, Medienberichterstattung. Da erfuhr ich ziemlich interessante Dinge. Zum Beispiel, dass das Bayernwerk in der Gesamtbevölkerung zwischen 18 und 70 Jahren angeblich einen Bekanntheitsgrad von 39 Prozent hat. Ohne bis dato jenseits der bayerischen Grenzen Werbung gemacht zu haben. Da sagt einem doch der normale Menschenverstand, dass das nicht stimmen kann.

Aus Großbritannien, dessen Energiemarkt bereits teilweise liberalisiert war, besorgten wir uns zusätzliche Informationen – bis hin zu aktuellen TV-Spots. Auch hier gewann ich interessante Erkenntnisse. Zum Beispiel, dass die Prognosen zur Bereitschaft, den Stromlieferanten zu wechseln, nur wenig mit der Wirklichkeit zu tun haben. Um nicht zu sagen gar nichts.

Meine zwei Interimspartner sind beeindruckt, was ich schon alles weiß. Nach der Lektion „Markt" trage ich die Lektion „Unternehmen" vor: Wo kommt es her? Wo will es hin? Wer sind die handelnden Personen? Wie denken sie? Und um die Verdauung dieser Informationsmenge anzuregen, reiche ich noch eine markenstrategische Delikatesse hinterher. Die Aktionäre des Badenwerks und der EVS hatten zwar eine Fusion beschlossen, um den

Unternehmen eine nationale und europäische Perspektive zu eröffnen. Bei den Tarifkunden im Heimatmarkt Baden-Württemberg sollten die beiden Unternehmen aber weiterhin als Badenwerk und EVS operieren. Mir fiel dazu ein Satz aus dem Hexeneinmaleins ein: Eins plus eins = eins, vorerst aber keins. Ein herrlicher Lehrsatz zur Beschreibung des Scheiterns von Fusionen.

Jetzt konnte die Arbeit beginnen. Rulf Neigenfind, der Texter, genoss seine Lieblingsrolle als verhinderter Grafiker und entwickelte Bildideen. Ich, der Grafiker, schlug zurück mit Schlagzeilen. Mit Uwe Höfer und Inge Reuhl wurde diskutiert, gestritten, verbessert, verdichtet, verworfen, gelacht, gemacht. Stück um Stück gewann eine Kampagne Kontur und Struktur.

Zwischendurch immer wieder ein Blick auf die Konkurrenz. Was können wir daraus lernen, welche Absichten sind erkennbar, welche Strategien denkbar?

RWE, die Nr. 1 im Markt, hatte 1997 über 16 Millionen DM in die Unternehmenswerbung gesteckt. Unter dem Slogan „Die Zukunftsgruppe" wurde begonnen, die RWE als breit diversifizierten Konzern zu profilieren – weg vom Strom. Mit erstaunlich frisch daherkommenden Anzeigen wurde eindrucksvoll demonstriert, was sich alles für Firmen zusammenkaufen lassen mit den Milliardengewinnen eines Strommonopols.

PreussenElektra, die Nr. 2, gab sogar 20 Millionen DM aus für eine deutlich biederer anmutende Kampagne rund um die Themen Wirtschaftlichkeit, Umweltverträglichkeit und Stromsparen.

Bayernwerk, die Nr. 3, investierte über 2 Millionen DM (allerdings auf Bayern begrenzt) in eine sehr informative Anzeigen- und Plakatserie mit einem breit gefächerten Themenspektrum rund um Energie. Abbinder: Ein Unternehmen der VIAG-Gruppe.

Das alles bereitete uns keine Sorgen. Dennoch fing ich an, langsam nervös zu werden. Das neue Jahr hatte inzwischen begonnen. Die Energiekonzerne rechneten nun täglich mit dem Startschuss zur Marktöffnung. Das Medieninteresse an der Liberalisierung hatte deutlich zugenommen. Ich rief Herrn Goll an und bat um einen Termin. Es musste jetzt etwas auf den Tisch. Zwar hatten wir immer noch keine Produkte oder Dienstleistungen, die wir ganz konkret vermarkten konnten. Aber wir hatten ein neues Unternehmen und einen etablierten Markt. Und wir hatten ehrgeizige Ziele.

Am 29. Januar 1998 fuhren Inge Reuhl und ich mit drei schweren Koffern nach Karlsruhe. Zu unserer ersten Präsentation vor einem handverlesenen Mitarbeitergremium des Unternehmens. Wenige Tage zuvor hatte das Bayernwerk mit einem ersten Anzeigenmotiv die nationale Werbebühne betreten. Tenor: Wir machen uns selbst Mut für den künftigen Wettbewerb. VEW, die Nr. 5, startete bundesweit eine Anzeigenserie mit dem Slogan „Die Kraft der neuen Wege".

Ich wusste aus Erfahrung, dass unser Termin eine Generalprobe für die weitere Zusammenarbeit war. Vier Monate hatten die EnBW-Leute über die Geburt des neuen Konzerns nachgedacht und diskutiert. Jetzt würden sie zum ersten Mal mit einem konkreten Erscheinungsbild inklusive einer Werbekampagne konfrontiert werden. Oft habe ich erlebt, dass eine solche Konfrontation starke Emotionen auslöst, die von leichter Verwirrung bis zum Schock reichen können. Jeder Mitarbeiter hatte eine vage, aber immerhin eigene Vorstellung von dem künftigen Gesicht des Unternehmens; jeder hatte bestimmte Bilder im Kopf, geprägt vom eigenen beruflichen Status und Erfahrungshorizont. Jetzt kam etwas konkret auf den Tisch – und keiner würde dort die eigenen Bilder wiederfinden.

Drei schwere Koffer. Das Kernstück wog jedoch nur 460 Gramm: das Konzeptbuch. Hier einige Auszüge daraus (Gestaltungsbeispiele befinden sich im Bildteil des Buches):

**Aufgabe**

Kreutz & Partner ist von der Energie Baden-Württemberg AG beauftragt, ein Gesamtkonzept zu erarbeiten, das alle relevanten Bereiche der Kommunikation umfasst und dem Unternehmen ein zukunftsgerichtetes, marktbestimmendes Gesicht gibt.

Die vorliegende Präsentation stellt Basiselemente und Anwendungsbeispiele für ein visuelles Erscheinungsbild, erste Beispiele für den werblichen Auftritt sowie konzeptionelle Vorschläge für weiterführende Aktivitäten der Werbung und Öffentlichkeitsarbeit vor.

**Erscheinungsbild**

Die Aufgabe eines Erscheinungsbildes ist es, einem Unternehmen ein Gesicht zu geben. Es schafft eine nach außen sichtbare und nach innen wirksame Ordnung, die dem selbst gesetzten Anspruch eines Unternehmens entsprechen sollte.

Die EnBW sollte sich in ihrem visuellen Eindruck
- eigenständig, aber nicht exotisch
- zeitgemäß, aber nicht modisch
- seriös, aber nicht konservativ
- geordnet, aber nicht steif präsentieren.

Die Komplexität der Aufgaben macht es aus unserer Sicht ratsam, die Vorgaben für die Gestaltung auf das Minimum zu beschränken, das für einen kohärenten Gesamteindruck notwendig ist.

Die Reduktion auf wenige Basiselemente erlaubt ein Höchstmaß an Flexibilität in der Bewältigung unterschiedlichster Aufgaben. Durch ihren konsequenten Einsatz ist dennoch eine durchdachte, markante Gesamtordnung möglich.

**Markenstrategie**

Die EnBW soll nicht nur eine Firma, sondern eine Marke im Energiemarkt werden.

Grundsätzlich erscheint es sinnvoll und notwendig, diesem Markennamen alle Aktivitäten zuzuordnen, die zu den Kerngeschäftsfeldern der EnBW gehören: Erzeugung, Handel, Verteilung und Vertrieb. Damit werden Markensynergien (Bekanntheit, Image) optimal genutzt.

**Ausgangssituation im Markt**

Als regionale Energieanbieter gehörten Badenwerk und EVS nicht zu den bundesweit bekannten Unternehmen. Die großen etablierten Energieversorger wie beispielsweise RWE oder PreussenElektra starten vor diesem Hintergrund mit historisch gewachsenen Vorteilen in den Wettbewerb.

Umsatzmäßig steht die EnBW nun als viertgrößtes Energieunternehmen Deutschlands im vorderen Feld der Energieanbieter. Gleichwohl operiert sie neu am Markt und ist im angestammten Gebiet Baden-Württemberg und auch in allen anderen Bundesländern unbekannt.

Damit erhält die Kommunikation für die EnBW eine herausragende strategische Bedeutung, wie dies für keinen ihrer Wettbewerber gilt.

**Kommunikation im Energiemarkt**

Die Novellierung des Energierechts fand nahezu unter Ausschluss der Öffentlichkeit statt. Publizistisch wurde die Liberalisierung des Energiemarktes bisher kaum thematisiert.

Wenn wir schnell agieren, ergibt sich für uns daraus die einmalige Chance, das Thema „Wettbewerb im Energiemarkt" öffentlichkeitswirksam zu besetzen.

Die Situation fordert aber auch eine ganz spezifische Art von Kommunikation, nämlich eine Kommunikation, die

- extrem aufmerksamkeitsstark ist, weil es am allgemeinen Interesse mangelt
- kompetent informiert, um keine Verunsicherung aufkommen zu lassen.

**Kommunikation für die EnBW**

Die EnBW muss sich im Gegensatz zu ihren Wettbewerbern bei ihren potenziellen Kunden und einer qualifizierten Öffentlichkeit überhaupt erst bekannt machen.

Die Entwicklung neuer Produkte und Dienstleistungen ist derzeit noch nicht abgeschlossen, so dass hierüber noch keine Profilierung möglich ist.

In der ersten Stufe ist demzufolge nicht Ziel der Kommunikation, die EnBW über Produkte und Dienstleistungen zu verkaufen, sondern es soll

- die EnBW als neues Unternehmen bekannt gemacht werden
- auf ihre Leistungen neugierig gemacht werden
- ein positives Meinungsklima geschaffen werden.

**Marketingziele der EnBW**

Generelles Marketingziel, kurzfristig:

- Absicherung der Sondervertragskunden in Baden-Württemberg
- Gewinnung neuer Sondervertragskunden im Bundesgebiet

Generelles Marketingziel, langfristig:

- Absicherung der Tarifkunden in Baden-Württemberg
- Gewinnung neuer Tarifkunden im Bundesgebiet

**Die Kommunikationsziele der EnBW**

- Aufbau von Bekanntheit, die der Marktbedeutung des Unternehmens entspricht
- Besetzen der Meinungsführerschaft in der Energiebranche

**EnBW-Profil in der Kommunikation**

Die EnBW soll als

- kompetentes
- innovatives
- offensives und
- kommunikatives

Unternehmen wahrgenommen werden.

Dieser Anspruch gilt für die Werbung im gleichen Maße wie für die Öffentlichkeitsarbeit, die Verkaufsförderung und alle weiteren Kommunikationsmaßnahmen.

**Die „Geburtsanzeige" der EnBW**

Ziel: Vorbereitung der Badenwerk- und EVS-Kunden auf den nationalen Auftritt der EnBW.

Zielgruppen: qualifizierte Öffentlichkeit in Baden-Württemberg, Mitarbeiter von Badenwerk und EVS.

Strategie: Begründung der Fusion zur EnBW als notwendige Voraussetzung für die Wettbewerbsfähigkeit im liberalisierten Energiemarkt.

Taktik: Herausstellung von Badenwerk und EVS als zukunftsorientierte und wandlungsfähige Unternehmen.

Maßnahme: ganzseitige, einfarbige Anzeige in allen regionalen Tageszeitungen (Abo- und Kaufzeitungen) Baden-Württembergs. Schlagzeilen, wo möglich, getrennt für württembergische und badische Zeitungen.

Umsetzung: plakativer und emotionaler Auftritt mit rationalen Argumenten.

**Nationale Kampagne**

Ziel: Bekanntheit aufbauen und Meinungsführerschaft besetzen.

Zielgruppen: Sondervertragskunden in Baden-Württemberg, Sondervertragskunden und Entscheider in Energiefragen bei Großkunden und energieverteilenden Unternehmen im Bundesgebiet, Meinungsführer in Politik, Wirtschaft, öffentlichen Verwaltungen und Medien im Bundesgebiet, Mitarbeiter und Aktionäre.

Strategie: Profilierung als kompetentes, innovatives, offensives und kommunikatives Unternehmen.

Taktik: offensive Aufklärung über die Liberalisierung des Energiemarktes und Darstellung der EnBW als wettbewerbsorientiertes Unternehmen.

Maßnahme: nationale Kampagne in führenden Tageszeitungen, Wirtschaftsmagazinen, meinungsbildenden Nachrichtenmagazinen und Business-TV.

Umsetzung: plakativer Auftritt als Meinungsführer – kompetent, kompetitiv, direkt, kundenorientiert.

**Zusätzliche Maßnahmen**

- Internetauftritt
- Unternehmenskurzdarstellung
- EnBW-Businessmagazin
- EnBW-Kundenmagazin
- Großplakate
- Citylightplakate
- Werbung auf Straßenbahnen, S-Bahnen und Elektrobussen
- Leuchtreklame an Flughäfen

**Langfristig zu planende Werbemittel**

- Sponsoring VfB Stuttgart

## Kapitel 3
## Abgelehnt

Karlsruhe, 29. Januar 1998. Großer Besprechungsraum im Hauptquartier der Energie Baden-Württemberg. Langer Konferenztisch aus heller Buche, Holzschalenstühle mit rutschhemmenden schwarzen Stoffsitzflächen, vor einer lang gestreckten Fensterfront ein Gummibaum und ein Ficus benjamina.

Als Inge Reuhl und ich mit unseren drei großen, schweren Koffern den Raum betreten, sehen wir etwa ein Dutzend Leute am Tisch sitzen. Eine Frau, der Rest Männer. Die „Geschworenen". Goll stellt sie uns einzeln vor. Dr. Zinow und Zerr sind wieder dabei, auch Herr Wertel. Bei einem jungen Mann, ich will ihn hier mal „Herr Sowieso" nennen, wird Goll ein bisschen ausführlicher: „Herr Sowieso glaubt, er würde bei uns Marketing machen." Zack. Keine besonders aufmunternde Arbeitsplatzbeschreibung für Herrn Sowieso. Aber mir gefällt es richtig gut, dieses ironische „glaubt" und der vernichtende Konjunktiv „würde". Herr Sowieso war ein engagierter Mitarbeiter aus der Badenwerk-Marketingabteilung. Offensichtlich hatte er sich mittels ausgeprägter sozialer Intelligenz und ohne Wissen von Goll in das Präsentationsgremium gedrängt, um seine Karriereinteressen im neu entstehenden Konzern wahrzunehmen. Bei einer Präsentation in großen Konzernen befindet man sich als Werbeagentur zwar nicht unbedingt in Feindesland, aber man muss immer damit rechnen, dass irgendeiner plötzlich aus dem Hinterhalt quer schießt, weil er meint, er müsse sich profilieren.

Der erfahrene Goll hat mit seinem schnellen Hieb allen Teilnehmern noch einmal kurz die Hackordnung vergegenwärtigt. Und es kommt noch ein weiterer Satz von ihm, der mir gut gefällt: „Wenn irgendetwas, was in diesem Raum besprochen wird, vor der Zeit nach außen dringt, dann rollen Köpfe. Das ist Teil der neuen Unternehmenskultur."

Inge Reuhl und ich beginnen mit der Präsentation. Vorher haben wir einen „Sarg" auf den Tisch gestellt: einen aufklapp- und aufstellbaren Kasten, in dem die auf schwarze Pappe aufgezogenen Entwürfe stehen. „Särge" sind in der Werbebranche weit verbreitete Transport- und Präsentationsbehältnisse, die ihren Namen vermutlich dem Umstand verdanken, dass mit ihnen schon viele

Kampagnen zu Grabe getragen wurden. Ich zeige Pappe für Pappe, erkläre und begründe. Dann rede ich über die Kampagne, über meine Vorstellungen und Vorschläge.

Um die Stimmung zu lockern, haben wir eine dramaturgische Überraschung eingefügt. Eine Anzeige. Zum Bild einer leuchtenden Nachttischlampe die Überschrift „Gut's Nächtle, RWE." Dazu der Text: „Nachdem die regionalen Energiemonopole endlich gefallen sind, wollen wir unseren Strom nicht nur an Unternehmen in Baden-Württemberg, sondern auch in Bayern, Berlin, Brandenburg, Bremen, Hamburg, Hessen, Mecklenburg-Vorpommern, Niedersachsen, Nordrhein-Westfalen, Rheinland-Pfalz, Saarland, Sachsen, Sachsen-Anhalt, Schleswig-Holstein und Thüringen verkaufen. Oder auch an Firmen im europäischen Ausland. Wir haben uns gut auf den Einstieg in diese Märkte vorbereitet und dafür sogar ein ganz neues Energieunternehmen gegründet: die Energie Baden-Württemberg AG. Wir glauben nämlich, dass wir mit neuen Ideen, modernem Marketing und motivierten Mitarbeitern manchem Wettbewerber durchaus ein paar schlaflose Nächte bereiten können. Wann dürfen wir Ihnen guten Tag sagen?"

Die Überraschung ist perfekt. Wir haben die Lacher auf unserer Seite. Das einzige Mal an diesem Tag.

Nach einer Dreiviertelstunde bin ich durch. Wie immer am Ende einer Präsentation sage ich: „Ich danke für Ihre Aufmerksamkeit." Am Tisch wird einstimmig geschwiegen. Ein richtig lautes Schweigen. Keiner will sich vorwagen. Ich registriere, dass Goll seinen Blick langsam über die verdrucksten Gesichter schweifen lässt. Goll führt beileibe kein Schreckensregiment in der EnBW. Die Leute haben nur einen gehörigen Respekt vor ihm.

Das Schweigen ist nicht ungewöhnlich. Ich will noch einmal kurz darauf zurückkommen, wie solche Präsentationen auf die Teilnehmer wirken. Alle haben vorher eine Vorstellung von der noch fiktiven Firma. Eine diffuse Vorstellung. Und dann wird es plötzlich konkret, mit einer geballten Ladung: Firmenzeichen, Erscheinungsbild-Details, Anzeigenentwürfe. Alles in 45 Minuten. Und so vorgestellt und vorgetragen, als sei es der Weisheit letzter Schluss. Kein Wunder, dass die meisten dann denken: So ist das also, was soll ich dazu sagen?

Es war Goll, der schließlich das Schweigen brach: „So, meine

Herrschaften, was sagen Sie dazu?“ Jetzt kam Bewegung in die Runde. Man stand auf, schaute sich noch mal einzelne Entwürfe an, hielt das Logo in Händen, redete über die Farben, ob denn da unbedingt so ein leichtes Lila drin sein müsse und warum Gelb verboten sei. Einer wurde präziser: Dieser eine Anzeigenentwurf, der einen Mann in seinem Büro zeigt, so ganz allein von hinten, das sehe ja etwas depressiv aus.

So wurde ein bisschen hier genörgelt und ein bisschen da gemäkelt. Aber keine grundsätzlichen Einwände.

Dann wollte auch Herr Sowieso einen Beitrag leisten. Und das hätte er sich besser verkniffen. Zunächst kritisierte er verhalten: „Ja, also das Firmenzeichen, ich weiß nicht ...“ Dann machte er im Vollbesitz seiner Marketingausbildung eine Anregung: „Am besten lassen wir das Firmenzeichen mal testen!“

Da bin ich schier über den Tisch gesprungen.

In diesem Augenblick überfiel mich die Horrorvision, dass meine Arbeit durch irgendwelche windigen Marketingexpertisen zuschanden gemacht wird. Am Anfang meiner beruflichen Laufbahn ist mir das ein paar Mal passiert. Aber irgendwann habe ich mir geschworen: nie wieder! Für einen kurzen Moment sah ich meine Zuversicht, dass Goll mir bei der EnBW ein vernünftiges Arbeiten ermöglicht, in sich zusammenbrechen. Dann packte mich Zorn. Ich musste ein deutliches Zeichen setzen, dem Stier direkt zwischen die Hörner hauen. Also sagte ich zu Herrn Sowieso so ruhig, wie es mir möglich war: „Ihr Vorschlag ist Stuss. Man kann ein Erscheinungsbild, das mindestens zwanzig Jahre überdauern soll, nicht mit Methoden der Marktforschung erfassen, die sich ja bekanntlich nur an der Vergangenheit oder bestenfalls an der Gegenwart orientieren.“

Als dieser Punkt geklärt war, hielt Goll unser Konzeptbuch hoch und fragte in die Runde: Finden wir hier das Unternehmen dargestellt, wie es ist und wie wir vor der Öffentlichkeit und im Wettbewerb bestehen können?

Gemurmel überall. Nur Dr. Zinow meldete sich zu Wort – mit einem klaren „Ja“. Goll nickte: „Dann sind wir uns ja einig. Ich kann damit leben.“ Oh, oh, dachte ich. Das klingt verdächtig nach Vernunftehe. Keine Erotik. Kein Sex. Nicht mal Händchenhalten.

Alles schien gelaufen. Doch dann geschah etwas, was ich noch nie bei einer Präsentation erlebt hatte – und wahrscheinlich auch nie wieder erleben werde, leider. Es war der große Moment von Michael Zerr.

Während ich mich schreibend an die Situation erinnere, fällt mir ein klassischer Western-Topos ein, ein Hohelied auf Mannesmut: ein Saloon. Rammelvoll. Whiskey in Strömen. Und alle Typen haben die Colts ganz tief hängen. Schwingtür klappt auf. Der Schrecken von Desert Town erscheint, the devil's left hand. Lässig zur Theke. Whiskey. Weg damit. Noch einen. Dann ganz cool, mit einem lebensgefährlichen Grinsen: „Alles verlässt sofort den Saloon." Schon werden die ersten Stühle gerückt. Da erhebt sich ganz hinten in der Ecke so ein hühnerbrüstiges Bürschchen und sagt laut und frisch: „Nimm das Maul nicht so voll!"

*Michael Zerr, 1962 in Heidelberg geboren, studierter Jurist und Politikwissenschaftler, Absolvent der Führungsakademie Baden-Württemberg. War Bauamtsleiter in einem Landratsamt und Oberregierungsrat im Staatsministerium. Er lernte das Badenwerk als Praktikant kennen und wurde von Goll im Januar 1995 als Leiter der Unternehmensentwicklung eingestellt. „Auf die Frage, was er von mir erwarten würde, sagte Goll: Tun Sie, wozu Sie am meisten Lust haben, was Sie am besten können und womit Sie den größten Beitrag für die Zukunft des Unternehmens leisten können."*

Also der Zerr, der ist ein junger Bär, und er blieb auch zunächst sitzen. Trotzdem, er sagte laut und deutlich: „Also Herr Kreutz, was Sie da gezeigt haben, ist nicht das Unternehmen, in dem ich arbeiten will."

Und wie im Westernsaloon zogen fast alle den Kopf ein und kriegten diesen „O Gott, jetzt wird's fies und furchtbar"-Blick.

Nach ein paar klammen Schweigesekunden räusperte sich Dr. Zinow und begann eine Diskussion mit seinem Freund Zerr. Noch einmal die entscheidenden Fragen: Was will das Unternehmen, wo kommt es her, wo will es hin? Wie stellt es sich für die Mitarbeiter und in der Öffentlichkeit dar? Für Zerr strahlte das von uns entworfene Unternehmensbild „eigentlich nur Kälte" aus; ein reiner Managementkonzern, „ohne Menschlichkeit, ohne Seele und ohne Perspektive."

Zerr stand auf und lief im Raum herum: „Die Richtung muss ganz anders sein, irgendwie optimistischer."

Da stand auch Goll auf und lief ebenfalls im Raum herum. Es war wie ein ritueller Tanz: Mal kamen sie sich ganz nah, dann entfernten sie sich wieder voneinander. Irgendwann blieb Goll stehen, hinten in einer Ecke an der Fensterfront, und sagte ganz bedächtig: Es gebe Stimmen im Unternehmen, die meinten, der Herr Zerr habe sich aus dem Unternehmen hinausgeträumt.

Jedem im Raum stockte der Atem, inklusive Inge Reuhl und mir. Alle wussten, dass Zerr so eine Art „Ziehsohn" von Goll ist. Goll hatte ihn immer gefordert und gefördert. Und jetzt dieser Satz, der wie eine Aufforderung zur Kündigung klang. (Später erfuhr ich, dass Golls Bemerkung eine Schutzmaßnahme für Zerr war: Er wollte einer anwachsenden Neidfraktion im Unternehmen den Wind aus den Segeln nehmen.)

Zerr wurde blass und rang um Fassung. Da sagte ich zur allgemeinen, auch zu meiner eigenen Überraschung: „Ich kann Sie verstehen, Herr Zerr."

*„Da gibt es ein paar sehr kreative und sehr mutige, manchmal sogar jugendlich übermütige Menschen, die gern ganz weit nach vorne springen. Denen muss ich ab und zu sagen: Es nützt euch gar nichts, wenn ihr der Truppe so weit voraus seid, dass euch die Truppe gar nicht mehr sieht. Dann dreht die Truppe nämlich um – und ihr steht plötzlich allein da."*

Gerhard Goll

Noch während mich Zerr ungläubig ansah, packte ich die Pappen ein und klappte den „Sarg" zu. Alle verblüfft. Wie sagt man: Das Stück ist aus, der Vorhang fällt, das Publikum betroffen und alle Fragen offen. Für mich kein Problem. Ich war nicht mit der Vorstellung nach Karlsruhe gefahren, irgendetwas verkaufen zu müssen. Ich verstand die Präsentation als Diskussionsvorschlag, nicht als Diktat. Natürlich, wir standen unter enormem Zeitdruck. Aber das war kein Grund, nicht offen für andere Optionen zu sein.

Zerrs Mut imponierte mir. Da war ein Mann, der noch keine genaue Vorstellung von dem künftigen Unternehmen hatte, der aber genau wusste, wie es nicht aussehen sollte. Seine Kritik an der „Kälte" zeigte mir, dass er zu den wenigen Mitarbeitern gehörte, die ahnten, wie wichtig die Kommunikation für den Erfolg der EnBW sein würde.

Nach der Präsentation, die meisten Teilnehmer hatten den Raum schon verlassen, kam Zerr auf mich zu und sagte mit etwas wackliger Stimme, aber dennoch irgendwie froh, dass wenigstens einer ihn verstand – und auch noch ausgerechnet ich: „Wir müssen unbedingt miteinander reden. Ich komme zu Ihnen nach Düsseldorf. Dann kann ich Ihnen in Ruhe erläutern, worum es mir geht." Wir einigten uns auf einen Termin. Und gaben uns die Hand. Zerr war erleichtert.

Goll war ins Nebenzimmer gegangen. Als er zurückkam, hatte er ein Buch in der Hand und gab es mir zum Abschied kommentarlos mit auf den Weg. Noch in Folie eingeschweißt: „Wie kommt das Neue in die Welt? Heinrich v. Pierer. Hanser".

Was wollte mir Herr Goll, der Menschenkenner, damit sagen? Etwas Ähnliches wie das, was er zuvor Zerr gesagt hatte, nur umgekehrt und etwas diskreter? „Herr Kreutz, Sie träumen zu wenig." Oder war es einfach nur ein Buch. So wie es uns Sigmund Freud gelehrt hatte: Manchmal ist eine Zigarre nur eine Zigarre.

Oder war Goll in Wirklichkeit ein Zen-Meister? Die Frage ein Kōan?

## Kapitel 4
## Plauderstündchen

Mein Freund Neigenfind hatte überhaupt kein Verständnis für meinen Karlsruher Rückzieher: „Wie könnt ihr alles wieder einpacken, wenn das Zeug eigentlich schon abgesegnet ist!“ Nach stundenlangem Disput fasste der wirklich hoch talentierte Texter Neigenfind seine Meinung von mir mit bündiger Präzision zusammen: „Vollidiot!“

*„Unsere Werbung ist nicht wirklich schlecht. Sie ist nur harmlos, weil unsere Protagonisten bis zum Hals in ihren Karriereängsten und in ihren gelernten Konventionen stecken – fürwahr keine gute Voraussetzung zum Verführen. Denn wer mag sich schon einem Verführer hingeben, dem die Harmlosigkeit aus dem treudoofen Auge blickt?“*

Rainer Baginski in *NZZ-Folio*

Sechs Tage später, am 4. Februar 1998, erschien Zerr zum ersten Mal in unserer Agentur. Er erläuterte sein Unbehagen mit unserer Präsentation. Eigentlich hätten wir ja alles richtig gemacht, sagte er. Aber was für ihn rübergekommen wäre, sei letztlich doch nicht mehr als das, was wir in unseren tagelangen Gesprächen in den Karlsruher Arbeitskreisen wahrgenommen hätten. Zu viel Hier und Jetzt, zu wenig Morgen und Übermorgen.

Mir war das Phänomen bekannt. Häufig macht man gerade dann alles falsch, wenn man glaubt, alles richtig zu machen.

Wir redeten und redeten. Über Gott und die Welt, moderne Kunst und Farben, Philosophie und Chaostheorie, Markt und Wettbewerb. Zerr bat um ein Flipchart. Er ist einer, der in Bildern denkt. Er zeichnete einen Tisch, an dem sich zwei Männchen gegenüber saßen: „Männchen A stellt das Unternehmen dar und Männchen B den Kunden“, erklärte er. „Sie sitzen sich getrennt gegenüber. Das ist die Regel.“ Zerr strich Männchen A durch und ließ es direkt neben Männchen B wieder auferstehen: „Wir müssen mit der EnBW auf die Seite des Kunden gehen und mit ihm gemeinsam nach optimalen Lösungen suchen.“

Irgendwann bin auch ich zum Flipchart gegangen und habe einen Kreis mit einer Tangente aufs Papier gezeichnet. „Innerhalb des Kreises befindet sich die Konvention, das Abgesicherte“, erklärte ich. „Jenseits des Kreises ist das Chaos, das Unstrukturierte, das Unvorhersehbare. Mit unserer ersten Präsentation waren wir mitten im Kreis, und insofern war sie perfekt – aber auch langweilig. Wir müssen etwas wagen, wir müssen zum Berührungspunkt der Tangente vorstoßen, um Kontakt mit dem unbestimmbaren Künftigen zu bekommen, ohne die Verbindung mit dem Abgesicherten zu verlieren.“

Das gefiel Zerr. Wieder am Flipchart, malte er mit Linien und

Kästchen das klassische Organigramm einer Konzernorganisation auf. Dann beschrieb er sein Idealmodell einer Selbstorganisation und zeichnete dabei Halbkreise aufs Blatt, die sich um eine offene Mitte gruppierten. Es sah aus wie das Piktogramm einer Turbinenschaufel.

Wir kamen auf Niklas Luhmann. Zerr hatte ihn gelesen – und verstanden. Ich hatte aus der Lektüre eines Luhmann-Buches nur einen Gedanken in Erinnerung. Nämlich den, dass Gesellschaft nicht aus Individuen entsteht, sondern aus Kommunikation.

Diese Erkenntnisse lesen sich wie Plattitüden. Und das sind sie auch. Aber es ging an jenem Tag gar nicht darum, der Welt der Werbung neue Glanzlichter aufzusetzen. Wir waren wie zwei Jungen, die sich gegenseitig ihre Briefmarkensammlung zeigen. Solche Gespräche können für die Arbeit manchmal wichtiger sein als tief schürfende Analysen. Sie schaffen ein Klima von Verständnis und Vertrauen. Und sie fördern Motivation und Inspiration.

Nach sieben Stunden verabschiedete sich Zerr, um zurück nach Karlsruhe zu fahren, und zwar „richtig happy", wie er sagte. Ich habe anschließend noch bis tief in die Nacht mit Inge Reuhl in der Agentur gesessen und Bestandsaufnahme gemacht. Ich strich die erste Präsentation rigoros zusammen, übrig blieben nur noch das Firmenzeichen und ein paar Grundgedanken zum Erscheinungsbild. Was wir bisher gemacht hatten, war die Pflicht gewesen. Jetzt musste die Kür kommen. Für dieses eine Mal holte mich mein ehemaliger Übervater Otl Aicher wieder ein. Ich erinnerte mich an ein denkwürdiges Aicher-Gebot: „Umsatz, Wettbewerb, Markt – alles ganz schön und gut. Aber was ein Unternehmen wirklich interessant macht, das ist seine Unternehmenskultur. Dazu muss es aber erst einmal selbst wissen, was es eigentlich macht. Und wofür es steht."

Gute Frage. Was machen wir eigentlich? Und wofür stehen wir?

## Kapitel 5
## Hilfe!

Neigenfind verließ den Ring. Er hatte keine Lust mehr, für einen „Vollidioten“ den Sparringspartner zu machen. Ich akzeptierte das, brauchte aber dringend intellektuelle Bewegung. Ich musste aus meiner engen Ecke herauskommen. Da fiel mir ein hochgebildeter Mensch ein, ein Typ mit blitzschnellem Reaktionsvermögen: der Journalist Andreas Lebert, Jahrgang 1955, studierter Physiker, ehemaliger Chefredakteur und Erfinder des großartigen Magazins der „Süddeutschen Zeitung“, jetzt Chef einer eigenen Medienproduktionsfirma in München. Ein Medienexperte, der den Kopf frei von Werbung hat. Ich rief Lebert an und fragte ihn, ob er eine Stunde Zeit für mich habe. Er hatte. Am 8. Februar fuhr ich mit dem Intercity nach München und traf mich mit Andreas Lebert im „Hotel Königshof“ am Hauptbahnhof.

Weil ich mich so gerne daran erinnere, will ich schnell erzählen, wie ich Andreas Lebert kennen gelernt habe. 1994 schaltete ich für den Türklinken-Hersteller FSB, der seit etlichen Jahren zu meinen Kunden gehört, eine ganzseitige Anzeige im „Spiegel“. Eine weiße Seite, Schlagzeile oben links: „Bitte zugreifen“, darunter ein eingeklebtes, Postkarten-großes „Journal der Klinken und Moden“ mit 48 Seiten Umfang. Prallvoll mit Bildern von Türklinken und ihrem kulturellen Kontext. Zum Beispiel ein expressiver Klinkenentwurf des Schweizer Architekten Mario Botta gegenüber einem Bild des russischen Malers Wassily Kandinsky. Oder die schlichte Aluminiumklinke des englischen Avantgarde-Designers Jasper Morrison als Gegenstück zu einem schnörkellosen Holzgefäß der pietistischen Shaker-Sekte aus dem Amerika des 19. Jahrhunderts. Andreas Lebert sah dieses Heftchen, fand es „große Klasse“ und rief mich an. Ob ich nicht Lust hätte, mal so etwas für sein Magazin zu machen, nämlich eine Bildserie für ein Kanzlerkandidaten-Porträt. Es war im Wahljahr „Scharping versus Kohl“. Als Fan des SZ-Magazins war ich von der Idee sofort angetan, flog nach München – und gewann in Lebert einen Freund im Geiste. Ich lieferte eine Strecke über 16 Magazinseiten (siehe Bildteil) und anschließend einen weiteren, noch opulenteren Beitrag zum Thema „Wir alle haben unser Leben in der Hand“.

Erstes Kompliment: Lebert hatte meine Werbung gesehen und

eine Assoziationskette zu einer eigenen Idee gefunden. Zweites Kompliment: Er war souverän genug, gegen das journalistische Kastendenken zu verstoßen und einen Außenseiter ins Gehege zu holen. Andreas Lebert, ein Großmeister im analogen Denken, gehört zu den intelligentesten Köpfen, die ich kenne. Er hat auch die seltene Gabe, sein Gegenüber plaudernd zu kreativen Höchstleistungen anzuspornen. So, jetzt Schluss mit Schwärmerei. Wir trafen uns also im Restaurant des Münchener Hotels „Königshof". Beim Essen – an die Rechnung erinnere ich mich nur ungern – redeten wir nur indirekt über Werbung, hauptsächlich über Energie. Nicht über Watt und Volt, sondern über mentale, emotionale und psychische Energie. Hin und wieder machte ich mir ein paar Notizen.

Als wir uns nach anderthalb Stunden verabschiedeten, hatte mich Lebert tatsächlich aus meiner engen Ringecke herausgeholt. Auf der Rückfahrt im Zug, ich glaube, ich stand gerade am Fenster und sah in die Nacht hinaus, hatte ich ihn plötzlich. Den „Geist" der EnBW. Vier Wörter: Mit Energie was unternehmen.

Als Kind habe ich mir das menschliche Gehirn immer als ein Haus mit vielen Türen vorgestellt, hinter denen sich alle Ideen dieser Welt verbargen. Auch heute noch ist es mir ein Rätsel, womit, wann und wie diese Türen geöffnet werden.

„Mit Energie was unternehmen." Ich schrieb den Satz auf und horchte ihn ab: Er drückt Anspruch und Ansporn aus; er bezieht sich auf das Produkt des Unternehmens und motiviert gleichzeitig Mitarbeiter wie Kunden. „Mit Energie was unternehmen." Gut. Aber nur eine Zeile. Noch keine Werbung. Die Zeile musste Gestalt gewinnen.

In der Agentur habe ich Inge Reuhl und Uwe Höfer die Zeile einfach hingelegt. Reaktion: Ja – das ist es! Dann aber folgen quälende Diskussionen: Wie den Gedanken aufladen? Wie dem Ganzen eine Form geben? Was sagen? Und es wie sagen? Je länger wir reden, umso mehr beschleicht mich das ungute Gefühl, dass uns dieser gequirlte Rationalistenquark wieder in die Irre führt.

„Warum verzichten wir nicht auf den ganzen Zinnober mit einem erklärenden Text?", fragte ich in die Runde.

„Wir nehmen ‚Mit Energie was unternehmen' einfach pur als Schlagzeile und Slogan gleichzeitig, das ist der Unternehmensanspruch, das ist das, was die Firma macht, ist ihre Handlungsmaxime, das ist alles in einem. Und das setzen wir in analoge Bilder um, ohne erklärenden Text."

Wir brauchten also Bilder, die ausdrückten, was in der Zeile „Mit Energie was unternehmen" steckte. Eine erste Auswahl von Fotos fand ich in meinem Zeitschriftenarchiv, Motive aus dem Zeitgeschehen: Bundeswehrsoldaten bauen Dämme gegen das Hochwasser im Oderbruch; der von Christo verpackte Reichstag; Gerhard Schröder (damals noch Kanzlerkandidat) legt verliebt seinen Arm um Doris Köpf; ein demonstrierender Student stellt sich auf dem Platz des Himmlischen Friedens in Peking einer Panzerkolonne in den Weg; Loveparade in Berlin.

Auf jedes dieser Bilder, die unterschiedliche Aspekte von Energie zeigen, habe ich die Zeile „Mit Energie was unternehmen" gelegt. Erste Entwürfe für eine mögliche Kampagne: Bilder des Zeitgeschehens werden aus ihrem Zusammenhang genommen und im Zeichen der EnBW mit einer neuen Bedeutung aufgeladen. Ich fand die Idee ganz annehmbar, fühlte aber auch ein Unbehagen dabei: Es konnte dem Unternehmen auf Dauer nicht gut tun, wenn es sich mit fremden Leistungen schmückte, also die Energien anderer für eigene Zwecke ausnützte. Gleichzeitig spürte ich jedoch, dass eine solche Kampagne zu diesem Zeitpunkt eine Art heilsamer Schock für die EnBW sein könnte. Das bisherige Selbstverständnis des Energiekonzerns würde völlig neu definiert. Weg vom Bild des biederen Stromlieferanten, hin zu einem weltoffenen Unternehmen mit anspruchsvollen Ambitionen.

So hatte ich nun eine spektakuläre Kampagne auf dem Tisch – und gleichzeitig das Gefühl, diese Idee darfst du nicht durchziehen, wenn du für die Firma noch länger als sechs Monate arbeiten willst.

Gab es eine ähnlich plakative Alternative, die auch ohne geliehene Kompetenz den gewünschten Schock auslöste? Zu Hause, nachts, wühlte ich mich durch meine Bibliothek, wälzte Bücher, über 200 einschlägige Bände. Bilder, Bilder, Bilder, alle schon zigmal gesehen, jedes Mal mit einem anderen Ansatz und damit jedes Mal neu. Dann plötzlich ein Foto des amerikanischen Hightech-Tüftlers McCready.

Dazu fiel mir eine Geschichte ein. McCready hatte sich zum Ziel gesetzt, ein pedalgetriebenes Leichtflugzeug zu bauen. Nach einem gescheiterten Flugversuch hatte er die anwesenden Journalisten verblüfft. Auf eine gebrochene Strebe angesprochen, sagte er: „Meine Herren, mein Problem sind nicht die Teile, die gebrochen sind. Mein Problem sind die Teile, die gehalten haben. Bei dem gebrochenen Teil weiß ich, dass ich zu weit gegangen bin. Bei den Teilen, die gehalten haben, weiß ich aber nicht, wie weit ich noch hätte gehen können."

Während ich wühlte und blätterte, merkte ich, wie meine Vorstellungen zunehmend radikaler wurden. In dem Kreis, den ich für Zerr auf das Flipchart gezeichnet hatte, bewegte ich mich ungebremst auf die Peripherie zu, hin zu der Grenzlinie, hinter der das Chaos beginnt. Ein rauschhaftes Gefühl. Commander Kirk, übernehmen Sie. So lief das. Dann stieß ich auf den Engel.

Das war das Schlüsselbild. Ein blauer „Engel". Eine verschwommen fotografierte Gestalt mit blauem T-Shirt, mit ausgebreiteten Armen läuft sie dem Horizont entgegen. Ein Motiv, das genau auf dem „Berührungspunkt der Tangente" lag. Ein starkes Motiv, das ohne ein Ereignis oder eine Person des Zeitgeschehens alles zusammenfasste, was in der Vier-Wörter-Zeile steckte: „Mit Energie was unternehmen." Inspiriert vom Engel, fand ich schnell fünf weitere Motive: eine Skulpturengruppe auf der Osterinsel; eine Detailaufnahme von einem Umzugskarton mit Griffen; eine diagonal aufsteigende Pyramiden-Skyline; eine Plakatwand mit abstrakten Abrissflächen; zwei Hände, die ein Herz formen.

Keine Schlagzeile, kein Werbetext. Eine Anzeigenkampagne allein mit diesen Fotos. Ich sah sie in Gedanken vor mir, die Entscheidungsträger der EnBW, wie sie im Quadrat sprangen. Und anfangs beileibe nicht vor Entzücken.

Inge Reuhl, hin und wieder meine Stimme der reinen Vernunft, hatte dieselbe Vision. Ich konnte sie jedoch beruhigen: mit einer WWW-Idee. Wir würden das Internet zum Hauptmedium für alle Informationen und Sachaussagen der EnBW machen. Das brachte zwei Vorteile: Erstens könnten die Kunden, auch die potenziellen, via Internet viel mehr konkrete Auskünfte über die EnBW abrufen, als es ihnen der Text einer Anzeige je zu bieten vermochte. Zweitens ginge die Assoziationskraft der Bilder nicht durch einen zwangsläufig einschränkenden Text verloren. Dass diese kommunikative Gewaltenteilung tatsächlich funktionierte, hatten wir – als erste deutsche Werbeagentur – bereits mit großem Erfolg bewiesen.

Ein Jahr zuvor hatten wir für unseren Kunden Erco, einen Leuchtenhersteller, mehrere doppelseitige Anzeigen im „Spiegel" geschaltet. Wir hatten den Firmenanspruch – nämlich keine Leuchten zu verkaufen, sondern Licht – ganz direkt in eine Kampagne umgesetzt. Wir zeigten Lichtblicke. Momentaufnahmen, in denen Menschen einen Raum betreten und, vom Raumeindruck angetan, sich instinktiv nach oben blickend umschauen. Dazu nur die Überschrift „Im Licht von Erco" und das Firmenzeichen mit dem Slogan „Die vierte Dimension der Architektur." Als Adresszeile „www.erco.com".

Nur die Internetadresse, sonst nichts. Bei den Vertriebsleuten von Erco lösten die Anzeigen zunächst eine richtige Revolte aus. Sie beschwerten sich bei der Unternehmensleitung, es sei doch heller Wahnsinn, in einer Anzeige, die immerhin 120 000 Mark koste, noch nicht einmal eine Firmenadresse oder Telefonnummer zu nennen. Nur www.erco.com! Erco-Chef Klaus-Jürgen Maack blieb standhaft: Wir machen das, fertig. Mittlerweile haben sich die Vertriebsleute nicht nur beruhigt, sondern sind geradezu WWW-euphorisch. Kein Wunder. Inzwischen wird www.erco.com täglich über 60 000-mal angeklickt, weltweit. Allerdings auch dank eines vorbildlichen Internet- und Intranetauftritts.

Mit dem World Wide Web hat sich die Rolle der Massenkommunikation entscheidend verändert. Seit das Internet als Medium für Informationstiefe zur Verfügung steht, kann sich die Massenkommunikation, beispielsweise via Anzeigen, stärker als je zuvor auf generelle Aussagen konzentrieren.

„Also konzentrieren wir uns auf die Botschaft des Engels und setzen unten nur ein kleines www.enbw.com hin", sagte Inge Reuhl. Sie hatte es begriffen.

Was jetzt noch fehlte, war ein entsprechender Fortschritt beim Erscheinungsbild. Mit dem Firmenzeichen war ich inzwischen zufrieden. Es strahlte eine völlig unspektakuläre Selbstverständlichkeit aus. Es vermittelte Seriosität und Sicherheit, Größe und Eigenständigkeit. Die Statik des Gesamtauftritts aber war mir noch zu starr geraten, der visuellen Grammatik fehlte noch ein Ausrufezeichen. Wieder steckte ich in einer Sackgasse.

Wer konnte mir da raushelfen? Ich brauchte dringend jemanden, der mit Grafikdesign so wenig am Hut hatte wie Andreas Lebert mit Werbung. Ich kam auf Martin Kaselow, Jungakademiker, 13 Semester Physik. Wir trafen uns im Büro. Martin war über mein Ansinnen ziemlich verdutzt und hatte große Zweifel, ob und wie er mir helfen könnte.

„Martin, glaub mir, das wird schon. Ohne dass du es merkst."

„Wo soll ich anfangen?"

„Erzähl mir was über Energie."

„Gut, dann beginne ich mal mit dem Energieerhaltungssatz: Energie kann weder erzeugt noch vernichtet werden, sondern nur von einer Form in eine andere übergehen." Martin erzählt, ich höre zu. Er kommt zum Begriff „Transformation". Das ist es, denke ich: Wir müssen unsere Arbeit generell in eine andere Spannungsebene transformieren. Und zwar in eine höhere.

Irgendwann, es ist inzwischen spät in der Nacht, malt Martin eine Sinuswelle auf ein Blatt Papier.

„Danke, Martin, das war's."

Martin: „Tut mir Leid, dass ich dir nicht helfen konnte."

Am 17. Februar, 19 Tage nach unserer ersten Präsentation, fuhren wir wieder mit einem Koffer nach Karlsruhe. Zur zweiten Präsentation.

Kleiner Einschub: Zerr hatte nach unserem Treffen in Düsseldorf seinen Chef Goll über unser Gespräch informiert. Dabei war es ihm gelungen, Goll von den Mängeln der ersten Präsentation zu überzeugen. Überdies konnte Zerr ihn auch für unsere – im Gespräch noch vage – Vorstellung von einer ganz anders ambitionierten EnBW erwärmen. Goll war also positiv auf eine Überraschung eingestimmt.

Ich wusste, dass wir diese Überraschung im Gepäck hatten. Und hoffte zuversichtlich, dass sie die EnBW-Leute vom Stuhl reißen würde.

## Kapitel 6
## „Sauber"

14 Uhr. Konferenzzimmer des Vorstandsvorsitzenden Goll. Anwesend: Goll; Zerr; Dr. Fricke, Mitgeschäftsführer der gerade gegründeten EnBW Energie-Vertriebsgesellschaft; Inge Reuhl und ich. „Sarg" auf den Tisch. Präsentation, die zweite.

„Herr Goll, ich habe das Buch, das Sie mir mitgegeben hatten, gelesen. Ich weiß jetzt, wie das Neue in die Welt kommt: Es muss schnell gehen, und es muss wehtun." Goll nickt viel sagend. Dann referiere ich etwa zehn Minuten lang über das Düsseldorfer Gespräch mit Zerr. Erläutere, warum wir die bisherige Arbeit nicht nur in Frage gestellt, sondern einfach in den Müll geworfen haben.

Erkläre, dass unsere wesentliche Aufgabe zunächst einmal darin bestehe, nach einem zentralen Gedanken zu suchen, nach einem Satz, der das Selbstverständnis des neuen Unternehmens ausdrückt.

Jetzt die erste Pappe aufstellen. In der Mitte steht eine einzige Zeile: „Mit Energie was unternehmen."

Ich sehe es an den Gesichtern. Auf einen Schlag war alles weg. Keine Nervosität mehr, keine Ängstlichkeit, kein Zweifel. Stattdessen: Erleichterung, Gelassenheit, Zuversicht.

Wieder reden. Erläutern, dass die Zeile „Mit Energie was unternehmen" mehr ist als ein Slogan, dass sie nämlich auch eine Haltung ausdrückt, eine Handlungsmaxime nach außen und nach innen, für jeden einzelnen Mitarbeiter im Unternehmen und für das Auftreten der EnBW im Wettbewerb. Ein Synonym für Aufbruch, Dynamik, Fortschritt.

Dann komme ich zum Zeichen, das einzige, was blieb, wie es war. Ich schlug vor, zumindest in der Werbung unter das Zeichen einen Zusatz zu setzen: Die Energie-AG.

„Die Unterzeile sorgt für eine zusätzliche Positionierung des Unternehmens", erklärte ich. „Außerdem macht sie unseren Anspruch deutlich, mehr als nur ein Stromlieferant aus Baden-Württemberg zu sein, nämlich ein Unternehmen mit genereller Energiekompetenz."

Das fanden alle richtig gut.

Weiter. Jetzt präsentierte ich eine Idee, die ich nach dem Gespräch mit dem jungen Physiker ausgearbeitet hatte: „Wir brauchen für das Erscheinungsbild ein unverwechselbares formales Element, das ihm einen eigenständigen Charakter gibt." Alle nickten. Ich legte eine Pappe mit einer Sinuswelle vor – als Linie und als Fläche – und brachte zunächst ihren lokalen Bezug zur Sprache: „Der Zufall will es, dass der Nachweis elektromagnetischer Wellen und ihrer Übertragung von einem Schwingungskreis auf den anderen hier in Karlsruhe geführt wurde. Von dem Physiker Heinrich Rudolf Hertz. 1887." Das kam gut an bei meinen Karlsruher Zuhörern. „Die Sinuswelle könnte das gestalterisch prägende Element im Erscheinungsbild des Unternehmens sein", sagte ich. „Mit ihr lassen sich in den unterschiedlichen Anwendungsbereichen unverwechselbare plakative Wirkungen erzielen. Als formales Leitmotiv schafft sie die Voraussetzung für Freiheit in der Gestaltung."

Es war mir wichtig, deutlich zu machen, dass es mir nicht darum ging, eine Partitur zu schreiben, die auch von ungeübten Musikern halbwegs richtig nachgespielt werden kann.

Ich wollte nur Instrumente bereitstellen, um einen spezifischen Klang zu ermöglichen. Das setzte allerdings Virtuosen voraus.

Einhellige Zustimmung.

Weiter. Zur Werbung. Als Inge Reuhl und ich zur zweiten Präsentation anreisten, war schon entschieden worden, im Zuge der Neustrukturierung auch eine Energie-Vertriebsgesellschaft aufzubauen, mit Sitz in Stuttgart. Zerr und Dr. Fricke sollten die Geschäfte leiten. Mit der Gründung der Energie-Vertriebsgesellschaft dokumentierte die EnBW, dass sie den Markt gleichsam in einer Zangenbewegung erobern wollte. Der findige Zerr hatte die Gesellschaft nach Branchen strukturiert: Für acht Wirtschaftsbereiche sollten entsprechende Experten als Ansprechpartner potenzieller Kunden bereitstehen – beispielsweise Fachleute für die Chemie- und Metallindustrie, das Hotelgewerbe, für Brauereien oder für die Papierindustrie. Mit dem Angebot eines spezifischen Know-how hoffte die EnBW, im Wettbewerb große Kompetenz zu signalisieren und sich von Anfang an von dem Pulk der Energiekonkurrenten abzusetzen. Die Experten wurden aus den jeweiligen Branchen rekrutiert. So kam der Leiter des Brauereien-Teams nicht aus der Energiewirtschaft, sondern direkt aus dem Führungsstab einer großen Brauerei, mit einem entsprechenden Erfahrungsschatz.

Um diese Unternehmensstrategie in eine Anzeigenkampagne umzusetzen, hatte ich mir noch einmal die in Düsseldorf gezeichneten Männchen von Zerr vergegenwärtigt:

Männchen A (Energieunternehmen) sitzt nicht mehr dem Männchen B (Kunde) gegenüber, sondern Seite an Seite mit Männchen B. Motto: Wir wollen an der Seite unserer Kunden sein und gemeinsam mit ihnen etwas bewegen, damit wir beide davon profitieren können.

Den Teamwork-Gedanken setzte ich direkt und ganz konkret für die Kampagne um: Für die verschiedenen Vertriebsbereiche entwarf ich einige Anzeigen, die jeweils einen EnBW-Experten (oder eine -Expertin) im Kundengespräch zeigten. Tolle Reportagefotos. Ganz unspektakulär, aber von hoher Authentizität.

Erste Pappe: Ein offensiv blickender, sympathischer Mensch spricht mit einem Kunden. Schlagzeile: „Für die Metallindustrie liefern wir Energiekonzepte aus einem Guss."

Knapper argumentativer Text. Call-Center-Nummer und Internetadresse. Slogan. Zeichen. Die Energie-AG. Fertig.

Die restlichen drei Anzeigen waren nach demselben Muster konzipiert. Energieexperten der EnBW im Kundengespräch; dazu jeweils ein Text, der konkret aussagte, was die EnBW der jeweiligen Branche anzubieten hat.

Ich erläuterte die Idee, von der die Kampagne getragen wurde: Wie werden die anderen Energiekonzerne in der Kommunikation mit dem Kunden operieren? So wie ich sie einschätze, werden sie so operieren, wie sie es bisher getan haben: als Konzerne. Nicht als Menschen. Unverbindlich und nichts sagend. Wir können mit dieser Kampagne ganz authentisch eigene Leute in der Werbung herausstellen. Damit machen wir deutlich: Wenn man mit der EnBW arbeitet, hat man es nicht nur mit einem Energiekonzern zu tun, sondern vor allem auch mit Menschen. Und zwar mit Experten und genau den Personen, die man auf der Anzeige sieht. Deshalb sind in der Anzeige auch Name und Branchenbereich des jeweiligen Experten angegeben. Fazit: Das Unternehmen bleibt nicht mehr anonymer Moloch, sondern wird zum Partner und Dienstleister mit Sachverstand. Folge: Es entsteht eine neue Qualität von Vertrauen.

Die Kampagnenidee hat noch einen wichtigen Nebenaspekt

zu bieten. Mit den personalisierten Anzeigen kann der Konzern auch nach innen signalisieren, dass er aus Menschen besteht. Und dass es honoriert wird, wenn die Mitarbeiter sich anstrengen und sich für die EnBW engagieren. Die Mitarbeiter bekommen das Gefühl: Wir können uns sehen lassen. Unser Unternehmen ist kein anonymer Wirtschaftskoloss, sondern eine Gemeinschaft von hoch motivierten und fachkundigen Menschen.

So der kleine Vortrag. Goll, Zerr und Dr. Fricke nickten sich ein Ja mit Ausrufezeichen zu. Und Zerr stand ins Gesicht geschrieben: Super, da hat der Kreutz tatsächlich 1 : 1 umgesetzt, was wir in Düsseldorf besprochen haben. Klasse. Das war's. Wir haben's.

Dann, fast schüchtern, meine Frage: „Darf ich Ihnen noch was zeigen?"

Leuchtende Augenpaare sahen mich an. Jetzt war genau der richtige Zeitpunkt, die Trumpfkarte zu ziehen. Den blauen Engel.

Ich stellte die Pappe ohne Vorwarnung auf. Die Gestalt im blauen T-Shirt, die mit ausgebreiteten Armen auf den Horizont zuläuft. Nur eine einzige Zeile stand auf dem Foto, unten links: Mit Energie was unternehmen. www.enbw.com.

Während unseres Gesprächs in Düsseldorf hatte ich Zerr mit einem Bild zu erklären versucht, wie ich mir die Kommunikationsstrategie für die EnBW vorstellte: „Wir müssen den Faden, den wir haben, genau bis zu jenem Punkt dehnen, nach dem er reißt. Also bis an die Grenze des Möglichen gehen. Nicht weiter, aber möglichst auch nicht weniger weit.

*„Es ist der größte Fehler in der Werbung, keinen Mut zu haben. Keinen Mut zu haben ist verdammt teuer. Mutlose Werbung ist rausgeschmissenes Geld."*

Prof. Walter Lürzer in *Der Spiegel*

Die Anzeige mit dem blauen Engel, die jetzt auf dem Tisch stand, war aus meiner Sicht das Äußerste, was wir wagen konnten. Mit diesem Anzeigenentwurf hatte ich den Faden bis zum äußersten Punkt gedehnt, nur einen Millimeter weiter – und er würde reißen.

Der blaue Engel flog gleichsam über alle bisherigen Vorstellungen von Energiewerbung hinweg. Die Anzeige setzte auf Emotion pur. Aber gleichzeitig wies sie mit www.enbw.com auch den Weg zu einem umfassenden Informationsangebot.

Bevor Goll und seine Beisitzer ein Urteil formulieren konnten, berichtete ich von dem großen Erfolg unserer Erco-Kampagne im „Spiegel". Auch von den anfänglichen Protestaktionen des Erco-Vertriebs. Der Leuchtenhersteller hatte zwar schon Monate vor der Kampagne seinen Internetauftritt platziert. Die Besucherquote war jedoch auf niedrigstem Niveau geblieben, auf einer Waagerechten. Das änderte sich schlagartig mit unserer ersten Anzeige.

Ich fasste zusammen: „Das Internet hat die Grenzen der Unternehmenskommunikation revolutionär erweitert. Auf der einen Seite können die Konzerne jetzt in ihrer WWW-Zweigstelle so konkret, umfassend und individuell informieren wie nie zuvor. Auf der anderen Seite kann die Massenkommunikation zunehmend abstrakter und damit suggestiver gestaltet werden. Eine große Chance. Hier kann die EnBW der Konkurrenz um Längen voraus sein und Maßstäbe setzen."

*„In der klassischen Werbung werden die großen Geschichten erzählt, die als Sozialkitt einer atomisierten Gesellschaft fungieren. Die individuelle Ansprache findet im Netz statt."*

Prof. Peter Wippermann in *werben & verkaufen future*

In schneller Folge habe ich weitere Pappen präsentiert. Pyramiden-Skyline. Umzugskarton. Hände, die ein Herz formen. Eine aufblühende Rose, aufgenommen vom legendären Magnum-Fotografen Ernst Haas. Ein weiteres Werk von Ernst Haas: das Foto einer Reklamewand mit abstrakt anmutenden Spuren abgerissener Plakate.

Goll, Zerr und Dr. Fricke hörten still zu. Keine Wortmeldungen bisher. „Jetzt möchte ich Ihnen noch eine Alternative zu dieser Kampagne vorstellen", sagte ich. „Bilder mit konkretem Bezug und aktuellem Charakter."

Ich zeigte die zweite Serie. Bundeswehrsoldaten helfen im überschwemmten Oderbruch. Ein einzelner Demonstrant stellt sich auf dem Platz des Himmlischen Friedens anrollenden Panzern in den Weg. Gerhard Schröder mit Doris Köpf. Loveparade in Berlin. Diese Entwürfe waren nur als Prototypen gedacht. Die eigentlichen Bilder der Kampagne sollten so aktuell wie möglich sein, möglichst frisch aus dem Tagesgeschehen. Einfach nur ein Foto und die Unterzeile: „Mit Energie was unternehmen".

Nach dieser Vorstellung legte ich eine Pause ein. Goll, Zerr und Dr. Fricke sagten noch immer nichts. Bei aller gebotenen Bescheidenheit: Ich hatte sie für einige Sekunden sprachlos gemacht. Im positiven Sinn.

Bei den Anzeigenentwürfen mit den Energieexperten hatten sie sich, allen voran Zerr, gefreut: „Jetzt ist der Kreutz auf der richtigen Schiene." Hätte ich zu diesem Zeitpunkt die Präsentation beendet, wären alle glücklich gewesen: Super, das ist nun unsere Kampagne.

Aber jetzt hatte ich noch eins draufgesetzt. Als Zerr die Sprache wiederfand, jubelte er geradezu vor Begeisterung. Dr. Fricke stand ihm nur wenig nach. Und Goll, der Grande, signalisierte mit seinem Schnurrbart höchstes Lob. Wenn er mit seinem rechten Mundwinkel zu grinsen beginnt, geht der Schnauz auf dieser Seite ein kleines Stück hoch. Für mich als seinen schwäbischen Landsmann drückt diese Mimik ein bedächtiges „Sauber“ aus.

Es gibt Präsentationen, die haben den Charme eines gerichtlichen Schnellverfahrens. Man kommt hin, verhandelt den Kasus, hört das Urteil und verschwindet wieder, mal frustriert, mal zufrieden. Hin und wieder gibt es aber auch die anderen Präsentationen, die einen für viele durchwachte Nächte, Nikotinkater und Übellaunen entschädigen. Einen solchen Glücksfall erlebten Inge Reuhl und ich an diesem 17. Februar in Karlsruhe, besonders in dem letzten, dem „gruppendynamischen“ Teil der Präsentation.

Goll gab das Stichwort:

„Jetzt haben wir die Qual der Wahl.“ Sollte heißen: Jetzt müssen wir uns für eine der Kampagnen entscheiden.

Ich legte alle drei Kampagnenansätze auf dem anthrazitfarbenen Teppichboden aus: die Energieexperten, dann die halb abstrakten „Ereignis“-Anzeigen (Hilfseinsatz der Bundeswehr usw.) und schließlich die ganz abstrakten Entwürfe („Engel & Co.“). „Lassen Sie uns einfach mal die Parade abschreiten und schauen“, schlug ich vor.

Und so schritten wir ab und schauten.

Über die „Ereignis“-Anzeigen brauchten wir nicht lange zu debattieren. Ich erleichterte der Jury die Qual der Wahl, indem ich gegen meine eigene Arbeit argumentierte: „Diese Anzeigen sind zwar spektakulär. Aber für unser Ziel taugen sie nicht. Sie würden die EnBW als Trittbrettfahrer fremder Leistungen darstellen. Die EnBW ist selbst das Ereignis.“

Es ist nicht so, dass ich ein masochistisches Vergnügen dabei empfinde, wenn ich einer eigenen Arbeit den Abschied gebe. Ich habe aber im Laufe meiner Agenturjahre gelernt, den doppelten Kreutz zu machen. Kreutz, der Entwerfer, hat fast väterliche Gefühle für sein Werk, das er doch hundertmal angesehen und für gut befunden hat. Kreutz, der Pragmatiker, sieht nur, was Sache ist. Und der hat keinerlei Hemmungen, kurzerhand eine Idee oder eine ganze Kampagne zu kippen.

Jetzt ging es also nur noch um zwei Konzepte. Energieexperten oder Engel & Co. Konkret oder abstrakt. Gewöhnlich oder ungewöhnlich. Rational oder radikal.

Mir war klar: Die EnBW brauchte die Avantgarde. Um nach vorne schauen zu können. Und auch um den Mitarbeitern zu signalisieren, dass eine neue Zeit beginnt, die Zeit nach dem Monopol: mit neuen Chancen, Verantwortungen und Motivationen.

Auf einem Blatt Papier hatte ich die Absichten dieser Kampagne zusammengefasst. Strategie: Profilierung der EnBW als das innovativ und fortschrittlich denkende und handelnde Energieunternehmen. Taktik: physikalische Energie (Produktebene) transponieren in mentale Energie (Unternehmensebene) und als Handlungsmaxime der EnBW eigenständig besetzen. Umsetzung: außergewöhnliche visuelle Interpretation des Begriffs „Energie" in seiner ganzen Bedeutungsvielfalt – Willenskraft, Dynamik, Leistungsfähigkeit, Temperament, Konsequenz, Jugend, Frische, Mut, Vision. Beschreibung der zentralen Botschaft in einem Slogan: „Mit Energie was unternehmen. EnBW. Die Energie-AG."

Goll, Zerr und Dr. Fricke hatten die radikale Variante bejubelt. Aber würden sie auch den Mut haben, sich wirklich für den blauen Engel zu entscheiden? Denn irgendwann müssten sie ihre Wahl vor den Aktionären und Aufsichtsräten der EnBW verantworten. Keine leichte Aufgabe. Um ihrer „Qual" ein emotionales Unterfutter zu geben, bat ich sie, die beiden Bilderstrecken einmal ganz „naiv" anzuschauen, ohne Reflexionen und vorauseilende Wertungen. „Lassen Sie nur den visuellen Eindruck auf sich wirken, und sagen Sie mir dann, welche Entwürfe besser zu der Firma passen, in der Sie am liebsten arbeiten würden."

Sie enttäuschten mich nicht. Alle drei entschieden sich für die radikale, die avantgardistische Engel-Variante.

Goll, Zerr und Dr. Fricke hatten sich entschieden, und zwar sehr mutig. Jetzt brauchten sie Bestätigung. Während Goll noch einmal langsam die zwei Kampagnenstrecken abschritt, ging ich zum Flipchart und zeichnete eine Pyramide aufs Papier. An die Spitze schrieb ich drei Begriffe: Ambition, Inspiration und Intuition. Unter die Basislinie schrieb ich: Konvention und Tradition. Dann erklärte ich: „Wir können von oben nach unten gehen, aber nicht von unten nach oben." Da drehte sich Goll ganz schnell um, kam auf mich zu und sagte: „Wie war das? Wiederholen Sie das noch mal.“ Ich tat’s. Und Goll beschied: „Stimmt. Und deswegen bleibt es bei unserer Entscheidung.“

*„Auf Kreativität und Tempo basierende Unternehmen und Märkte verhalten sich wie biologische Organismen: Sie gedeihen dort am besten, wo gelegentlich alles auf der Kippe steht.“*

Mokka Müller in *Frankfurter Allgemeine Zeitung*

Ausgezeichnet. Doch ich war gerade so schön in Fahrt und wollte noch ein paar zusätzliche Gedanken loswerden: „ Oben, an der Pyramidenspitze, ist die Ambition. Elite, Morgen, Aufbruch. Vision, Mut, Weitsicht – alle diese energiegeladenen Begriffe kann man damit verknüpfen. An der Basis, da ist das Konkrete, das Gewohnte, das Abgesicherte. Es ist meines Wissens in letzter Zeit nur einem einzigen großen Unternehmen gelungen, von dieser Basislinie zur Spitze zu kommen, nämlich Audi, in einem Zeitraum von 20 Jahren. Viele Unternehmen haben es aber geschafft, von oben, von einem Elitemarkt, nach unten zu kommen. Zum Massenmarkt. Wer von unten nach oben will, muss hochsteigen. Da geht den meisten schnell die Puste aus. Die dort oben jedoch, die brauchen sich nur fallen lassen, und schon sind sie an der Basis. Und deshalb ist es richtig und wichtig, die EnBW ganz oben zu positionieren.“

Goll, Zerr und Dr. Fricke nickten entschlossen. Ich konnte förmlich sehen, wie sie in Gedanken die Einwände der Aufsichtsräte und Aktionäre vom Tisch wischten.

Ich hatte die drei gleichsam auf die Spitze der Pyramide gehoben. Da saßen sie jetzt und schauten weit ins Land der Energie. Ich war indes schon wieder zur Basis zurückgekehrt: Vision, Avantgarde, Elite – prima, erstklassig. So muss es sein. Aber als Freund des Konkreten wusste ich: Die EnBW muss auch Strom verkaufen. Es ist kein Wert an sich, wenn jedermann die EnBW kennt und toll findet. Davon können nicht die Gehälter der Mitarbeiter bezahlt werden.

Wir brauchen neben dem hochfliegenden Engel auch das Konkrete, die Bodenhaftung. Die Expertenkampagne. Ich empfand die beiden Kampagnen nämlich keineswegs als Gegensätze. Sondern als zwei Seiten einer Medaille.

Ich holte Goll, Zerr und Dr. Fricke von der Pyramidenspitze in das Karlsruher Konferenzzimmer der EnBW zurück, und nach knappen fünf Minuten stand für uns fest, dass wir mit beiden Kampagnen in die Medien gehen würden. So konnten wir die Pyramide in der Totalen erobern.

Im Venedig der Renaissance gab es einen jungen Maler, von dem nur noch der Spitzname überliefert ist: „Vento“, Wind. Wahrscheinlich hielten ihn die Leute für einen Angeber. Es kann aber auch sein, dass er frischen Wind in die venezianischen Ateliers brachte. Vento war arm. Er wohnte nicht, er hauste. Ein Sonderling soll er auch gewesen sein. Eines Tages, so berichten die Chronisten, lud Vento einige Freunde in seine Behausung ein und zeigte ihnen ein Gemälde, an dem er vier Jahre lang gearbeitet hatte. Die Freunde waren Kollegen und Kenner. Und was sie sahen, schockierte sie zutiefst. Das Gemälde war kein Meisterwerk. Es war ein Wunder. Farben wie aus einer anderen Welt, eine ganz neue Technik. Es war klar: Mit diesem einen Bild würde Vento auf einen Schlag berühmt werden. Die Fürstenhäuser würden ihn mit Aufträgen bedrängen, und der venezianische Großmeister Tizian würde vor Neid erblassen. Armer Vento! Schon in der folgenden Nacht brachen vermummte Gestalten in seine Behausung ein und stahlen das Wundergemälde. Es sollte nie wieder auftauchen. Und Vento? Er soff sich in Rekordzeit zu Tode.

Karlsruhe anno 1998: Wir hatten zwei Kampagnenkonzepte, mit denen die EnBW jede Konkurrenz auf dem Energiemarkt das Fürchten lehren konnte. Nicht dass sich Goll um meine Leber sorgte. Dennoch vergatterte er alle Anwesenden zu absolutem Stillschweigen. Höchste Geheimhaltungsstufe. Persönlich schloss er die beiden Kampagnen in seinen Schrank ein.

Inge Reuhl und ich fuhren ziemlich entspannt nach Hause.

## Kapitel 7
## Anlauf

„Wenn Freude unser Herz durchdringt, schon Mühe uns am Rocke hängt“, schrieb einst mein schwäbischer Landsmann Friedrich Hölderlin, als er noch bei Sinnen war. Die Mühe, die Inge Reuhl und mir jetzt am Rocke hing, war ein Puzzle aus etlichen Problemen.

Es war uns zu diesem Zeitpunkt schon klar, dass wir alle bevorstehenden Aufgaben nicht allein bewältigen konnten. Wir hatten Grundlagen geschaffen. Um uns weiter auf die richtungweisenden Arbeiten konzentrieren zu können, mussten wir mittel- und langfristig andere Agenturen oder freie Mitarbeiter mit ins Boot holen, beispielsweise für Bereiche wie Verkaufsförderung, Direktmarketing, Veranstaltungen.

Und Internet! Wir brauchten unbedingt eine erstklassige Internetagentur, die der EnBW zügig einen optimalen Standort in der WWW-Welt einrichtete. Zerr und Dr. Zinow hatten sich inzwischen einige Internetagenturen angeschaut und sich für ein renommiertes Team aus der Schweiz entschieden.

Ende Februar saßen Inge Reuhl und ich wieder einmal im Zug nach Karlsruhe. In Inge Reuhls Terminkalender stand: „Briefing (diese Branchen-Anglizismen sind mir zutiefst zuwider) der mitarbeitenden Agenturen für die Bereiche Internet und Verkaufsförderung.“

Diesmal begann der Tag ohne Goll. Im Konferenzraum erwarteten uns Zerr, Dr. Zinow, Herr Wertel und jeweils zwei Abgeordnete einer Schweizer Internetagentur und einer Karlsruher Werbeagentur.

Um die Novizen einzuweihen, brauchten wir die weggeschlossenen Kampagnenentwürfe. Ich ging zu Goll und holte die Pappen. Und sagte: „Bevor ich die Konzepte auf den Tisch lege, muss jeder eine Geheimhaltungserklärung unterschreiben.“

Kopfschütteln bei den Novizen. Auch Wertel schüttelte heftig. Er sträubte sich gar. Wollte den Kugelschreiber nicht in die Hand nehmen. Ich vermute, es ging ihm gegen seine journalistische Berufsehre oder so. Natürlich unterschrieb er dann doch. Wie alle anderen auch.

Ich legte die Pappen auf den Tisch. Voilà! Und dann spürte ich bei den Anwesenden eine Reaktion, die jeder halbwegs erfahrene Werbemensch schon bis zum Abwinken kennt. Wenn es mir auch nicht leicht fällt, versuche ich mich jetzt mal in ihre Köpfe zu begeben und hier ihre Gedanken aufs Papier zu bringen, ohne Gewähr natürlich:

„Wie bitte?" Pause. „Was soll denn dieses verwackelte Bild mit dem Typ von hinten, der läuft ja weg, mit seinem blauen T-Shirt. Und diese Plakatwand, nur Fetzen. Der Kreutz hat sie doch nicht mehr alle. Aber ich hab's gewusst, hab's gewusst. Und dann auch noch topsecret! Ich möchte bloß wissen, wie der Kreutz diesen Quark dem Goll verkauft hat, der muss es ihm richtig reingeprügelt haben. So eine Kampagne, die hätte ich auch noch hingekriegt. Irgendein durchgeknalltes Foto und eine Zeile darunter. Peng. So einfach ist das also."

Es gibt sie noch immer, die sonntäglichen Museumsbesucher, die angesichts eines Beuys-Objekts oder eines monochromen Gemäldes meinen: „Ha, das kann ich auch." Der ehemalige Stuttgarter Galerist Hans-Jürgen Müller, der in den 60er-Jahren die Moderne nach Baden-Württemberg brachte, hatte für diese Kunstsachverständigen einen kurzen Spruch parat: „Ja, dann mach's doch mal, Burschi."

Die beiden Internetexperten aus der Schweiz traten sehr professionell auf. Ein studierter Soziologe, der sich als Berater einführte, und ein Grafiker. Grafiker erkennt man meistens daran, dass sie kaum etwas reden. Das hat ja auch was. Der Internetberater zeichnete offene Schubladen auf ein Flipchart und deutete an, dass in denselben alle Informationen, die er von uns und der EnBW bekäme, abgelegt würden. Die Inhaber der Werbeagentur hatten noch nichts zu tun. Nur zuzuhören und sich innerlich darauf vorzubereiten, dass die EnBW bald jede Menge Imagebroschüren, Produktprospekte, Directmails und ähnliche Druckerzeugnisse brauchte.

Nach diesem kurzweiligen „Briefing" (schon beim Niederschreiben dieses Wortes graust es mir), das schlichtweg nur ein Beschnuppern war, begann für mich der interessante Teil. Ich traf mich mit Goll.

Zunächst zeigte ich ihm die aktuelle Entwicklungsstufe des Erscheinungsbildes. Dann kamen wir zum Hauptgang. Im August 1998 sollte die erste Hauptversammlung der EnBW einberufen und ein Geschäftsbericht vorgelegt werden. Die Bilanzpressekonferenz war für den 29. Mai terminiert.

Goll, assistiert von der zuständigen Projektleiterin, Frau Dr. Fratzke-Weiß: „Wer soll den Geschäftsbericht gestalten?“

Ich: „Selbstverständlich ich. Wer denn sonst?“

Goll (zweifelnd): „Aber so ein Geschäftsbericht ist doch nur ein Geschäftsbericht.“

Ich (listig): „Nicht in diesem Fall. Für die Aktionäre ist er die erste visuelle Konfrontation mit dem neuen Unternehmen. Also muss er alles verkörpern, was die EnBW künftig ausmacht.“

Warum listig? Es ging mir gar nicht nur um diese Premiere im August. Es ging mir auch um alle zukünftigen Geschäftsberichte. Ich hatte beschlossen, diese sonst so staubtrockenen Bilanzen- und Prognosenschwarten zu einer Art attraktiven Visitenkarte des Unternehmens zu machen. Jeder Geschäftsbericht sollte, basierend auf unveränderlichen formalen Grundlagen, einen Extrateil bekommen, dessen Thema den „Geist“ der EnBW reflektierte. So etwas hatte bislang nur die BMW AG hingekriegt.

Drei Themenvorschläge hatte ich für den ersten Geschäftsbericht vorbereitet. Die erste Idee: auf dem Titel ein Porträt von Joschka Fischer. Dazu die Zeile „Achtung, Hochspannung! Ein Streitgespräch mit Joschka Fischer. Auf den Seiten 31–46.“ Goll war elektrisiert. Ein Knaller – ganz nach seinem Geschmack. Trotzdem: „Herr Kreutz, das können wir nicht machen, im Herbst ist Bundestagswahl.“ Stimmt, hatte ich verdrängt.

Die zweite Idee: zum Bild eines Steiff-Teddybären die Zeile „Einer unserer besten Stromkunden. Mehr davon auf den Seiten 31–46.“ Baden-württembergische Weltmarktführer und EnBW-Kunden präsentieren ihre Spitzenprodukte. Goll-Urteil: „Hat Charme. Zeigt aber nur, wo wir herkommen. Nicht, wo wir hinwollen.“

Wir einigten uns auf die dritte Idee: eine Fotostrecke mit prominenten Spitzensportlern, die jeweils in zwei, drei Sätzen sagen, welche Energie sie zu ihren Rekordleistungen antreibt. Dazu die Titelzeile „Was heißt hier Wettbewerb im Energiemarkt? Sieger antworten auf den Seiten 31–46.“

Die Geschwindigkeit, mit der sich die Idee im Unternehmen herumsprach, war rekordverdächtig. Auch die Abteilung Öffentlichkeitsarbeit bekam schließlich Wind davon. Dort hatte man sich auch schon Gedanken über den Geschäftsbericht gemacht, und zwar mit der festen Überzeugung, die gestalterischen Hoheitsrechte zu besitzen. Und jetzt das! Was die Abteilung von der Idee hielt, kam mir, wiederum in Windeseile, zu Ohren: „Wo will denn der Kreutz die vielen prominenten Sportler hernehmen? Die kriegt er doch nie. Und was das kostet! Na ja, lass den mal machen, das läuft sich sowieso tot.“

Ein Unkenruf, der mich natürlich hoch motivierte.

## Kapitel 8
## Mit freundlichen Grüßen

*Brief des Ministerpräsidenten von Baden-Württemberg an den Vorstandsvorsitzenden Gerhard Goll*

25. März 1998

Lieber Herr Goll!

Darf ich mich mit einem Anliegen an Sie wenden, das, gemessen an sonstigen Problemen, eine Randfrage ist? Sie ist mir dennoch wichtig.

Ich stelle fest, daß sich die EBW nun EnBW nennt. Warum das?

Ich kann überhaupt keinen Sinn dahinter erkennen. Es nannte sich ja auch die EVS nicht EnVS oder es nennt sich die RWE nicht RWEn. EnBW ist für mich eine eindeutige Verschlechterung, ja eine Verballhornung.

Schließlich ärgert es mich, daß man es nicht bei dem Namen beläßt, den die Anteilseigner bei der Fusion gefunden haben.

Diesen Ärger habe ich auch noch nicht gegenüber der LKB abgelegt, die ihren gesetzlich festgelegten Namen eigenmächtig in L-Bank geändert hat.

Ich wäre Ihnen sehr dankbar, wenn Sie mir nicht nur die Gründe für die Namensveränderung erläutern würden, sondern wenn Sie, wenn es Ihnen möglich ist, zum festgelegten Namen zurückkehren würden.

Mit freundlichen Grüßen

Ihr Erwin Teufel

1. April 1998

*Antwort des Vorstandsvorsitzenden Gerhard Goll*

Sehr geehrter Herr Ministerpräsident, lieber Herr Teufel,

dafür, daß Sie sich mit der Energie Baden-Württemberg AG so intensiv beschäftigen, danke ich Ihnen aufrichtig. Daß Sie unser von unserem Marketingberater gefundenes Logo „EnBW" ärgert, bedauere ich. Es ist übrigens derselbe Berater, der Ihren Wahlkampf 1996 gemacht und den mir Herr Kauder empfohlen hat: nämlich Herr Kreutz.

Herr Kreutz hat mich davon überzeugt, daß EBW für den, der uns nicht kennt, überhaupt nichts sagt. Und uns kennt, nach seriösen Umfragen, in Deutschland außerhalb Baden-Württembergs niemand, in Baden-Württemberg kennen uns nur wenige. Deutschland muß aber im liberalisierten Markt unser Markt sein.

Wir müssen eine Marke einführen, und dabei zeigt EnBW deutlicher als EBW, daß wir uns mit Energie beschäftigen. RWE ist im Gegensatz dazu eine eingeführte Firma; EVS in Württemberg zwar auch, darüber hinaus aber auch nicht.

Übrigens: Die Anteilseigner haben nur den Namen „Energie Baden-Württemberg AG" festgelegt, nicht die Abkürzung EBW. An diesem Namen haben wir nichts geändert. Wir reden also über Werbung, und über die läßt sich trefflich streiten.

Ich vertraue Herrn Kreutz, der auch für Sie erfolgreich gearbeitet hat.

Mit freundlichen Grüßen

Ihr Gerhard Goll

## Kapitel 9
## Startschuss

Endlich hatte die Regierung mit Energie was unternommen. Der Termin für die Marktöffnung stand jetzt fest: Am 29. April 1998 sollte das neue Energiewirtschaftsrecht in Kraft treten. Es war wie das Klingelzeichen im Theater. Wir mussten nun raus, uns dem Publikum zeigen.

Am 30. März starteten wir unsere Unternehmenswerbung mit der „Engel"-Kampagne. Arme ausgebreitet und voller Energie und Zuversicht voran: „Mit Energie was unternehmen. EnBW. Die Energie-AG." Der Engel signalisierte als Startmotiv: Für die EnBW ist Energie viel mehr als nur Strom. Damit hatte sich der Konzern vom Start weg von den anderen Wettbewerbern abgesetzt. Die Konkurrenz konnte höchstens nachziehen.

Die Anzeigen erschienen in den großen Wochenmagazinen „Spiegel" und „Focus", auch in der „Wirtschaftswoche" und im „Time-Magazine". Mit ihrem ersten Auftritt in der Öffentlichkeit präsentierte sich die EnBW den potenziellen Kunden und der Konkurrenz genau so, wie Goll es sich schon während der Fusionsverhandlungen erhofft hatte: selbstbewusst, zukunftsorientiert und bereit, im Wettbewerb einen Spitzenplatz einzunehmen.

Ein gelungenes Debüt. Doch nur ein halber Triumph. Denn es gab Probleme mit der „Pyramidenbasis", mit der Vertriebswerbung. Unsere Idee, authentische Branchenexperten im Kundengespräch zu zeigen, konnte noch nicht realisiert werden, denn die Stuttgarter Vertriebsgesellschaft musste erst noch in die Gänge kommen. Zu diesem Zeitpunkt hatten Zerr und Dr. Fricke noch keinen einzigen Experten auf der Gehaltsliste.

Was tun? Nachdenken. Und zwar schnell. Mit jedem weiteren Tag wurde die Wahrscheinlichkeit größer, dass andere Wettbewerber uns mit einem ähnlichen oder anderen attraktiven Konzept zuvorkamen. Ich kannte das panische Gefühl von den Sportfesten in meiner Schulzeit: Noch führe ich das Feld an, aber ich höre schon schnelle, federnde Laufschritte dicht hinter mir. In diesem März 1998 glaubte ich, bereits den hechelnden Atem der RWE im Nacken zu spüren. Ich befürchtete, dass der größte deutsche Energiekonzern mit seiner ganzen Power auf der Bahn war.

Es blieb uns jetzt nur noch die Möglichkeit, jeden Weg, der an uns vorbeiführte, zu blockieren. Für eine Kampagne reichte es in der Vertriebswerbung noch nicht. Aber eine einzige Anzeige genügte schon für eine Blockade:

Wir holten uns aus der EnBW-Belegschaft einen sympathisch wirkenden Menschen, der geradeaus gucken konnte, erklärten ihm: „Sie sind jetzt ein Chemieexperte", und machten ein Kundengesprächsfoto von ihm. Am 3. April 1998 erschien die Anzeige in überregionalen Tageszeitungen.

Schlagzeile: „Auch in der Chemie muß die Energie stimmen."

Unten rechts der Text:

„Energie ist auch in der chemischen Industrie ein wichtiger Produktionsfaktor. Sie als Unternehmer stehen deshalb immer wieder vor der Frage: Wie läßt sich Energie am rationellsten nutzen?

Unsere Antwort: mit dem innovativen Energiemanagement der EnBW. Wir bieten maßgeschneiderte Konzepte und Produkte, flexibel, effizient und individuell auf den Bedarf Ihres Unternehmens zugeschnitten.

Die Liberalisierung des Energiemarktes gibt Ihnen erstmals die Freiheit, Angebote zu vergleichen und den Wettbewerb zu Ihrem Vorteil zu nutzen. Als neu gegründetes Unternehmen haben wir uns darauf eingestellt, daß auch Sie mit Energie was unternehmen wollen. Sprechen Sie mit uns."

Unten links im Foto: „Peter Müller, Energie-Experte der EnBW im Branchenteam Chemie."

Mit dieser vorgezogenen Anzeige blockierten wir alle möglichen Überholmanöver der Konkurrenz. Auf dem Markt wusste jetzt jeder: Das Vertriebskonzept, allen einschlägigen Wirtschaftssparten eine umfassende und branchenspezifische Beratung durch Energieexperten anzubieten, stammt aus dem Hause EnBW. Auch im Werbewettbewerb war nun die Idee, in Anzeigen authentische Branchenexperten vorzustellen, von uns besetzt.

Die Botschaft ganz bündig: Wir sind das Original.

Nachtrag: Der sympathisch wirkende Mann in der Anzeige konnte viel mehr als nur „geradeaus gucken"; er hatte bereits Karriere in der Chemieindustrie gemacht und wurde tatsächlich Branchenexperte in der Vertriebsgesellschaft.

Unser erster Marktauftritt konnte sich sehen lassen. Einige Aktionäre und Mitarbeiter der EnBW waren freilich anderer

Meinung. Davon später mehr. Die nächste Herausforderung wartete schon: die Gestaltung des ersten Geschäftsberichts.

Mit der Ankündigung, einen Extrateil mit Spitzensportlern zu liefern, hatte ich mich weit aus dem Fenster gelehnt. Viel zu weit, meinten manche. Es blieben mir nur noch sieben Wochen Zeit, um nicht zu fallen. Ich flog nach München. Traf mich im Airport-Hotel mit dem Fachjournalisten Martin Bleher und stellte gemeinsam mit ihm eine Liste zusammen. Die Namen von 30 Olympiasiegern, Weltmeistern und Europameistern standen schließlich auf dem Papier.

Es gibt eine klassische Regel für Weitspringer: Willst du 8 Meter schaffen, musst du beim Anlauf mindestens die 10-Meter-Marke fixieren. Wir hatten 30 Weltklasseathleten auf unserer Wunschliste. Wenn wir die Hälfte von ihnen für einen kurzfristigen Fototermin gewinnen konnten, dann wäre das ein rekordverdächtiges Ergebnis, dachte ich. Um es kurz zu machen: Innerhalb von zwei Wochen gewannen wir 16 Großmeister.

14 Sportlerinnen und Sportler stellten sich in Düsseldorf vor die Kamera des Fotografen Dieter Eikelpoth und ließen sich anschließend von mir interviewen: Andreas Dittmer, Weltmeister im Einer-Kanadier; Uschi Disl, Olympiasiegerin im Biathlon; Ines Estedt, Weltmeisterin im Triathlon; Carsten Bresser, deutscher Mountainbike-Meister; Dieter Thoma, Olympiasieger im Skisprung; Jörg Roßkopf, Tischtennis-Weltmeister; Gerhard Poschner, DFB-Pokalsieger; Andreas Wecker, Olympiasieger im Turnen; Tim Lobinger, deutscher Stabhochsprung-Meister; Martin Rominger, Weltmeister im Kunstradfahren; Wolfgang Hoppe, Olympiasieger im Viererbob; Kathrin Boron, Olympiasiegerin im Rudern; Nicola Thost, Snowboard-Olympiasiegerin. In Chemnitz fotografierten und interviewten wir Lars Riedel, Olympiasieger im Diskuswerfen, und Gunda Niemann-Stirnemann, Olympiasiegerin im Eisschnelllauf.

Als ich Goll die Fotos zeigte, geriet er ins Schwärmen: „Ha ja.“ Dann fragte er so ganz nebenbei nach dem Honorar für die Meister – es müsse doch horrend sein. Ich konnte meinen schwäbischen Landsmann beruhigen: Aufwand und Nutzen standen in einem angemessenen Verhältnis. Geld ist nämlich nicht das Einzige, womit man Menschen begeistern kann. Oft sogar nicht mal das Entscheidende.

Goll war richtig gut gelaunt. Das änderte sich auch nicht, als er mir einen Beschwerdebrief zeigte, den er kurz nach dem Start der Unternehmenswerbung bekommen hatte. Ein Aktionär mit Doktortitel sorgte sich „um die wirkungsvolle Öffentlichkeitsarbeit des Unternehmens Energie Baden-Württemberg“: „Im ‚Spiegel‘ wurde eine zweiseitige Werbeanzeige veröffentlicht, die nicht nur bei mir Bedenken und Kopfschütteln auslöste. Dies um so mehr, als eine zweiseitige Anzeige im ‚Spiegel‘ sicher sehr kostenintensiv ist. Ich halte diese Anzeige für verfehlt. Ich möchte meine Auffassung mit einigen Sätzen begründen.“

Es war das Motiv der Pyramiden-Skyline, das den Aktionär so bedenklich gestimmt hatte. Er begründete sein Kopfschütteln unter anderem damit, „daß der Name des Unternehmens nirgends vollständig auftaucht, so daß Leser, die das Unternehmen noch nicht kennen, es aber wenigstens dem Namen nach kennenlernen möchten, wahrscheinlich verärgert weiterblättern werden.“ Nicht genug: „Auch die Farbgestaltung löst beim unbefangenen Betrachter eher Irritationen aus statt angeregte Neugier. Und die Bildgestalt der Anzeige evoziert mit ihrer Erinnerung an Geröll- und Sandwüsten keine positiven Assoziationen. Ich möchte nicht hoffen, daß die schiefe Ebene und die Geröllwüste auf die künftige Öffentlichkeitsarbeit und die Geschäftspolitik des Unternehmens schließen lassen, auch wenn es sich hier um unfreiwillige Ironie handeln sollte.“

Der Aktionär stand mit seinen Bedenken nicht allein. Auch in der Belegschaft kursierte Kritik an der Kampagne. In den Zimmern, auf den Gängen, in der Kantine: Natürlich waren die Fakten und Folgen der Fusion seit Monaten das Gesprächsthema Nummer eins der über 12 000 EnBW-Mitarbeiter. Werden Arbeitsplätze abgebaut? Bekommen wir neue Chefs? Wie sieht das neue Unternehmen eigentlich aus? Fragen über Fragen, Spekulationen über Spekulationen. Dann der erste öffentliche Auftritt der EnBW. Ein blauer Engel mit der Botschaft: „Mit Energie was unternehmen.“ Da sagten sich viele: „Schön. Aber was hat das mit uns zu tun?“

Genau das wollte ich ihnen erklären. Denn ohne Motivation der Mitarbeiter konnte die EnBW nichts mit Energie unternehmen. Kurz vor der Fusion hatte Vorstandschef Goll schon die Belegschaft des Badenwerks mit einem Vorschlaghammer auf das neue Denken eingestimmt. Jetzt war es an der Zeit für eine „Nachbehandlung". So bat ich interessierte Mitarbeiter zu einem Vortrag, erst in Karlsruhe, dann in Stuttgart.

## Kapitel 10
## Basiskontakt

Karlsruhe, 17. Juni 1998. Großer Konferenzsaal der EnBW-Hauptverwaltung. 125 Sitzplätze. Alle besetzt. Vorne ein Podium mit zwei Tischen und einem Tageslichtprojektor. Über ein Videokonferenzsystem ist der Leiter der Abteilung Öffentlichkeitsarbeit, Klaus Wertel, zugeschaltet.

Bei meinen Vorbereitungen zum Vortrag hatte ich mir zehn provokative Fragen ausgedacht, die meiner Ansicht nach den Mitarbeitern im Kopf herumspukten. Zehn Fragen, zu denen ich knappe und – wie ich meine – überzeugende Antworten formulierte. Antworten, die zu Einwänden, Zusatzfragen und meinetwegen auch zu Zoff animieren sollten.

Als ich vor das Auditorium trete, rechne ich zuversichtlich mit spannenden Zwischenrufen und engagiertem Spektakel. Noch stehe ich allerdings vor einer Mauer des Schweigens. Ich lege die erste Folie auf den Projektor und beginne. Frage eins: „Warum heißt die EnBW eigentlich EnBW?" Eigentlich müsste es schon jetzt zu einem heißen Disput kommen. Aber nichts. Die Zuhörer lassen meine Antwort unbewegt über sich ergehen.

Frage zwei: „Was will denn die EnBW?" Noch immer keine Reaktion auf den Stühlen. Frage drei: „Können Sie mir mal die EnBW-Werbung erklären?"

Da glaube ich, hier und dort ein leises Füßescharren zu hören. Fast schon wieder frohgemut gebe ich die Antwort:

„Werbung für ein Unternehmen, das niemand kennt und das sich im Markt schnell durchsetzen muss, ohne aber durch die Höhe des Werbeetats ruiniert zu werden, stellt eine besondere Herausforderung dar. Eines darf diese Werbung unter gar keinen Umständen sein: gewöhnlich. Gewöhnlich ist in der Regel das, was alle tun, insbesondere die Wettbewerber. Hier zwei Beispiele von zwei ansonsten durchaus geschätzten Konkurrenten."

Via Projektor zeige ich jeweils eine Energieanzeige von PreussenElektra und VEW: Beide Stromlieferanten sind mit einem Steckdosenfoto plus ausführlichem Text in den Wettbewerb gestartet.

So weit das Gewöhnliche.

„Was aber ist ungewöhnlich? Ungewöhnlich ist in der Regel

*„Ein ähnlich geteiltes Echo hatte die Agentur unlängst auch für eine andere Arbeit geerntet. Ihr Werk ist das gesamte Kommunikationskonzept der Energie Baden-Württemberg: vom neuen EnBW-Schriftzug bis zu den Anzeigen mit kryptischen Bildmotiven und äußerst kargen Texten. Intern war der Auftritt so umstritten, daß er, so Insider, EnBW-Chef Gerhard Goll fast den Kopf gekostet hätte. Heute indes sieht sich Goll in seiner Auswahl bestätigt: Dank Kreutz sei der Stromkonzern bundesweit bekannt".*

Andreas Müller in *Stuttgarter Zeitung*

das, was jene tun,

- die den Blick nach vorne richten und nicht nach hinten;
- die die Chancen des Neuen mehr achten als die scheinbaren Sicherheiten des Bewährten;
- die Dinge anders sehen können, weil sie keinen Respekt vor dem Bestehenden haben."

Diesmal zeige ich Bilder mit positiven Beispielen.

Eine Apple-Anzeige mit dem Slogan „Think different": Mahatma Gandhi im Lotussitz am Spinnrad.

Eine Nike-Anzeige mit der appellativen Zeile „just do it": Ein Football liegt spielbereit in Großaufnahme.

Und schließlich eine Microsoft-Anzeige mit der Frage „Where do you want to go today?"

Alle drei Anzeigen haben trotz ihrer sehr unterschiedlichen Temperamente eines gemeinsam: Jede verzichtet auf einen werbenden oder erklärenden Textblock; und alle drei verbinden einen einprägsamen, programmatischen Slogan mit einem ungewöhnlichen, suggestiven Bildmotiv.

„Diese Beispiele sind es", sage ich, „an denen wir uns orientieren müssen, wenn wir der EnBW ein auf die Zukunft gerichtetes, innovatives, inspirierendes Profil geben wollen."

Insgeheim hoffe ich auf den Einwand, dass Apple, Nike und Microsoft im Gegensatz zur EnBW bereits weltweit erfolgreiche Unternehmen sind und sich solche aufs Wesentliche reduzierte Anzeigen viel eher leisten können. Aber ich hoffe vergebens und lege unsere „Engel"-Anzeige unter den Projektor:

„Der Slogan ‚Mit Energie was unternehmen' wird in unseren Anzeigen über das dazu schon Gesagte hinaus zu einem Appell an die fortschrittlich denkenden Menschen, die wir als Kunden gewinnen wollen. Die genau wie wir in ihren Bereichen mit Energie was unternehmen wollen. Die aus ihren gewohnten Bahnen auszubrechen bereit sind und Neues probieren wollen. Bei ihnen möchten wir uns als möglicher Partner profilieren. Als Partner, den man nicht nur wählt, weil er den Strom vielleicht um 30 Prozent billiger liefert. Sondern als Partner, den man wählt, weil er sich anders verhält als die alten Staatsmonopolkapitalisten."

Nacheinander schiebe ich jetzt vier weitere Motive der Kampagne unter den Projektor: das von zwei Händen geformte Herz; Umzugskarton; Pyramiden-Skyline und Osterinsel-Skulpturen.

„Wir machen in unserer Werbung keine Sprüche und keine leeren Versprechungen. Wir entziehen uns dem vordergründigen Getöse der Werbewelt. Wir sagen ganz einfach nur: Hier sind wir, Sie haben bestimmt noch nicht von uns gehört. Wir sind ein Energieunternehmen, das anders ist als dasjenige, an das Sie fünfzig Jahre lang brav das Geld für Ihre Stromrechnung überwiesen haben. Wenn wir Ihre Neugier geweckt haben, schauen Sie doch einfach mal bei uns rein."

Das leise Füßescharren hat schon längst wieder aufgehört. Ich stelle und beantworte meine restlichen Fragen, ohne dass ich auch nur von einem Hüsteln unterbrochen werde. Die Mauer des Schweigens wackelt und wankt nicht. Ich mache hier den Alleinunterhalter. Nur wenige zusätzliche Fragen, so nach der Art: „Weshalb ist das Foto mit dem Engel blau, das mit den Pyramiden aber rot?" „Wissen Sie", antwortete ich, „manchmal ist es das Unerklärliche, was uns anzieht, und das Magische, was sich unserer Erinnerung anvertraut." Als ich nach anderthalb Stunden endlich alles hinter mir habe, lasse ich meinen Frust an Inge Reuhl aus. Obwohl sie die Einzige ist, die mir, so jedenfalls mein Eindruck, wirklich zugehört hat.

Am nächsten Tag toure ich nach Stuttgart, ins Hauptverwaltungsgebäude der EVS.

Hier ist der Saal noch geräumiger, die Zahl der Zuhörer wesentlich größer. Mitarbeiter verschiedener Außenstellen sind per Videokonferenz zugeschaltet; ich werde mit einem Funkmikrofon verkabelt. Man hatte mich gewarnt: Wenn ich den Empfang in Karlsruhe als kühl empfunden hätte, hieß es, dann müsse ich mich in Stuttgart auf Kühlschrank, Stufe 5, einstellen.

Irrtum! In Stuttgart ist die Stimmung von Anfang an viel offensiver. Die Leute sitzen da mit wehrhaft verschränkten Armen, schauen hellwach, können es offensichtlich kaum abwarten, sich zu Wort zu melden. Ich bin entzückt.

Ich beginne wie in Karlsruhe: zehn Fragen, zehn Antworten. Aber als ich den Engel auf die Leinwand projiziere, geht es schon los. Ein älterer Mann ruft herauf: „Sagen Sie mal, ist das ein Hutu oder ein Bantu?" Alles lacht. Super. Es ist die Initialzündung. Jetzt trauen sich auch andere. Jede Menge Fragen, aggressive, gescheite, witzige. Dann eine Frage, die ist besonders aufschlussreich: „Warum heißen wir auch nach der Fusion eigentlich immer noch EVS und nicht schon längst EnBW?“ Genau diese Frage hatte ich auch schon Herrn Goll gestellt, als ich hörte, dass die beiden Unternehmen, die zur EnBW fusioniert wurden, ohne Namensänderung weiter bestehen sollten. Ich entschließe mich, an dieser Stelle Klartext zu reden. Auch um den Preis, dass es mein letzter Arbeitstag für die EnBW sein könnte. „Ich weiß es, ehrlich gesagt, auch nicht. Aber ich will Ihnen ganz offen sagen, was ich davon halte: Ich halte diese Entscheidung Ihrer Aktionäre für verantwortungslos.“ Die Schrecksekunde dauert eine Ewigkeit. Dann die Erlösung: „Bravo“-Rufe, Beifall, Pfiffe. Nur in der ersten Reihe einige wenige, denen das blanke Entsetzen ins Gesicht geschrieben steht.

Und spätestens jetzt verabschiede ich mich von dem Vorurteil, die so genannte Basis würde auf dem beschwerlichen Marsch zum neuen EnBW-Selbstverständnis dem Management weit hinterherhinken. Das Gegenteil ist der Fall.

## Kapitel 11
## Gottvater lobt

Anfang Juli 1998 wurde der erste Geschäftsbericht der EnBW verschickt. Er gab den Aktionären auch visuelle Rechenschaft über das bisher Erreichte. In all den Jahren zuvor waren die Bilanzen und Prognosen bieder bis zur Gartenlaube präsentiert worden. Jetzt sahen die Anteilseigner schon auf der Titelseite, dass eine neue Zeit angebrochen war. Am oberen Rand, abgesetzt durch die gestalterische Konstante der Sinuskurve, standen die Firmenstandards auf silberfarbenem Grund: Energie Baden-Württemberg AG, Geschäftsbericht 1997, dazu das Firmenzeichen. Darunter, frontal und auf weißem Grund, ein leicht angeschnittenes Foto von Georg Hackl, dreifacher Olympiasieger im Rodeln, in voller Wettkampfmontur, die Füße in die sichelförmigen Kufen seines Renngeräts gestemmt. Links unten annoncierte eine Schlagzeile den Extrateil: „Was heißt hier Wettbewerb im Energiemarkt?" Unterzeile: „Sieger antworten auf den Seiten 31–46."

Die Fotostrecke zeigte freigestellte Porträts im Reportagestil. Für jeden Sieger eine ganze Seite mit den formalen Elementen des Titelbilds. Auf dem silberfarbenen Fond stand immer ein kurzes, energiegeladenes Zitat des abgebildeten Sportlers. Hier eine kleine Auswahl der starken Sprüche:

„Wenn man am Start patzt, ist die Messe gelesen. Während der Fahrt bleibt einem nur eins: alle Widerstände minimieren." Georg Hackl, Olympiasieger, Rodeln.

„Ich habe zwölf Jahre hart trainiert, um an die Spitze zu kommen. Und jetzt trainiere ich noch härter." Andreas Wecker, Olympiasieger, Turnen.

„Ein Wettkampf wird zu 50 Prozent im Kopf entschieden. Der Rest ist Technik, Respekt und Mut zum Risiko." Nicola Thost, Olympiasiegerin, Snowboard.

„Man darf nie nur auf sich selbst gucken und denken, man macht alles richtig. Selbst der Gegner kann Vorbild sein." Gunda Niemann-Stirnemann, Olympiasiegerin, Eisschnelllauf.

„Wenn's in das Stadion reingeht, sag ich mir: Jetzt gucken alle zu, das macht Spaß, jetzt zeig ich's denen." Lars Riedel, Olympiasieger, Diskus.

Mit der Gestaltung des Geschäftsberichts war ich ins voll besetzte Stadion gegangen. Die „Unken“ riefen nicht mehr. Aber wie würden die Aktionäre, die Freunde des Hauses, die sonstigen Empfänger auf den visuellen und konzeptionellen Quantensprung reagieren?

Sie applaudierten. Goll bekam begeisterte Briefe. So schrieb der Vorsitzende des Vorstands eines großen Lebensversicherers:

„Lieber Herr Goll, haben Sie vielen Dank für den Geschäftsbericht 1997 der EnBW, den Sie mir kürzlich übersandten. Es ist Ihnen – nicht zuletzt dank der suggestiven und qualitativ perfekten Fotografien – gelungen, die sportliche und ehrgeizige Einstellung der EnBW gegenüber der neuen Herausforderung des Wettbewerbs im Energiemarkt zu vermitteln.“

Der Generalbevollmächtigte eines Großunternehmens der Metallindustrie lobte ebenfalls: „Sehr geehrter Herr Goll, haben Sie Dank für die Übersendung Ihres Geschäftsberichtes, den ich mit Interesse und aus der (kritischen) Sicht der Kommunikation durchgesehen habe. Ich gratuliere Ihnen zu dieser Arbeit, insbesondere zu den hervorragenden Aufnahmen der Sport-Elite als Beispiel lebendigen Ausdrucks von Disziplin, Konzentration, Energie und Leistung.“

Wäre ich in einem Anfall paranoider Bescheidenheit immer noch unsicher gewesen, dann hätte folgender Briefanfang mich endgültig davon überzeugt, dass uns die Gestaltung des Geschäftsberichts gelungen war: „Sehr geehrter Herr Goll, für die Zusendung des Geschäftsberichts 1997 der Energie Baden-Württemberg AG danke ich Ihnen sehr. Dessen Gestaltung ist vorbildlich.“ Als Absender zeichnete Prof. Dr. h. c. Hans L. Merkle, die Unternehmer-Eminenz der deutschen Industrie, im Ländle auch als „Gottvater“ verklärt.

Der einleitende Text zur Meisterstrecke schloss mit dem martialischen, der Stimmung auf dem Energiemarkt angepassten Satz: „Von Sportlern lernen heißt siegen lernen.“

Schach ist auch ein Sport. Eine Art Kampfsport. Und in dieser Disziplin erteilte der EnBW-Vorstandsvorsitzende Goll der Konkurrenz und nicht zuletzt auch der Bundesregierung eine Lektion.

Im Energieschach war das Turnier eröffnet. Die Spieler formierten gerade ihre Kräfte und grübelten über raffinierte Eröffnungszüge nach. Obwohl einige Regeln bereits bekannt und manche sogar schon verbindlich waren, wurde auf dem Feld noch heftig improvisiert und ausprobiert. Einer der ersten Züge von Großmeister Goll: Die EnBW räumte ihren Großkunden als einmalige Aktion freiwillig ein kurzfristiges Kündigungsrecht ein. Golls Angebot: Wenn ihr euch einen anderen Energielieferanten suchen wollt, könnt ihr jetzt problemlos bei uns aussteigen. Wollt ihr aber bei uns bleiben, dann schließen wir mit euch faire Verträge ab.

Stratege Goll war mit seinen Hintergedanken natürlich schon einige Züge weiter. Seine Überlegung: Wenn ein EnBW-Kunde kündigte, um seine Energie künftig beispielsweise von der RWE zu beziehen, dann musste der nordrhein-westfälische Energieriese zwangsläufig in Baden-Württemberg um eine Zuliefererlaubnis nachfragen. In diesem Fall konnte Goll ein Abkommen auf Gegenseitigkeit vorschlagen: Ihr dürft nach Baden-Württemberg liefern, und wir liefen nach Nordrhein-Westfalen.

Nach seinem Bauernopfer konnte Goll also unbehelligt in das energiewirtschaftliche Hoheitsgebiet seines mächtigsten Konkurrenten vorrücken.

Dieser eine Plan ging nur zur Hälfte auf: Fast alle Großkunden blieben bei der EnBW und schlossen neue Verträge ab. Und damit wurde Golls eigentliche Raffinesse offenkundig. In seiner Strategie gab es nämlich von Anfang an eine Variante: Da ihm klar war, dass die alten, zu Monopolzeiten abgeschlossenen Verträge über kurz oder lang sowieso ihre Gültigkeit verlieren würden, hatte er das Angebot so früh wie möglich gemacht. Das Ergebnis: Die EnBW hatte jetzt als einer der ersten Energieversorger gute neue Verträge unter Dach und Fach. Und obendrein hatte sich Goll in der Branche wieder einmal als couragierter Vordenker erwiesen.

Anfang August 1998 profilierte sich die EnBW wiederum als Pionier. Wir schalteten in der „FAZ", der „Welt" und im „Handelsblatt" eine ganzseitige Vierfarbanzeige der EnBW, die dem Wettkampf auf dem liberalisierten Strommarkt eine neue Dimension gab. Schlagzeile: „Jetzt steht endlich auch der Energiemarkt unter Strom." Der erste Absatz der Kampfansage lautete: „Als erstes deutsches Energieunternehmen legen wir heute eine Preisliste für die Nutzung unseres Stromleitungsnetzes auf den Tisch. Jeder Konkurrent kann nun kalkulieren, was ihn die Durchleitung seines Stroms bei uns kostet. Womit eine der wichtigsten Grundlagen geschaffen ist, daß überhaupt Wettbewerb im Energiemarkt stattfinden kann – die Preisliste ist im Internet unter www. enbw. com veröffentlicht."

Mit dieser Schlüsselanzeige eröffneten wir bundesweit den Wettbewerb im Geschäftskundenmarkt. Ein Eklat in der Branche. Bis dahin hatten sich ja alle Konkurrenten geziert, Fakten im Wettbewerb zu schaffen; jeder wartete ab, nach dem Motto „Hannemann, geh du voran". Das Thema „Durchleitung" war heiß, aber nicht genehm. Auch der Staat agierte nicht gerade energisch, wenn es darum ging, Rahmenbedingungen festzulegen. Er überließ es den ehemaligen Monopolisten, sich untereinander zu einigen.

Die EnBW hatte wieder einmal den ersten Schritt getan. Und die Aufregung war groß. Der damalige Bundeswirtschaftsminister Günter Rexrodt nahm unsere Anzeige zum Anlass, die Zurückhaltung der Regierung zu rechtfertigen. In einem Interview verwies er auf die Eigendynamik des Energiemarktes. In der „FAZ" wurde er in indirekter Rede zitiert: „Die Entwicklung schreite so schnell voran, daß man noch nicht sagen könne, wie der Markt in naher Zukunft aussehen werde. Vor wenigen Wochen seien die Durchleitungsentgelte noch geheim gewesen. Inzwischen könnten Durchleitungstarife im Internet abgerufen werden."

Auch die Fachpresse würdigte Golls neuen Coup. Helmut Sendner, Chefredakteur des Fachblatts „Energie & Management", kommentierte: „Gerhard Goll ist der Vorstandsvorsitzende der EnBW, und wenn wir in unserem journalistischen Umfeld danach fragen, wer die cleversten EVU-Chefs in Deutschland sind, so ist unter den ersten fünf Namen immer Goll dabei. Das ist jetzt nicht nur so nebenbei erwähnt, denn der stille hagere Mann in Karlsruhe erscheint tatsächlich als besonders schlau."

## Kapitel 12
## Kamera läuft

Auf dem Markt ging es zunehmend lauter und hektischer zu. Für meine Mitarbeiter und mich gab es Freizeit nur noch als ferne Vision. In der Agentur wurde Tag und Nacht gearbeitet, das Essen ließen wir uns vom Lieferservice bringen, Pizza und Pasta, Pasta und Pizza. Angetrieben von den aktuellen Ereignissen, konnten wir eigentlich nur geradeaus, nach vorne schauen. Und doch ging mir die Reaktion meiner Zuhörer in Karlsruhe und Stuttgart nicht aus dem Kopf. Angesichts der radikalen „Engel"-Anzeigen hatten die einen eisern geschwiegen, die anderen hatten ihre Irritation mit einer kessen Frage kaschiert. Hinter beiden Reaktionen stand unausgesprochen die Unsicherheit: Was bedeutet denn diese Zeile „Mit Energie was unternehmen" wirklich für uns, ganz konkret?

Wenn das Leben köstlich ist, sagt der Psalmist, so ist es „Mühe und Arbeit". Und es ist gut so. Wer es seinen Mitmenschen zu leicht und einfach macht, der handelt gewissenlos. Zu einfach wollte ich es den Mitarbeitern und potenziellen Kunden der EnBW gewiss nicht machen. Aber ich konnte ihnen ja ein bisschen auf die Sprünge helfen. So beschloss ich, die Handlungsmaxime des Konzerns mit Analogien aufzuladen, freilich nur in zwei Anzeigen, prominent platziert im „Spiegel". Ich brauchte Texte, die inspirierten, ohne zu insistieren. Auf keinen Fall durften es typische Werbetexte sein. Ich musste einen sehr guten Autor finden, der zwar begriff, worum es ging, sich aber noch nie mit unserer Branche gemein gemacht hatte. Mitte August traf ich mich im Münchener Airport-Hotel Kempinski mit dem freien Autor Frank Nicolaus. Er war mir von Andreas Lebert empfohlen worden: „Nicolaus ist ein fröhlicher Mensch. Ein Querdenker. Wenn man ihn begeistern kann, liefert er fabelhafte Texte." Das hatte mich neugierig gemacht.

Wir saßen in der Atrium-Bar und plauderten uns ein bisschen warm. Nachdem Nicolaus emsig Reklame für das Kunstmagazin „Art" gemacht hatte, für das er seit zwanzig Jahren schreibt, kam ich zur Sache. Ich umriss kurz die wirtschaftspolitische Situation auf dem Energiemarkt, berichtete von meiner Arbeit und erklärte den kategorischen Imperativ der EnBW: „Mit Energie was unternehmen".

Frank Nicolaus hörte freundlich zu, rauchte, gab gelegentlich ein kryptisches Lachen von sich und schien sich mehr für die hübsche Kellnerin als für meine Ausführungen zu begeistern. Schließlich legte ich ein Foto von Charles Wilp auf den Tisch: eine Sonne, von Joseph Beuys am Strand von Kenia mit dem Stock in den feuchten Sand gezeichnet. Da ging so etwas wie ein Energiestoß durch Nicolaus. Die hübsche Kellnerin war vergessen, er wurde richtig zappelig, rauchte schneller, fixierte mich schließlich mit funkelndem Blick und sagte:

„Stellen Sie sich mal vor, Herr Kreutz, Sie heben in einer Rakete vom Cape Kennedy ab und düsen geradewegs ins Weltall, Richtung Mond. Nach zwei, drei Stunden denken Sie: mal gucken, was die gute alte Erde so macht. Und Sie schauen durch das Bordfenster der Raumkapsel nach draußen. Nach unten. Und in diesem Augenblick passiert es, Herr Kreutz. Sie kriegen plötzlich Höhenangst, eine höllische Höhenangst!"

„Sehr unangenehm", sagte ich.

Nicolaus lachte wieder kryptisch: „Wussten Sie eigentlich, dass der Astronaut Neil Armstrong, der erste Mann auf dem Mond, als Kind auf keinen Baum klettern konnte, ohne vor Angst zu kotzen?"

Da ahnte ich, dass es mit Nicolaus klappen würde. Er hatte begriffen, worum es ging: um Energie. Eine Woche später lieferte er uns den Text für die erste „Analogien"-Anzeige. Sieben Mini-Geschichten über Energie. Ein paar Beispiele:

„Viele halten ihn für einen Phantasten. Manche für einen Betrüger. Doch Christoph Kolumbus gibt nicht auf. Dreizehn Jahre lang redet und träumt er vom Seeweg nach Indien. Dann bekommt er eine Chance. Er nutzt sie. Und die Karavelle bringt ihn weiter, als er geträumt hat. Nach Amerika."

„Sieben Jahre bevor er mit seiner Relativitätstheorie den Raum und die Zeit aus den Angeln hebt, stößt Albert Einstein auf die wichtigste Gleichung seines Lebens: 32 Rosensträuße + 24 Schachteln Konfekt + 18 Gedichte + 2 Geigenständchen + 38 Liebesbriefe = 1 Rendezvous mit Mileva. Mit dieser Gleichung verändert sich Einsteins Welt: Mileva gibt ihm ihr Ja-Wort."

„Dass Kind Neil Armstrong leidet unter starker Höhenangst. Der Mann Neil Armstrong betritt als erster Mensch den Mond, ca. 400 000 Kilometer über seinem Geburtsort Wapakoneta."

„René Descartes ist zu Gast am schwedischen Hof. Alle Welt bewundert den ehemaligen Jesuitenschüler, der als Philosoph und Mathematiker das Tor zur Neuzeit aufstieß. Königin Christine will hinter sein Geheimnis kommen. Sie fragt ihn, woran er glaubt. ‚An die Energie, Hoheit', sagt Descartes. ‚Ich glaube an die Energie.'"

Das Glaubensbekenntnis von Descartes war ein guter Aufhänger für ein abschließendes Energiebekenntnis der EnBW:

„Auch wir, die Mitarbeiterinnen und Mitarbeiter der EnBW Energie Baden-Württemberg AG, glauben an diese Energie. Weil wir von der Erzeugung und dem Verkauf von Strom leben. Und weil sie uns die Kraft gibt, als großes Unternehmen die neuen Chancen, die der freie Wettbewerb im Energiemarkt bietet, optimal zu nutzen. Mit unseren Leistungen und mit Produkten, die sich ausschließlich an den Bedürfnissen unserer Kunden orientieren.

Wenn Sie wissen wollen, wie Ihr Unternehmen davon profitieren kann, rufen Sie uns doch einfach an: 0180/5900090. Im Internet erreichen Sie uns unter www. enbw.com.

Mit Energie was unternehmen. EnBW. Die Energie-AG."

Der Nicolaus-Text für die zweite Anzeige setzte unseren Energieslogan ebenfalls in mehrere verdichtete Analogien um. Genau so hatte ich es mir erhofft: Mit diesen Anzeigen, die zeitlich versetzt über jeweils vier Seiten im „Spiegel" erschienen, wurde die Aufmerksamkeit des Lesers durch einen Parcours spannender Gedanken und Bilder zum Ziel geleitet: zur EnBW.

Der große Hollywoodregisseur John Huston war dem Vernehmen nach ein großzügiger Förderer von aufstrebenden Drehbuchautoren. Eines Tages legte ihm ein viel versprechendes Jungtalent ein besonders voluminöses Skript ans Herz. Es handelte sich dabei um ein über 1 000 Drehbuchseiten langes Epos aus dem Alltag der Eskimos. Huston las das Werk aufmerksam durch, traf sich mit dem jungen Autor und sagte seine Meinung. „Ein toller Stoff!", begann er. Während das Jungtalent ganz rote Ohren vor Freude bekam, fuhr Huston fort: „Machen Sie einen Werbetext daraus."

Ich dachte in die entgegengesetzte Richtung: Warum nicht aus dem Nicolaus-Text einen Film machen? Einen TV-Spot, gesendet im Nachrichtenkanal n-tv, Zielgruppe: Manager und Unternehmer. Die Idee war noch vage, genau wusste ich aber: Mit Werbefilmregisseuren können wir das nicht wagen, eine solche Aufgabe übersteigt ihren Horizont. Ich hatte erlebt, wie so etwas abläuft: Da kommt man in ein Highstyle-Büro, rutscht erst mal auf dem Carrara-Marmor-Boden aus, kriegt vom hauseigenen Barkeeper einen grünen Longdrink aufgedrängt und wird mit Hip-Hop beschallt; und dann rauscht der Künstler herein und bittet zur Brainsession. Nicht meine Welt. Ich brauchte einen Regisseur, der – wie Nicolaus – noch nie in Werbekategorien gedacht hatte und überdies zu den Besten seiner Zunft zählt. Klar: Dr. Dieter Wedel. Kurz entschlossen schrieb ich ihm einen Brief, dem ich unsere „Analogien"-Anzeige beilegte. Wedel antwortete postwendend und lud mich nach Hamburg ein.

Inzwischen waren unsere Vorstellungen etwas konkreter geworden: Wir haben einen starken Text von Nicolaus und möglicherweise den Regiestar Dieter Wedel. Jetzt müssen wir als Schauspieler nur noch Wedels „Bellheim"-Star Mario Adorf bekommen, der den Text liest.

Hamburg, ein Mehrfamilienhaus, oberstes Stockwerk, eine Atelierwohnung. Noch vor Wedel begrüßte mich ein Pudel. Wir redeten, Wedel und ich. Über Politik, Fernsehen und Werbung. Dann über das Projekt. Der Nicolaus-Text sei super und lese sich auch gut, im Stillen. Aber vorgelesen, im Film? Da hatte Wedel Zweifel. Und ob Mario Adorf? Auch da war sich Wedel nicht so sicher. Aber grundsätzlich fand er das Projekt interessant. Als wir uns verabschiedeten, hatte ich das Gefühl: Es kann was werden. Ein paar Tage später rief Wedel mich an. Er sei am 4. Oktober in Berlin bei einer Fernsehpreisverleihung: „Wenn Sie Zeit und Lust haben, können wir uns dort treffen und noch mal über den Film reden. Übrigens – die Idee mit dem Adorf und dem Textvorlesen: können Sie vergessen. Das wird nichts." Zack.

*„Es sind die Ideen, die Leute bewegen. Ich glaube, es war John Cleese, der gesagt hat, es habe noch nie jemand über eine gelungene Beleuchtung gelacht."*

John Hegarty in *Advertising Age*

Am 3. Oktober saß ich nachts noch in der Agentur, total erschöpft vom Tagesgeschäft. „Können Sie vergessen!!!" „Das wird nichts!!!" Ich stand unter Strom. Bis zum nächsten Morgen brauchte ich eine Idee. Leute wie Wedel arbeiten nicht gerne mit Versagern.

„Wie findest du die?", fragte ich Inge Reuhl. „Meinst du das ernst?", fragte sie zurück. „Kannst du dir so einen Film vorstellen?", fragte ich stolz, als ich ihr die nächste Idee präsentierte. „Nee", sagte sie trocken. Die Frau machte mich wahnsinnig. Aber sie hatte ja Recht. Der Papierkorb füllte sich langsam. Nachts um zwei war es endlich so weit. „Schön", sagte Inge Reuhl, „jetzt darfst du heimgehen."

Am 4. Oktober traf ich um 11 Uhr Wedel in der Bar des Berliner Hotels „Adlon". Nach den üblichen Präliminarien sagte ich: „Ich hab mir gestern Nacht mal ein paar Gedanken über den Film gemacht." Dann erzählte ich ihm meine Geschichte. „Ein Firmenpatriarch alter Schule in seinem Büro. Zwischen zwei Sitzungen hat er wenige Minuten Zeit, sich zu sammeln. Auf dem Weg vom Konferenztisch zu seinem Schreibtisch gehen ihm einige Gedanken durch den Kopf ..."

Schnitt.

Wedel applaudierte verbal: „Sehr gut. Daraus können wir was machen."

Mit wem die Rolle besetzen? Am besten natürlich mit einem Unternehmer, einem echten, damit die Aussage ganz authentisch wird. Ich: „Wie wäre es mit Gottvater?" Wedel: „Genau, den sollten wir nehmen." Mir imponierte, dass Wedel sofort wusste, wer mit „Gottvater" gemeint war. (Oder hatte Wedel vielleicht doch an das Original gedacht?)

Schnitt.

Goll kennt „Gottvater" gut. Als ich ihn fragte, wie man Merkle am besten das Rollenangebot unterbreiten könne, riet er mir zu einem Brief. Ich schrieb diesen Brief, legte auch ein Exposé des Films bei. Die entscheidenden Briefzeilen: „Herr Wedel und ich stimmen darin überein, daß es in Deutschland nur einen Unternehmer gibt, der den Inhalt dieses Films glaubwürdig verkörpert: Sie. Deshalb die Frage: Könnten Sie sich vorstellen, in diesem Film die zentrale Rolle zu spielen? Wir sind uns im klaren darüber, daß es vermutlich noch niemand gewagt hat, so ein Ansinnen an Sie heranzutragen."

Eine Woche später bekam ich die Antwort: Merkle fand die Idee ausgezeichnet, musste aber leider wegen anderer Verpflichtungen auf die Rolle verzichten.

Also doch ein Schauspieler. Wir entschieden uns für Joachim Tomaschewsky, in der ehemaligen DDR ein gefeierter Bühnendarsteller, in der Bundesrepublik noch verhältnismäßig unbekannt; ein Mann mit reifer und starker Ausstrahlung.

Schnitt.

Am 17. Dezember begannen wir in Hamburg mit den Dreharbeiten. Wedel hatte seine vertraute „Bellheim"-Truppe um sich geschart. Proben, Kameraeinstellungen. Am nächsten Tag wurde es ernst. Ruhe bitte, Kamera läuft.

Die oberste Etage einer Konzernzentrale: ein weitläufiges Büro; schwere Möbel vor dunkel getönten Wänden, die den hellen, gleißenden Lichteinfall durch die hohen Fenster noch verstärken. Es ist gerade eine Sitzung beendet worden.

Chef: „Danke. Das war's."

Während sich die Mitarbeiter höflich vor dem Konzernchef verneigen ...

Stopp! Kamera aus. Und wieder von vorne. Erster Take, zweiter Take. Hinter dem Monitor sitzend, sagte Wedel, mehr zu sich selbst als zu mir: „Das könnte man fast ohne Schnitt drehen."

Das war mein Stichwort: „Mensch, Herr Wedel, das machen wir." Es fiel mir wie Schuppen von den Augen. Irgendetwas hatte mich noch gestört, ohne dass ich hätte sagen können, was. Den ganzen Monolog des Unternehmers an einem Stück. Ohne Schnitt. Das wäre in der Hektik des Werbefernsehens kein Werbefilm mehr. Das wäre „Der Pate IV".

Wedel ließ sich von meiner Begeisterung anstecken. Dennoch hatte er Zweifel, ob es klappen könnte. Fragender Blick zum Kameramann.

„Abärr Dieter," sagte der in seinem charmanten polnischen Akzent, „lass uns das doch mal probierrän."

Wedel probierte es. Und es klappte, und es war prima. Ein 50 Sekunden langer Spot ohne Schnitt. Und jetzt Film ab:

... und rasch den Raum verlassen, hört man, wie einer von ihnen leise einem Kollegen eine Frage stellt.

Mitarbeiter: „Wahnsinnsprojekt. Wo nimmt der nur die Kraft her?"

Der Chef ist am Sitzungstisch zurückgeblieben. Er wirkt so, als nutze er die Pause zwischen zwei Strategiebesprechungen, um sich zu sammeln, das Vergangene Revue passieren zu lassen und sich auf das Kommende zu konzentrieren. Die Bemerkungen des Mitarbeiters hat er wohl mitbekommen.

Chef: „Frag' ich mich auch oft."

Während er aufsteht, langsam um den Besprechungstisch geht, dort etwas verweilt, kann man seine Gedanken hören.

Gedankenstimme: „Firmen gründen – Risiken eingehen –

Träume verwirklichen – was ist es eigentlich, was uns antreibt?“

Er wendet sich zur Kamera, sehr gelassen, ruhig.

Chef: „Doch ganz einfach, werden Sie sagen. Man muss bloß eine Idee haben. Stimmt! Aber ...“

Das Zwiegespräch mit dem Zuschauer fortsetzend, geht er in Richtung seines Schreibtisches.

„ ... mit einer Idee allein ist es nicht getan. Es braucht mehr ...“

Er sucht nach den Begriffen.

„Leidenschaft – Mut – Entschlossenheit – Energie!“

Überrascht hält er inne. Es herrscht eine Atmosphäre von gespannter Stille und Konzentration.

„Energie?“

Das EnBW-Firmenzeichen mit dem Motto „Mit Energie was unternehmen“ wird eingespielt. Der Konzernchef dreht sich zufrieden lächelnd um. Endlich hat er den Begriff gefunden, nach dem er suchte.

„Das ist es!“

## Kapitel 13
## Herr Bundeskanzler

Am 4. Januar 1999 wurde der TV-Spot im Nachrichtensender n-tv zum ersten Mal ausgestrahlt. Danach noch rund 150-mal. Drinks in der „Adlon"-Bar, lockere Gespräche mit Autoren und Regisseuren. Ein Job für Flaneure. Der Eindruck täuscht. Die im vorigen Kapitel geschilderten Begegnungen musste ich meinem Terminkalender geradezu abpressen. Nachdem die Regierung dem Wettbewerb endlich den Startschuss gegeben hatte, war keineswegs das Gröbste überstanden (wie es übrigens einige Öffentlichkeitsarbeiter der EnBW zu glauben schienen). Jetzt ging's vielmehr erst richtig los. Es war Rabatz im Ring, keine eleganten Finten und Sidesteps mehr. Jetzt wurde draufgehauen. Wirtschaftswrestling. Auch ich sollte ein paar Mal kräftig durch die Seile geschlagen werden. Aber ich hatte noch eine kurze Schonfrist. Zurück in den Sommer 1998:

Am 24. August trafen sich die EnBW-Aktionäre in der Karlsruher Stadthalle zur ersten Jahreshauptversammlung. 1200 Leute kamen; über 1100 von ihnen waren Kleinaktionäre, die das kapitale Spektakel ein bisschen wie Kirmes genossen, dagegen ist ja auch wirklich nichts zu sagen. Auf dem Platz vor der Stadthalle demonstrierte Greenpeace. Gegen Kernkraft. Einige der Demonstranten hatten sich als Sensenmann verkleidet. Die Stimmung war gut.

Inge Reuhl und ich nahmen zum ersten Mal an einer Jahreshauptversammlung teil und waren entsprechend neugierig. Schon Wochen vorher hatte uns die Marketingabteilung mit der Bitte genervt, Beschriftungen für Kugelschreiber und Jutetaschen vorzuschlagen. Solche Sachen seien immer der Renner, besonders Jutetaschen. Die gab es denn auch gestapelt im Foyer, wo der Konzern und seine Tochterfirmen mit allerlei Bildern und Tabellen ihre wirtschaftliche Potenz dokumentierten. Auch unsere Sportlerporträts waren ausgestellt, präsentiert in einer großen Sinuswelle.

Die Reden und Rechenschaftsberichte will ich mir schenken. Schenken will ich mir auch den Auftritt eines Greenpeace-Aktivisten, dessen Anklage leider so bar aller Sachkenntnis war, dass er eigentlich warb, wo er doch wettern wollte. Müsste ich einen Aufsatz schreiben mit dem Thema „Mein schönstes Jahreshauptversammlungserlebnis", dann würde ich folgende Episode auswählen.

Großer Saal, bis auf die Notausgänge besetzt. Auf der Bühne thronen Vorstand und Aufsichtsrat. Hinter und über ihnen, auf einem riesengroßen Display, breitet unser blauer Engel die Arme aus. Die Aktionäre dürfen Fragen stellen. Die Chefs antworten.

Irgendwann tritt aus dem Publikum ein sichtlich aufgeregter Mann ans Mikrofon, den Geschäftsbericht in der Hand. Vorstandsvorsitzender Goll kennt ihn offenbar, er begrüßt ihn mit Namen, von der Bühne herab. Der Mann (ein Druckereibesitzer, wie ich später erfahre) hat ein Problem. Mit uns. Er habe im Geschäftsbericht entdeckt, beginnt er, dass für Konzept und Realisierung die Düsseldorfer Werbeagentur Kreutz & Partner verantwortlich sei. Warum man sich nicht für eine baden-württembergische Agentur entschieden habe, will er wissen. Und dann, nach einer kurzen Pause zum tiefen Luftholen: „Was kriegen die eigentlich für ein Honorar?"

Da horcht der ganze Saal auf. Geht es um Geld im Ländle, dann bekommt selbst eine harmlose Frage so ein Gschmäckle. Und harmlos war die Frage des Kleinaktionärs ganz und gar nicht.

Goll, der richtig traurig gucken kann, wenn er intellektuell enttäuscht wird, verschleiert kurz seinen Blick. Ich weiß nicht, ob er Cicero gelesen hat, jedenfalls befolgt er jetzt einen raffinierten Rhetorikrat aus dem „De oratore": „Wenn deine Zuhörer dich ungebührlich bedrängen, dann gewinne ihre Gunst, indem du sie zuerst zum Lachen bringst."

Goll also zum Kleinaktionär: „Zunächst möchte ich mich bei Ihnen für Ihre Fragen bedanken. Ich habe schon die ganze Zeit auf sie gewartet. Ich kannte übrigens Ihren Vater gut. Er wäre jetzt sehr stolz auf Sie."

Der Saal lacht.

Dann beantwortet Goll die erste Frage, die einfache: „Um auf die großen Herausforderungen der energiewirtschaftlichen Wende optimal reagieren zu können, braucht die EnBW nicht irgendeine Agentur, sondern die beste, die sie kriegen kann. Und die sitzt nun mal leider nicht in Karlsruhe."

Jetzt die hochnotpeinliche Honorarfrage. Goll hat Auskunftspflicht. So will es die Aktionärsdemokratie, die manchmal einer

Diktatur von unten nahe kommt. Welchen rhetorischen Ausweg wird er hier finden? Goll sucht jedoch nicht, er geht geradeaus. Er nennt eine Summe: 2,4 Millionen Mark. Eine korrekte Auskunft, die aber nur wenig aussagt; denn es fehlen wichtige Zusatzinformationen wie beispielsweise Zeitrahmen und Aufgabenumfang. Der Kleinaktionär hakt nicht nach. Einmal lachen reicht ihm.

Als Inge Reuhl und ich am frühen Abend nach Düsseldorf zurückfahren, spekulieren wir darüber, ob schon jemals eine Werbeagentur erleben durfte, dass ihr Honorar auf der Jahreshauptversammlung eines großen Konzerns kundgetan wurde.

Unsere Teilnahme an der Hauptversammlung war für uns ein eintägiger Entspannungsurlaub. Im Alltag hatten wir massiven Ärger. Es ging um die EnBW-Vertriebsgesellschaft in Stuttgart. Im März war es uns gelungen, mit einer einzelnen „Experten"-Anzeige die Konkurrenz auf dieser Wettbewerbsstrecke zu blockieren. Jetzt wurde es höchste Zeit für eine reguläre Kampagne. Mitte September wollten wir mit der Vertriebswerbung an den Start gehen.

Kurz zur Erinnerung: Michael Zerr hatte die Idee, Experten aus acht energieintensiven Industriebranchen einzustellen. Diese Fachleute sollten einschlägige Teams leiten und sich den betreffenden Branchen als direkte Ansprechpartner empfehlen.

Die Experten standen mittlerweile auf der Gehaltsliste. Prima, dachte ich, jetzt kann es losgehen. Zunächst ließen wir die Experten fotografieren. Dann baten wir sie, uns Fakten aus ihrem Aufgabenbereich zu liefern. Wir brauchten diese Informationen für die Anzeigentexte. Wir warteten. Dann kamen die ersten Faxe. Reine Lyrik, nichts Konkretes. Inge Reuhl und ich fuhren nach Stuttgart.

Michael Zerr, Geschäftsführer der EnBW Energie-Vertriebsgesellschaft, befand sich gerade im Urlaub auf Sri Lanka. Aber die Experten, die traten immerhin vollzählig an. Wir setzten uns zusammen, und ich redete. Ich war richtig höflich. Inge Reuhl sowieso. Also bitte Fakten auf den Tisch: Wie viele Unternehmen gibt es in der jeweiligen Branche? Wie hoch ist der Energieverbrauch der einzelnen Unternehmen? Von welchem Energiekonzern werden sie beliefert? Zu welchen Tarifen? Welche Preise können wir ihnen anbieten? Welche Zusatzleistungen?

Konkrete Fragen. Die Experten wussten auch die präzisen Antworten. Doch sie wollten nicht mit ihnen herausrücken. Insgeheim dachten sie: Was will so einer mit Fakten anfangen, der ist doch für Wortgeklingel zuständig. Und so erlebte ich wieder einmal das erstaunliche Phänomen, dass sich andere Leute meinen Kopf zerbrechen. Anstelle von klaren Informationen lieferten die Teamchefs mir Anzeigentexte, genauer: ihre Vorstellungen von Anzeigentexten. Sie dichteten wieder. Da wurde ich ein bisschen nervös. (Inge Reuhl behauptet, ich sei fuchsteufelswild geworden.)

Kurz nach diesem Termin bekam Inge Reuhl einen Anruf, tief in der Nacht. Zerr am Apparat, aus Sri Lanka. Seine Experten hatten sich bei ihm beschwert, telefonisch und per Fax. Ein Skandal, wie der Kreutz mit ihnen umspringt. Und ihnen Vorschriften macht. Und sie runtermacht. „So geht es nicht", meinte Zerr, beschienen von der fernöstlichen Urlaubssonne. „Ich musste leider auch Goll über den Aufstand informieren." Und Goll habe gemeint: Geben Sie dem Kreutz mal eine auf die Mütze.

Wir machten trotzdem weiter Druck, hart (ich) und herzlich (Inge Reuhl). Böser Bulle, guter Bulle. Die Experten gaben schließlich auf und ließen uns an ihrem Herrschaftswissen teilhaben. Am 15. September starteten wir mit der Vertriebswerbung in fast allen überregionalen Tageszeitungen. Mit zwei Anzeigenmotiven pro Woche.

VEW und Bayernwerk waren zu diesem Zeitpunkt ja schon mit Werbung auf dem Markt. Was uns nicht störte, denn diese Konkurrenz agierte noch nicht mit attraktiven Angeboten. Etwas klamm warteten wir indes auf den ersten Auftritt der RWE-Energietochter. Dieser Riese, der nach einer Wettbewerbspräsentation die Werbeagentur Scholz & Friends unter Vertrag genommen hatte, konnte zum großen Schlag ausholen, theoretisch. In der Branche wurde gemunkelt, dass RWE entgegen früheren Absichten eine reine Energiekampagne vorbereitete. Wie auch immer: Der nordrhein-westfälische Konzern ließ sich Zeit. Bis zum 19. Oktober kreißte der Berg. Was herauskam, war nicht zum Fürchten.

*„Manager, die auf der Suche nach einer einzigartigen Werbekampagne eine Wettbewerbspräsentation unter Werbeagenturen ausrichten, kommen mir vor wie Männer, die in ihrer Sehnsucht nach dem ultimativen Liebesglück den Straßenstrich abklappern."*

Bernd Kreutz in *„Also ich glaube, Strom ist gelb."*

Der Riese lahmte. Mit unserer Unternehmenswerbung waren wir der RWE sechs Monate voraus, mit der Vertriebswerbung einen Monat. Ein gutes Gefühl. Und eine Aktion gab es, mit der waren wir dort, wo die gesamte Konkurrenz nie hinkommen würde.

Es gehört seit Jahren zu meinen Lieblingsbeschäftigungen, Anzeigen punktgenau in ein politisches Umfeld zu stellen. Am

10. November 1998 wurden in der Bundesrepublik zwei denkwürdige Absichtserklärungen abgegeben. Und beide folgten der Handlungsmaxime „Mit Energie was unternehmen". Das erste Ereignis war die Regierungserklärung, die Bundeskanzler Gerhard Schröder vor dem Deutschen Bundestag verlas. Die programmatische Rede stand unter dem Motto „Die schöpferischen Kräfte mobilisieren".

Am selben Tag erschien in der „FAZ", der „Süddeutschen Zeitung" und der „Welt" eine ganzseitige Sonderanzeige der EnBW. Die Schlagzeile war weiß auf schwarz an den Regierungschef adressiert: „Herr Bundeskanzler: Wir wollen Ihnen gerne helfen, den Bundeshaushalt aufzubessern." Unser Angebot stand auf grauem Grund:

„Tag für Tag werden in den unzähligen Gebäuden der Bundesbehörden und in den Unternehmen mit Bundesbeteiligung Lichter angemacht, Telefonate geführt, Heizungen angestellt, Aufzüge betrieben, Büro-, Kaffee- und sonstige Maschinen in Gang gesetzt. Die Energiekosten hierfür belaufen sich auf mehrere hundert Millionen Mark im Jahr.

In diesem Haushaltsposten steckt ein erhebliches Einsparpotenzial. Mit einem effizienteren Einsatz der Energie und günstigerem Einkauf ließe sich leicht ein Betrag in mehrstelliger Millionenhöhe einsparen. Dabei wollen wir Ihnen gerne helfen.

Denn vom freien Wettbewerb im Energiemarkt sollte der Bundeshaushalt ebenso profitieren wie die deutsche Wirtschaft.

Es wäre im Interesse jedes einzelnen Steuerzahlers, wenn Sie, Herr Bundeskanzler, von Ihrer Richtlinienkompetenz also auch in dieser Frage Gebrauch machten.

Wir meinen, Sie sollten hier ab sofort nach unserem Unternehmensmotto handeln:

Mit Energie was unternehmen."

Unser Bundeskanzler hat sich bis heute nicht gemeldet. Dafür ging aber bereits am 12. November 1998 ein Brief aus Bayern in der Karlsruher EnBW-Hauptverwaltung ein. Der Prokurist eines großen Büroartikelherstellers schrieb: „Sehr geehrte Damen und Herren, wir haben Ihre Großanzeige an den Bundeskanzler in der ‚Süddeutschen' gelesen. Wir sind zwar nicht der Bundeskanzler und keine Bundesbehörde, hätten jedoch ein großes Interesse an einem kostengünstigen Strombezug. Unser Verbrauch liegt bei ca.

5 600 MWh p. A. Bitte informieren Sie uns, ob Sie auch für uns ein maßgeschneidertes Angebot abgeben können."

Mit diesem Brief erwies sich erneut, dass man im Parterre schon handelt, wenn oben noch zum Fenster hinaus geredet wird.

## Kapitel 14
## Branding

*„Wir brauchen keine Advertising Directors, keine Marketing Manager und keine Kontakter, um gute Werbung zu machen. Diese Leute komplizieren das Leben nur unnötig. Wir brauchen stattdessen ein paar Menschen mit guten Ideen."*

Oliviero Toscani in *werben & verkaufen*

Im klassischen Drama wird im dritten Akt der Knoten geschürzt. Die ersten beiden Akte lagen jetzt hinter uns. Was war bisher geschehen? Die EnBW hatte sich nach der Fusion auf den offenen Markt vorbereitet und sich nach der energiewirtschaftlichen Wende erfolgreich im Wettbewerb positioniert. So weit der äußere Handlungsrahmen. Die Rolle unserer Agentur im groben Überblick: In den ersten beiden Aufzügen entwarfen wir ein Erscheinungsbild für den neuen Konzern, legten ein Kommunikationskonzept vor, machten mit einer Unternehmenskampagne die EnBW in der Zielgruppe „Industrie und Gewerbe" zu einem Begriff, eröffneten mit der Bekanntgabe der EnBW-Durchleitungspreise den bundesweiten Konkurrenzkampf auf dem Geschäftskundenmarkt und verschafften der Stuttgarter Vertriebsgesellschaft mit unserer Expertenkampagne einen großen Wettbewerbsvorsprung.

Die EnBW hatte sich also bereits gehörigen Respekt bei der Konkurrenz und bei den Kunden erworben. Dass ein Konzern gleichsam aus dem Nichts heraus auf den Markt vorstieß und im Wettbewerb das Tempo vorgab, war für die anderen Energieunternehmen ein geradezu gruseliges Erlebnis. Die EnBW hatte sozusagen den wichtigen Vorlauf gewonnen. Doch jetzt war das Rennen wieder offen. Bisher ging es „nur" um Geschäftskunden, um Energieabnehmer in der deutschen Wirtschaft. Jetzt aber sollte der Ansturm auf das eigentliche Energiedorado beginnen: auf den Privatkundenmarkt. Ein Massengeschäft mit Milliardenumsätzen.

Was den Energiekonzernen nun bevorstand, wurde bereits auf dem Telekommunikationsmarkt ausgefochten, und zwar mit einer in der bundesdeutschen Wirtschaftsgeschichte bis dahin noch nie gekannten Härte. Kampagnen mit bis an den Rand des Ruins kalkulierten Preisangeboten, erbitterte Verdrängungskämpfe, Täuschungsstrategien der Giganten, Guerilla-Attacken kleiner Konkurrenten.

Wie schon im Jahr zuvor herrschten flächendeckende Unsicherheit und Nervosität in der Energiebranche. Auf welche Rahmenbedingungen würden sich die Verbände der Elektrizitätswirtschaft schließlich festlegen? Und wann? Wirklich erst im September 1999? Oder vielleicht schon früher? Und wer würde diesmal den besten Start haben? Wieder die EnBW? Und was plante die RWE? Mit welcher Strategie würde der Branchenriese nach der verpatzten ersten Runde diesmal seine wirtschaftliche Potenz ausspielen?

Am 4. Februar 1999 fuhren Inge Reuhl und ich wieder einmal nach Karlsruhe, auf Einladung des Vorstandsvorsitzenden Gerhard Goll. In seinem Konferenzzimmer sollte über den Einstieg der EnBW in den Privatkundenmarkt gesprochen werden. Ich hatte mich auf das Gespräch bewusst nicht vorbereitet. Ich wollte mir den Kopf freihalten. In meinem Koffer steckte nur eine einzige Pappe. Da ich wusste, dass auch das Thema „Marke“ anstand, hatte ich ein paar Markennamen zu Papier gebracht, beispielsweise „Strom direkt“, „Switch“, „Strom 24“, „EnBW privat“. Appetithappen für die Phantasie. Mehr nicht. Es lässt sich viel leichter diskutieren, wenn Vorschläge auf dem Tisch liegen, und seien sie noch so indiskutabel.

Um 14 Uhr betraten Inge Reuhl und ich das Konferenzzimmer im dritten Stock der EnBW-Hauptverwaltung. Und damit begann der dritte Akt.

Vier Stühle der Tafelrunde waren bereits besetzt. Wir begrüßten Goll und Zerr. Dann stellte uns Goll zwei „Neue“ vor. Zunächst Marco Demuth, seit Herbst 1998 dritter Geschäftsführer der EnBW Energie-Vertriebsgesellschaft. Ein Mann, der mir sofort sympathisch war. In meinem privaten Morphologie-Gehege führe ich Michael Zerr als „jungen Bären“. Marco Demuth reihte ich in die Spezies „vitaler Bulle“ ein.

Jetzt zu dem anderen neuen Gesprächsteilnehmer. Aus schon bald ersichtlichen Gründen werde ich seinen bürgerlichen Namen gegen ein Pseudonym austauschen. Ich nenne ihn hier und fortan „Herr Dr. Klon“ oder einfach nur „Dr. Klon“. Er wurde uns als Unternehmensberater vorgestellt. Und so sah ich Herrn Dr. Klon auf den ersten Blick: ein Mann um die 40, schlank, noch größer als ich, knapp über 1,90. Dunkelblauer Anzug. Maßhemd. Aber nicht in der Qualität von Brioni. Schuhe: ganz ordentlich, hinten zwei Nähte. Dr. Klon demonstrierte Gelassenheit, aber nicht auf eine vordergründige, unangenehme Art. Er strahlte das wohl situierte Selbstbewusstsein jener Menschen aus, die neben der ungeteilten

Aufmerksamkeit ihrer Kunden auch ein Tageshonorar von 5 000 Mark und mehr bekommen.

Wir nahmen Platz. Inge Reuhl links von mir, Herr Dr. Klon zu meiner Rechten. Uns gegenüber saß das EnBW-Trio: links Zerr, rechts Goll und Demuth in der Mitte. Zu diesem Zeitpunkt fühlte ich mich noch überhaupt nicht elend. Wir hatten bisher gute Arbeit für die EnBW geleistet, und so konnte ich der neuen Herausforderung offen und erwartungsfroh entgegensehen.

Zerr eröffnete. Wie soll sich die EnBW auf den Wettbewerb im Privatkundenmarkt vorbereiten? „Wollen wir wieder die Frechen sein, die vorpreschen und der Konkurrenz zeigen, wie es geht? Oder müssen wir uns eine andere, eine neue Strategie ausdenken?" Während Zerr noch redete, schweifte mein Blick eher zufällig nach rechts. Und was ich dort sah, irritierte mich doch sehr: Vor Dr. Klon lag ein „Booklet". Und darauf stand: „Branding für die EnBW".

Branding. Ich ließ mir diesen Begriff aus dem Branchenbuch der von mir so innig verabscheuten Anglizismen durch den Kopf gehen. Branding. Das kannte ich bisher nur aus Cowboyfilmen: Ein Rind wird eingefangen, zu Boden geworfen und mit einem glühenden Brandeisen abgestempelt. Mir fielen auch „Die drei Musketiere" von Alexandre Dumas ein: Einer (bildschönen) Mörderin hatte man die bourbonische Lilie aufs Schulterblatt gebrannt, um kundzutun, dass sie dem Scharfrichter von Paris gehörte. Branding. Wem wollte Dr. Klon das besitzanzeigende Mal auf den Pelz brennen – der EnBW oder den Privatkunden?

Normalerweise möchte ich bei solchen Besprechungen schon im Vorfeld wissen, worum es eigentlich geht. Dennoch lasse ich mich gerne überraschen. Aber nicht unangenehm. Dass jetzt neben mir ein Unternehmensberater im Maßhemd saß, der vor sich ein „Booklet" namens „Branding für die EnBW" auf dem Tisch liegen hatte, das war eine unangenehme Überraschung. Was hatte sich Goll dabei gedacht? Würde es demnächst zu einem Gespräch unter vier Augen kommen? Ich konnte schon fast Golls bedauernde Stimme hören: Herr Kreutz, was Sie bisher für die EnBW gemacht haben, finden wir sehr gut, aber was die anstehende Herausforderung betrifft, da haben wir doch gewisse Zweifel, ob Sie der wirklich gewachsen sind; deshalb haben wir einen Unternehmensberater engagiert, der uns bei wichtigen Entscheidungen zur Seite stehen soll.

Zerr redete weiter, als sei die Welt noch völlig in Ordnung, und Dr. Klon saß gelassen und selbstbewusst vor seinem Branding. Und in mir begann es zu arbeiten. Weil das ein längerer Prozess war, will ich hier kurz auf eine bemerkenswerte Entwicklung eingehen:

*„Das Problem in unserem Geschäft ist, dass die Leute uns nicht ernst nehmen."*

Martin Sorrell, CEO der drittgrößten Werbeagentur-Holding der Welt in *The Independent*

Jahrzehntelang verdienten die Unternehmensberatungen und Werbeagenturen einträchtig nebeneinander ihr Geld, ohne sich gegenseitig ins Gehege zu kommen. Mitte der 90-er Jahre war es mit dieser friedlichen Koexistenz vorbei. Seitdem dringen immer mehr Unternehmensberater in das angestammte Revier der Werbeleute ein, mit Themen wie Marketingstrategie und Markenentwicklung. Den Gebietsverlust hat sich die Werbebranche selbst zuzuschreiben. Denn während sie sich zunehmend spezialisiert, lassen sich Unternehmen immer öfter von der Vorstellung einer „ganzheitlichen Marketingperspektive" beeindrucken. Und da stehen die Unternehmensberatungen auf der Matte.

Während also die Nachbarbranche expandiert, verengt sich für viele Werbeagenturen weiter der Blick. So hängt die Werbewirtschaft immer noch dem Irrglauben an, für den Aufbau einer bedeutenden Marke sei die klassische Werbung (Anzeigen, TV, Radio, Plakate) unabdingbar. Es gibt aber mittlerweile etliche sehr erfolgreiche Unternehmen, die sich auf dem Markt etabliert haben, ohne auch nur eine einzige Mark in klassische Werbung gesteckt zu haben. Die englische Ladenkette „Bodyshop" gibt ein gutes Beispiel ab. Die Besitzerin Anna Rodnick, die in England übrigens einen ähnlichen Kultstatus wie der Allroundunternehmer Richard Branson einnimmt, begann in einem kleinen Ladenlokal und mit einem spezifischen Produktangebot: Kosmetik auf Naturbasis. In verhältnismäßig kurzer Zeit schaffte sie es, einen weltweit agierenden Konzern aufzubauen – mit Energie und einer sehr geschickten Öffentlichkeitsarbeit. Aber ganz ohne klassische Werbung. Für Massenkommunikation hat sie keinen einzigen Penny ausgegeben.

„Machen Sie keine Werbung." Das würde eine Werbeagentur einem Unternehmer niemals empfehlen. Es sei denn, die Werbeagentur bekommt keine Provision, sondern ist auf Honorarbasis engagiert. Goll und ich haben uns früh darauf geeinigt, dass unsere Agentur mit einem Beraterstatus für die EnBW arbeitet. So konnte ich von Anfang an von unnützen Geldausgaben absehen oder abraten, ohne möglicherweise das Gefühl zu haben, gegen meine eigenen finanziellen Interessen zu handeln.

Zerr redete immer noch. Mein innerer Arbeitsprozess war auch noch nicht abgeschlossen. Bleibt also Zeit für einen weiteren kleinen Exkurs:

Ich habe in meinem bisherigen Agenturleben bereits einige Erfahrungen mit Unternehmensberatern gemacht, darunter nur eine einzige gute. Im Vexierbild meiner Vorbehalte sind Unternehmensberater natürlich auch nur Menschen, aber leider solche, die dich an die Hand nehmen, hinterrücks eine Nebelkerze werfen und sagen: „Oh, oh, das ist ja ganz schön neblig hier. Aber keine Angst, wir sind dein Steck und Stab und führen dich durch dick und dünn." Irgendwann auf halber Strecke bleiben sie dann stehen, machen dir weis, dass das Ziel ganz in der Nähe sei und du den Rest jetzt auch ohne ihre Hilfe schaffst. Dann verschwinden sie flugs im Nebel, natürlich unter Hinterlassung einer gesalzenen Rechnung.

*„Wer wirklich einen kreativen Einführungskurs in Marketing und Marktkommunikation belegen will, gehe nach Lourdes oder ins Disneyland. Dort lernt man erfolgreiche Kommunikation."*

David Bosshart in *Horizont*

Unternehmensberater verstehen vielleicht etwas von Organisationsstrukturen, Marktaufbereitung oder Prozesstechniken. Spezialwissen, das sicherlich von Nutzen sein kann. Aber von Kommunikation haben sie in der Regel nicht die geringste Ahnung. Mit Kommunikation ist es wie mit dem Klavierspielen. Rubinstein kann man nur werden, wenn man 40 Jahre lang acht Stunden täglich übt. Und wenn man nicht 40 Jahre lang acht Stunden täglich übt, kann man nicht Rubinstein werden. So ist das. Was nun das Verhältnis der Unternehmensberater zum Klavierspielen (Kommunikation) anbelangt, so mag ihnen der Name Rubinstein geläufig sein, möglicherweise haben sie auch schon mal Musik von ihm gehört. Mehr aber auch nicht. Dennoch treten sie auf wie der Maestro höchstpersönlich und wollen überdies auch noch anderen das Wesen der Musik erklären, und zwar im Schnelldurchlauf.

Wie aufs Stichwort beendete Zerr seine kleine Einleitung und übergab an Dr. Klon. Ich hatte mich inzwischen dazu durchgerungen, meine gesammelten Vorbehalte gegen Unternehmensberater im Allgemeinen und das „Branding"-Papier im Besonderen vorerst unter Verschluss zu halten. Vielleicht war ich ja hier der Dünnbrettbohrer. Das schließe ich grundsätzlich nie aus. Dr. Klon begann, und ich war ganz Ohr.

Tiefe, angenehme Stimme, selbstbewusste Blickführung. Er

habe, sagte Dr. Klon, sich nicht nur auf das heutige Gespräch vorbereitet, sondern auch etwas mitgebracht. Nämlich das „Branding für die EnBW".

Ich konnte mir nicht helfen, ich sah schon wieder so eine arme Kuh vor mir, der man ein glühendes Eisen aufs Hinterteil haut. Doch im Gegensatz zur Kuh kriegten wir immerhin vorher erklärt, was Branding eigentlich ist.

*„Englisch zu reden ist für manche Berufe der leichteste Weg, sich auf ein hohes Ross zu setzen und allen Nachfragen zu entkommen. Was Wunder, dass dieser Weg von denen, die Schwierigkeiten mit ihrer Selbstdarstellung haben, so oft und gern beschritten worden ist."*

Konrad Adam in *Frankfurter Allgemeine Zeitung*

Zunächst klärte Dr. Klon uns über den „Gesamtzusammenhang" auf. Er zeigte ein Chart, auf dem ein Tempel mit fünf Säulen abgebildet war. Auf dem Aetos, dem Giebeldreieck, stand „Positionierung EnBW". Getragen wurde das Dach von „Pricing", „Produkt/Dienstleistung", „Customer Care", „Vertrieb" und „Branding". „Hohe Interdependenz" hielt alles zusammen, ein Pfeil wies auf „Klare Zielgruppenausrichtung".

Da hat es mir eigentlich schon gereicht. Marketing besteht aus einem Produkt, einem Preis, einem Vertrieb und aus Kommunikation. Bei Dr. Klon kamen zwar auch Produkt und Vertrieb vor, aber bei ihm ging es nicht um den Preis, sondern um „Pricing"; nicht um Marke und Kommunikation, sondern um „Branding". So begann die Gebrauchsanweisung für Nebelkerzen.

Dann kam Herr Dr. Klon zu einer „Übersicht": „Grundgedanken des Branding. Wichtige Branding-relevante Charakteristika des EnBW-Geschäfts. Implikationen und Fragestellungen, Vorgehensweise."

Ich wurde zunehmend verzweifelter, weil ich nicht wusste, wo bin ich hier eigentlich und, vor allen Dingen, wo ist die EnBW? Wie weit haben Goll und Zerr sich inzwischen von uns entfernt, dass sie so einen Kokolores ertragen?

Wer schwache Nerven hat, sollte den folgenden, etwas längeren Absatz überspringen. Er verpasst keinen Inhalt. Robusteren Naturen aber sei die Lektüre angeraten. Denn meiner Ansicht nach handelt es sich bei dieser Passage um ein bemerkenswertes Zeitdokument.

Dr. Klon fuhr sonor und selbstsicher fort. „Was ist eine Marke, eine Brand? Eine Marke ist ein hoch verdichtetes Informationsgebilde, in das eine große Fülle bisheriger Kommunikation und Erfahrung in abrufbarer Form einfließt. Test: Was verbinden Sie mit Marlboro, Coca-Cola, Pampers, Nivea, Swatch, Mercedes-Benz?" Von was redet der? Wir haben noch gar kein hoch verdichtetes In-

„Sogar kleine Unternehmen entwickeln heute sofort so etwas wie ein Markenmanagement. Die haben einen Senior Vice President für Marketing, einen Vice President für Marketing – und das von Anfang an. Mit dieser Art von Struktur ist das Scheitern schon vorprogrammiert. Richtiger wäre eine Gruppe von Machern, die jemanden anheuern, der ihnen die Werbung macht. Es ist kein Zufall, dass aus solchen Konstellationen die besten Lösungen entstehen."

Jeff Goodby in *Advertising Age*

formationsgebilde, keine große Fülle bisheriger Kommunikation, auch keine Erfahrung. Alle Energiekonzerne befinden sich im wirtschaftspolitischen Neuland, sie haben nur die inständige Hoffnung, dass sie nicht allzu viel falsch machen, und sie haben schon gar keine Zeit für einen infantilen Test. Weiter: „Die weltweit stärksten Marken: McDonald's, Coca-Cola, Disney, Kodak, Sony, Gillette, Mercedes-Benz, Levi's, Microsoft, Marlboro. Was fällt auf?" Herrschaftszeiten! Weiter: „Abstufungen in der Markenpolitik. Von der Einzelmarke bis hin zur Unternehmensmarke. Typ: Firmenname auf allen Produkten, kein Markenname. Beispiel: Siemens, IBM." Kein Markenname? Siemens und IBM sind die Markennamen schlechthin! „Typ: Firmenname im Vordergrund, neben Markenname. Beispiel: Kraft, Oetker, Intel. Typ: Firmenname zusammen mit Marken- oder Gattungsname. Beispiel: Thyssen, Ratiopharm, General Electric. Typ: bekannter Teil im Markennamen. Beispiel: Nestlé, Hoechst, Bayer. Typ: Markenname im Vordergrund, Firmenname im Hintergrund. Beispiel: Henkel, Beiersdorf. Typ: starke Marke, Firmenname nicht sichtbar. Beispiel: Procter & Gamble, Johnson & Johnson. Typ: Standard-Design. Beispiel: Braun, Aigner. Typ: einheitlicher Vertriebskanal. Beispiel: Oetker, VW. Typ: Bildung einer Produktpalette. Beispiel: Retail." Wen interessiert das überhaupt? Das ist Betriebswirtschaftslehre für Anfänger. Weiter: „Die Basis einer Markenstrategie ist eine detaillierte Kundensegmentierung von Economy, Standard und Premium. Welche Segmente? Größe der Segmente? Veränderung? Fit?" For fun? Weiter: „Unterschiede zwischen Produkt und Marke. Produkt: entwickelt und produziert in der Fabrik. Marke: entwickelt und platziert im Kopf der Kunden." Sciencefiction. Weiter: „Marken und Wettbewerbsdifferenzierung. Eine Marke ist etwas Einzigartiges. Eine Marke enthebt (sic!) Produkte aus der Anonymität und macht sie zu Gebilden mit einer Identität. Gleichzeitig gibt der Anbieter seine Anonymität auf, anders als bei No-Names, und geht eine hohe Verpflichtung und hohe Risiken ein, Beispiel: Tetra Pak." Es gibt überhaupt keine No-Names, Herr Dr. Klon. Und wenn irgendwo No-Name draufsteht, dann ist das auch eine Marke, die nämlich No-Name heißt. Weiter: „Branding bedeutet: Focus; wissen, was man will und nicht will; Differenzierung; Geduld haben, hartnäckig sein; Bereitschaft, einen einmal bestiegenen Zug nicht zu verlassen; Bereitschaft, viel, viel Geld zu investieren; langfristig zu denken; unkonventionelle, innovative Wege zu gehen; in den Köpfen der Kunden ein Erlebnis, eine Vision, einen Nutzen zu verankern; besessen zu sein – gegen alle internen und externen Strömungen.“ Viel, viel Geld investieren und besessen sein. Eigentlich müsste Goll spätestens jetzt einen Schreikrampf kriegen. Weiter: „Marken- und Kundenloyalität. Markenpolitik schafft Prägung im Kopf des Kunden: Assoziationen, Emotionen, Images. Diese Prägung schafft Markenwert. Aus positiver Prägung resultieren Kundenloyalität und Markteintrittsbarrieren für andere.“ Den möchte ich sehen, der vor einem Supermarkt eine Markteintrittsbarriere hat. Weiter: „Image-Differenzierung: Bei zunehmender Qualitätsangleichung erlaubt nur noch die Marke, ein Preispremium zu realisieren.“ Weiter: „Bedeutung von Marke. Die Bedeutung der Marke steigt mit zunehmender Schwierigkeit für den Kunden bei der Beurteilung von Vorteilen eines Produktes.“ Jetzt kommt ein echter Brüller, weiter: „Marken und vertikale Geschäftspolitik. Bei mehrstufigem Absatzsystem, in dem man mit den Kunden auf nachgelagerten Stufen keinen direkten Kontakt hat, ist Branding das einzige Mittel gegen Anonymität und damit Substituierbarkeit.“ Habe ich zu viel versprochen? Weiter: „Voraussetzungen für eine erfolgreiche Markenpolitik sind eine dezidierte Information über Zielkunden, Kommunikation, Leistungen, Kundenzufriedenheit, Zeit. Branding kann einen wesentlichen Beitrag zum Aufbau von strategischen Wettbewerbsvorteilen leisten. Branding ist eine langfristige Waffe und verlangt Durchhaltevermögen. Frage: Haben wir eine langfristige Vision für unsere Branding-Strategie?“ Als seriöses Unternehmen haben wir natürlich keine Branding-Strategie. Und eine Vision? Wir sind nicht Hildegard von Bingen. Weiter, zweiter Teil (ich versichere hier ehrenwörtlich, dass nichts erfunden ist): „Wichtige Branding-relevante Charakteristika für EnBW. Gefestigtes Branchenimage, wie zum Beispiel: Monopole, Behörden-/Beamtenimage, Kernenergie, typisch deutsch; Trägheit: Branche fällt, wenn überhaupt, nur negativ auf; relativ geringer Bekanntheitsgrad der Einzelunternehmen.“ Der erste Beitrag, der ein bisschen zur Sache kommt. Weitere Charakteristika: „Kein gefestigtes Unternehmensimage, damit hoher Handlungsspielraum. Produktcharakteristika unsichtbar, keine unmittelbare Nutzenstiftung, lebensnotwendig. Branche und Unternehmen stehen im öffent-

*„Und so schwer sich der Marketing-Gedanke in der Industrie zunächst auch anließ, einmal in Schwung gekommen, begann sich die Organisation kaninchenhaft zu vermehren. Das Marketing zeugte mit deutscher Gründlichkeit seine eigenen Leute: die Marketing-Technokraten.“*

Peter Reichard in *Horizont*

*„Normale Manager können sich immer sehr gut ausrichten an anderen Erfolgen, an anderen Systemen, an anderen Konzepten. Wenn irgendwo ein anderes Konzept funktioniert, ich sehe das ja an der Kosmetik, dann macht man ein Duplikat davon. Das können sie ganz gut."*

Wolfgang Joop in *Textil-Wirtschaft*

lichen Fokus." Dazu Goethe: „Getretener Quark wird breit, nicht stark." Weiter: „Kundenstruktur: extreme Breite, Angriffs- und Verteidigungsposition. Name EnBW schwierig zu transportieren. Branding und Besetzen einer Marke sind im deutschen EVU-Geschäft völlig neu. EnBW ist typisch deutsch. Soll das in Zukunft auch weiterhin so bleiben?" Wir bitten darum. (Wie es sauren Kitsch gibt, so gibt es auch sauren Chauvinismus. Wer „typisch deutsch" sagt, sondert beides ab.) Weiter: „Wunde Punkte: Kernenergie, $CO_2$, Umwelt, Monopolgewinne, regenerative Energien, Politiknähe. Die deutsche Mentalität (sic!) ist bezüglich (sic!) dieser Themen sehr sensibel." Dritter Teil, weiter (unser letzter Zug geht um 23 Uhr 48): „Implikationen und Fragestellungen. Implikationen: Basis des Branding sind erstens die Unternehmenszielsetzung und -strategie." Donnerwetter. Weiter: „Basis sind zweitens die Zielpositionierung und Parameter der Wettbewerbsdifferenzierung. Basis ist drittens ein klarer Fokus. Wer einmal begonnen hat, kann nicht mehr zurück. Erfolgreiches Branding kostet Geld – sehr viel Geld über viele Jahre hinweg. Integration von Glaubwürdigkeit und Innovativität. Beispiele für Fokus: Heinz = Ketchup, Volvo = Sicherheit, Junghans = Funkuhr, Sony = Mini, Federal Express = Overnight, Tetra Pak = clever. Wichtige Fragestellungen. 1. Wie sehen die Unternehmenszielsetzung und -strategie der EnBW aus? 2. Wie will die EnBW künftig wahrgenommen werden? 3. Welche Zielsetzungen sollen mit einem Branding erreicht werden? 4. Was soll der Gegenstand des Branding sein, Strom, Dienstleistungen, weitere Energieträger, Unternehmen? 5. Abhängig von 4. sind Fragen von Einzelmarken, Dachmarken, etc. zu beantworten. 6. Inwieweit ist die EnBW für eine echte Offensive bereit? 7. Wie sehen Rahmenbedingungen aus, wie Gestaltungsparameter, Gegenstand, Name, Corporate Identity, Logo, Region, neue Marke versus vorhandene Marke etc.?" Vierter Teil, Vorgehensweise, weiter: „Meilensteine. 1. Ziele, Strategie und Rahmenbedingungen der EnBW. 2. Gegenstand, Zielgruppen, Region. 3. Ist- und Zielpositionierung. 4. Konzept, einschließlich angrenzender Felder wie zum Beispiel CI, Organisation. 5. Einführungs-, Ausbaustufen. 6. Controlling." Weiter: „Eingesetzte Methoden und Konzepte." Etliche Zeilen lang habe ich mich zurückgehalten. Aber was jetzt kommt, das ist nicht mehr Dada, das grenzt schon an schwere Körperverletzung: „Informationsquellen: Workshops,

Tiefeninterviews, Fokusgruppengespräche, Desk-Research, Benchmarking, national/international, EVU und andere Branchen, breite Marktforschung. Instrumente bei der Informationsgewinnung: Thesendiskussion, Assoziations- und Bildtests, Kreativitätstechniken, Geschichten- und Bilderentwicklung, Markenbilder, siehe auch: Ansprechen der linken und rechten Gehirnhälfte. Analyse, Bewertung und Implikation mit modernsten Methoden. Zum Beispiel: MDS, Mind-Mapping, Conjoint-Analyse, Cluster-Analyse, Regressionsanalyse etc. Fazit: Branding ist für die EnBW ein erfolgversprechender Weg. Erfolgsfaktoren, Promotoren seitens des gesamten Vorstandes. Bereitschaft zur umfassenden aktiven Neu- und Außenausrichtung. Bereitschaft, aktiv im öffentlichen Brennpunkt zu stehen. Bereitschaft zu dauerhaften sehr hohen Investitionen. USP des Beratungsunternehmens. 1. Beratungs-, Marktforschungs- und Umsetzungskompetenz. 2. Langjährige und vielschichtige Erfahrungen in der Markenpolitik aus unterschiedlichen Branchen. 3. Breite und tiefe EVU-Kompetenz. 4. Integrative Betrachtung des Marketingmix."

*„Marketing ist Ausdruck der Angestellten-Kultur."*

Dr. Klaus Brandmeyer in *werben & verkaufen*

Wanderers Nachtlied

Über allen Gipfeln
Ist Ruh,
In allen Wipfeln
Spürest du
Kaum einen Hauch;
Die Vögelein schweigen im Walde.
Warte nur, balde
Ruhest du auch.

Ist das Gedicht von Goethe nicht wunderschön? Ich brauchte es jetzt, dringend. Im Karlsruher Konferenzzimmer konnte ich auf diesen Trost leider nicht zurückgreifen. Nachdem Dr. Klon uns das Branding eingeschenkt hatte, musste ich reagieren. Aber wie? Es gab mehrere Möglichkeiten.

Ich konnte beispielsweise aufstehen und sagen: „Ich möchte mich nie mehr in meinem Leben in Kreisen aufhalten, in denen die Klons dieser Welt ihren Aberwitz austoben dürfen." Und Abgang. Oder ich konnte Goll die Vertrauensfrage stellen: Dr. Klon oder

*„In weiten Teilen der Wirtschaft findet man noch immer den Mechaniker-Typ. Mechaniker glauben, das Ergebnis ihrer Bemühungen steuern und kontrollieren zu können. Durch ihre Uhrwerk-Logik können sie aber nur einfache Apparate erzeugen, damit verliert ihre Arbeit in Zukunft an Wert. Evolutionisten sind Spieler, sie experimentieren verschiedene Variationen, bis etwas funktioniert, und sind offen für überraschende Kombinationen und Möglichkeiten."*

Mokka Müller in *Frankfurter Allgemeine Zeitung*

Kreutz? Mir war während des Vortrags nämlich klar geworden, in welche Rolle sich Dr. Klon bereits geträumt hatte: Er sah sich als „Brand"-Meister der EnBW, der, mit allen Machtbefugnissen ausgestattet, die Marke für den Privatkundenmarkt entwickelt und uns, die Werbeagentur, vielleicht ein paar Bildchen malen lässt.

Was tun? Dr. Klon mochte in mancher Hinsicht wirklich brillant sein. Aber was Kommunikation betraf, bestätigte sein Vortrag alle Vorbehalte, die sich in mir auf diesem Gebiet im Laufe meiner Agenturjahre gegen Unternehmensberater angesammelt hatten. Es war ihm sogar gelungen, meine schlimmsten Erfahrungen noch zu übertreffen. Ich bin eitel, partiell sehr empfindlich und gelegentlich auch rachsüchtig. Aber nicht in meiner Arbeit, glaube ich. Es war ein Arbeitsgespräch, zu dem uns Goll geladen hatte. So beschloss ich, Dr. Klon fast ganz sachlich aus seinem Meistertraum zu reißen.

Wie fast alle anderen Menschen auch, wollen Unternehmensberater lieber gelobt als verstanden werden. Darum begann ich meine Widerrede mit der Feststellung, dass ich beeindruckt sei. Stimmte ja auch irgendwie. Allerdings, fügte ich hinzu, sei ich der Überzeugung, dass man generell ganz anders vorgehen müsse. Weil: „Sie haben alles vom Ende her analysiert, Herr Dr. Klon. Wir stehen aber am Anfang." Ich merkte, wie sich mein Magen allmählich entkrampfte. Das EnBW-Trio Goll, Zerr und Demuth signalisierte Neugier.

„Es gibt keine einzige erfolgreiche Marke, die im Labor, in den Petrischalen der Unternehmensberater entstanden ist. Ich möchte Sie bitten, sich daran zu erinnern, dass es Henri Nestlé persönlich war, der an seinem Küchentisch mit einem Bleistift ein Vogelnest zeichnete, in dem eine Vogelmutter ihre zwei Jungen füttert. Dass Steve Jobs, der Gründer von Apple, in seiner Garage über alles andere als „Was ist eine Marke?" oder „Was ist Branding?" nachgedacht hat. Er war einfach ein Fan von den Beatles und hat auf einem Plattencover gesehen, dass deren Firma Apple Records heißt. Beatles finde ich klasse, hat er sich gesagt, und darum nenne ich meine Firma jetzt Apple, und das Firmenzeichen ist ein angebissener Apfel. Und Phil Knight, der Gründer von Nike, der Kultmarke überhaupt, von allen bewundert: Der kam nur zu diesem Namen, weil seine japanischen Geschäftspartner bei der ersten Schuhlieferung sagten, auf Ihrem Karton steht ja gar nichts drauf, da müssen wir aber was draufschreiben. Bei einer kurzen Beratung mit seinem Partner fiel ihm die griechische Siegesgöttin ein. Und zwei Sekunden später hatte Knight einen Firmennamen, nämlich Nike. So kommen Marken zustande. Nicht durch Analyse und Bewertung und Vergleich. Was glauben Sie, was Nestlé, Jobs oder Knight vom Branding halten würden?"

Dr. Klon schwieg, maßgeschneidert. Alle anderen schwiegen auch. Geredet wird erst wieder im nächsten Kapitel.

## Kapitel 15
## Marke ist Marke ist Marke

*„Das Ziel der Markentechnik ist die Sicherung einer Monopolstellung in der Psyche der Verbraucher."*

Hans Domizlaff in *Die Gewinnung des öffentlichen Vertrauens*

Das Schweigen war eine Zäsur: Vergessen wir einfach, was Dr. Klon gesagt hat. Kommen wir zum eigentlichen Thema. Alle waren jetzt reif für die Pappe. Ich zog die Pappe mit den verschiedenen Markennamen aus dem Koffer, legte etwas Konkretes auf den Tisch. Mit gewisser Genugtuung registrierte ich die Erleichterung beim EnBW-Trio: Endlich gibt es was zum Gucken! Die Markennamen sollten nicht überzeugen, sondern zum Reden, möglicherweise auch zum Denken anregen. Es klappte. Die Diskussion begann.

Mit der Unternehmensmarke EnBW waren wir bisher nur vor der verhältnismäßig kleinen Zielgruppe der Geschäftskunden aufgetreten. Machte es Sinn, mit ihr auch in das Privatkundengeschäft zu gehen? Oder sollten wir für den neuen Markt eine eigene Marke schaffen?

Gegenüber den Branchen-Oldies wie RWE, PreussenElektra, VEW und Bayernwerk hatten wir den Vorteil, nicht mit Konzerntraditionen belastet zu sein. Den Vordenkern der RWE würde es nicht leicht fallen, beim Ansturm auf die privaten Haushalte die mentalen Barrieren des hauseigenen Geschichtsbewusstseins zu überwinden. Wir aber hatten keine Vergangenheit. Wir hatten nur Zukunft. Eine Perspektive, die uns die erste wichtige Entscheidung leicht machte: Wir schaffen eine neue Marke für den neuen Markt. Ein guter Anfang.

Da ich schon seit geraumer Zeit das Gefühl hatte, dass Dr. Klon ganz heiß darauf war, von mir zu erfahren, was denn eigentlich eine Marke ist, sich aber nicht zu fragen traute, erbarmte ich mich und sagte in die Runde: „Was ist eigentlich eine Marke?"

Ich erklärte es ganz unkompliziert, und Dr. Klon hörte gut zu. „Eine Marke ist ein Warenzeichen, das ich unter Umständen für ein paar Millionen oder gar Milliarden Mark verkaufen kann. Nur die Marke. Keine Grundstücke, keine Produktionsanlagen, kein Warenlager. Wenn der Verkaufserlös ein Vielfaches jener Summe ist, die investiert werden musste, um das Warenzeichen zu einer Marke zu machen, dann handelt es sich für mich um eine erfolgreiche Marke. Ein ganz simpler schwäbischer Kaufmannsstandpunkt. Aber eine Marke ist natürlich mehr. Auch mehr als eine Markierung. Nehmen wir zum Beispiel eine Kuh in Colorado. Die hat eine Marke, eine Brand. Aber diese Marke hat mit der Persönlichkeit der Kuh überhaupt nichts zu tun. Wenn ich das Brandzeichen auf der Kuh angucke, erfahre ich nichts über die Charaktereigenschaft dieser Kuh. Es ist nur eine Markierung. Der schwäbische Volksmund kennt den Unterschied zwischen Markierung und Marke ganz genau. ‚Du bist mir aber eine Marke!' Wenn man das zu Ihnen sagt, können Sie stolz sein. Denn es bedeutet: Sie sind eine Persönlichkeit.

Eine Marke ist für mich eine Persönlichkeit. Ein Mensch wird geboren, er wächst auf, er wird Familienvater, hat Kinder, ist Großvater, hat Enkel, und irgendwann stirbt er. So ergeht es den Marken auch. Sie werden geboren, werden erwachsen, werden alt, und irgendwann sterben sie. Wenn sie Glück haben, leben sie freilich länger als ein Mensch.

Keine Marke kann sich über Jahrzehnte erfolgreich behaupten, wenn sie keine ‚Seele' besitzt. Alle Erfolgsmarken haben eines gemeinsam: An ihrem Anfang stand eine Idee. Kein Konstrukt! Zu der Idee kam unternehmerische Energie. Kein Marketing-Voodoo! Für viele so genannte Marketingexperten sind Marken ein reines Kommunikationsphänomen. Humbug! Wer behauptet, man könne Marken auch ohne Idee und unternehmerische Energie machen, betreibt Leuteverdummung. Da ist ein Produkt oder eine Produktidee, und da ist ein Mensch, der sagt, ich will mich durchbeißen und Erfolg haben. Und mit seiner Idee, seiner Energie und seinem Erfolg schafft er eine Marke, die attraktiv und anziehend wirkt."

„Ich will mich durchbeißen und Erfolg haben." Dieser Satz muss bei Zerr einen inneren Reflex ausgelöst haben. Er schnellte von seinem Stuhl hoch, lief auf und ab, rollte die Schulter, brummte geradezu vor Energie. Rief dann plötzlich: „Frisch und fröhlich!" Als keiner von uns reagierte, legte er noch zu: „Frisch und fröhlich, frech und spritzig. So stelle ich mir unsere Marke für den Privatkundenmarkt vor."

Einwand aus der Runde: „Frech wie Oskar. Aber frech wie Strom? Woher wissen Sie denn, dass Strom fröhlich ist? Haben Sie ihn schon mal lachen gehört?"

Das Spiel begann, endlich. Stichworte und Satzfetzen flogen wie Bälle durch den Raum. Selbst Dr. Klon machte Einwürfe. In solchen Phasen ist es wichtig, dass keiner Hemmungen hat. Sagen, was einem in den Kopf kommt und wieder herauswill. Provozieren, spinnen, albern sein, um Himmels willen nicht politisch korrekt. Es sind Beschwörungsformeln. Denn irgendwo im Verborgenen hockt eine Idee. Die Idee! Und sie will gefunden werden. Aber sie ist auch kokett, sie ziert sich. Sie kennt ihren Wert genau. Darum ist sie auch wählerisch. Treibt es längst nicht mit jedem.

„Alle Energiekonzerne haben ein schlechtes Gewissen."

„Ziehen im Büßerhemd durchs Wirtschaftsland."

„Weil sie ja böse, böse sind. Ohne Strom läuft zwar nix. Aber Strom ist böse, böse."

„Es gibt bösen Strom und guten Strom. Der böse kommt aus Atomkraftwerken. Der gute ist grün."

„Lasst uns doch frech und selbstbewusst sein und mit Atomstrom werben."

„Bei uns kriegen Sie garantiert Atomstrom."

„Mit Gütesiegel."

So ergingen die Lockrufe an die verborgene Idee. Ich balzte mit. Was keiner der anderen ahnte: Die Idee hatte sich bereits entschieden. Für mich. Unsichtbar war sie aus ihrem Versteck gekommen, hatte es sich in meinem Kopf gemütlich gemacht und mir ein Wort und einen Satz diktiert, den ich unauffällig auf ein Blatt Papier notierte. Inge Reuhl, die im Laufe unserer Zusammenarbeit ein sehr feines Gespür für meine Unauffälligkeiten entwickelt hat, ließ sich nicht täuschen. Sie beugte sich zu mir und spickte. Und wurde plötzlich sehr nervös.

Das lockere Gerede verdichtete sich wieder zur Diskussion.

Mit Strom hatten wir ein Produkt, das keiner sieht, aber jeder lebensnotwendig braucht. Einerseits ist Strom eine Selbstverständlichkeit, andererseits ist Strom den meisten Menschen noch immer nicht ganz geheuer. Wie kann man ein solches unsichtbares Produkt in der Öffentlichkeit attraktiv machen? Welchen Namen kann man diesem Produkt geben? Welchen Namen, der Persönlichkeit signalisiert? Einen frischen und frechen?

Mir war längst klar, dass in der Marke eine zentrale Kommunikationsidee verankert sein musste. Eine Idee, in der Werbung und Marke sich gegenseitig verstärken und nicht einfach beziehungslos nebeneinanderher vegetieren. Eine Marke, die unser Produkt eindeutig kennzeichnet und die gleichzeitig mit einem emotionalen Mehrwert aufgeladen ist.

Dazu ein kleiner Exkurs. Was haben normale Menschen und herausragende Unternehmerpersönlichkeiten gemeinsam? Es ist ihre Fähigkeit zum analogen Denken.

Management jedoch denkt und entscheidet heutzutage digital. Das Fatale am digitalen Denken: Es produziert keinen Bestseller, keinen Blockbuster-Film, keinen Nummer-eins-Hit. Und auch keine Erfolg versprechende Marke. Es kann nur Marktanteile zukaufen. Das ist es, was die Dr. Klons dieser Welt schier in den Wahnsinn treibt.

*„Werbung ist etwas Unberechenbares, und die Kunden wollen alles berechnen. Und deshalb hoffen sie stets, dass Werbung irgendwie berechenbar wird. Sie wollen sie durchschauen, wollen den Code kennen. Was braucht eine Marke heute? Mehr als alles andere braucht eine Marke Berühmtheit. Und der einzige Weg zum Ruhm ist es, die Menschen massenhaft anzusprechen."*

John Hegarty in *Advertising Age*

Wie also muss unsere neue Marke für den Privatkundenmarkt beschaffen sein? Demuth konnte immerhin eine emotionale Antwort geben: Er ballte seine linke Hand zur Faust und schlug sie sich gegen die Stirn: „Die neue Marke muss ‚bumm' machen. So ein richtiger Hammer."

So ging es noch eine halbe Stunde weiter. Inge Reuhl stieß mich an: „Sag's doch endlich, du hast es doch schon."

Zerr hatte das Flüstern mitbekommen. Mit erwartungsfrohem Grinsen und einer fordernden Kopfbewegung sagte er: „Was steht da? Los, sagen Sie's schon."

Alle Blicke auf mich gerichtet. Und das rechte Ende von Golls Schnurrbart hob sich leicht. Ich wusste, jetzt habe ich sie alle am Wickel. Spannung steigern. Ich lehnte mich zurück, verschränkte die Hände hinterm Kopf und sagte: „Ich erzähle Ihnen erst einmal eine Geschichte."

In den 60er-Jahren machte in den USA ein Werbemann namens Howard Gossage mit spektakulären Kampagnen von sich reden. Ein absoluter Außenseiter in der Branche, aber vielleicht gerade deswegen so erfolgreich. Zu seinen größten Coups gehört seine Kampagne für Fina-Benzin.

Die Ölgesellschaft wollte ihre Tankstellenkette für die Kunden attraktiver machen. Keine leichte Aufgabe. Als Gossage den Fina-Werbeetat bekam, formulierte er erst einmal das Problem: „Keiner geht gern zu einer Tankstelle; den Wagen pflegen zu lassen macht ungefähr so viel Spaß, wie die Schuhe beim Warten besohlt zu bekommen." Und: „Kein Autofahrer, der wirklich bei Trost ist, glaubt wirklich, dass unter den bekannten Benzinmarken überhaupt ein Unterschied besteht."

Aus diesen Überlegungen heraus schuf Gossage zunächst einen Slogan, der meines Wissens auch heute noch der längste Slogan der Werbegeschichte ist: „Wenn Sie beim Fahren eine Fina-Tankstelle sehen, und sie steht rechts, so dass Sie nicht links durch den Gegenverkehr wenden müssen, und es warten nicht schon sechs Wagen, und Sie brauchen Benzin oder sonst was, kommen Sie doch vorbei.“ Dieser Bandwurmsatz hatte auch noch drei ausführliche Fußnoten.

*„Der Gegensatz zum ‚Vorgangsdenken' ist das ‚Sachdenken'. Wenn Sie einmal eine bestimmte Erscheinung als Sache sehen, sind Sie diesem Denken ziemlich verhaftet."*

Howard Luck Gossage in *Ist die Werbung noch zu retten?*

Der Slogan, der eigentlich wider alle Werbevernunft war, erregte nicht nur bei den Autofahrern großes Aufsehen. Nun konnte Howard Gossage die zweite Stufe seiner Kampagne zünden. Mit einer genialen Idee: Wir erzählen den Leuten einfach, dass wir ihnen rosa Luft in die Reifen pumpen. Wir machen Luft sichtbar und damit zum Produkt. An den Fina-Tankstellen bekommen sie also nicht nur Benzin und den üblichen Service. Bei Fina kriegen sie zudem auch noch etwas Einmaliges in der Welt: rosa Luft in ihre Reifen.

Die Idee verursachte ein riesiges Medienspektakel. Und die Umsatzkurve der Fina-Tankstellen bewegte sich endlich wieder nach oben. Natürlich wussten die Kunden, dass Luft keine Farbe hat. Aber sie reagierten, wie Gossage es vorausgesehen hatte. Gossage wusste nämlich: Sei eine Idee auf den ersten Blick auch noch so abgedreht – wenn sie wirklich gut ist, machen sich viele Menschen gerne zu Komplizen der scheinbar abgedrehten Idee.

Nachdem ich diese Geschichte erzählt hatte, machte ich eine kleine Kunstpause. Und dann sagte ich es:

„Yello. Strom ist gelb.“

## Kapitel 16
## Yello Strom

„Yello. Strom ist gelb.“

Ich hörte das leise Knistern in der Heizung. So still war es im Raum. Ich ergänzte:

„Wir sagen einfach, Strom ist gelb. Yello.“

Der viel erfahrene Goll fragte: „Wie geschrieben?“

Ich: „Ohne w.“

Goll: „Finde ich gut.“

Jetzt hatten sich auch Zerr und Demuth von ihrer Verblüffung erholt. Sie schauten sich gegenseitig an, grinsten sich zu und bestätigten im Plural: „Super.“ Zerr machte die Becker-Faust. Boris Becker, Wimbledon 1985, Matchball. Und er fügte hinzu: „Ich weiß nicht, warum, aber es ist so.“

Dr. Klon hielt sich bedeckt. Was mir nicht unlieb war.

Strom ist gelb. Warum eigentlich? Könnte ich darauf lediglich eine, eine erschöpfende Antwort geben, würde ich an der Qualität des Slogans zweifeln müssen.

„Gelb ist die Sonne, die Urenergie, das Licht. Gelb ist das Leben. Gelb ist fröhlich. Und Gelb ist freundlicher als Grün.“ Das war mir besonders wichtig: „Mit der Besetzung der Farbe Gelb für Strom kommen wir schlagartig raus aus der Defensivhaltung der Stromwirtschaft. Endlich eine Alternative zur Farbdoktrin des Gutmenschentums, das mir zurzeit eh auf den Keks geht.“

In den letzten Wochen hatte die neue rot-grüne Bundesregierung mit einem beispiellosen Durcheinander selbst ihre eigenen Wähler gegen sich aufgebracht. Beim Thema Atomausstieg sah sich schließlich Kanzler Schröder dazu bemüßigt, den grünen Koalitionspartner aus seinen radikalen Idealistenträumen zu reißen: „Wer irgendwo rauswill, muss erst mal sagen, wo er reinwill.“

Strom ist gelb. Gelb ist kein Name. Aber Yello ist einer. Yello ohne w. Bei meiner Abneigung gegen Anglizismen verbat sich das englische „yellow“ von selbst. Es macht nichts, wenn einer „yello“ sofort mit „yellow“ assoziiert. Und wenn er es nicht sofort tut, macht es auch nichts. Wichtig ist, dass die Marke mit einer Idee aufgeladen wird. Strom ist gelb: Wenn die Marke damit unter Spannung steht, wird die semantische Nabelschnur schon für Energiezufuhr sorgen. Es bedeutet auch eine zusätzliche Qualität,

*„Dass der Kunde dieses und kein anderes Produkt kaufen soll, darf nicht einfach gesagt werden. Vielmehr zeichnet sich gute Werbung dadurch aus, ‚dass sie die reichste Rhetorik in sich kondensiert, haargenau (oft mit einem einzigen Wort) die großen Traummotive der Menschheit trifft (...) Mit anderen Worten, die Kriterien der Werbesprache sind dieselben wie die in der Poesie: rhetorische Figuren, Metaphern, Wortspiele, all diese uralten Zeichen, die doppelte Zeichen sind‘.“*

Andreas Bernhard über Roland Barthes in *Süddeutsche Zeitung* dass in dem Namen Yello das freundliche und frische Hallo oder Hello mitschwingt.

*„Man sollte alles so einfach wie möglich machen. Aber nicht einfacher."*

Albert Einstein

Yello. Ein Name, aber noch kein Markenname. Ich möchte von Marken wissen, was sie verkörpern oder darstellen. Darum schlug ich vor, Yello zur Identifizierung noch einen „Nachnamen" zu geben: Strom.

Zerr widersprach. „Warum heißt die Marke nicht einfach Yello?" Den Einwand hatte ich befürchtet. „Weil das zu einfach wäre, Herr Zerr. Wir kommen neu auf den Markt. Mit einem Produkt, das nicht greifbar und nicht visualisierbar ist. Wir werden es mit einem Marktgetöse zu tun haben, in dem die Verbraucher schnell die Orientierung verlieren können. Wir müssen den Leuten sagen, um was es bei Yello geht. Es geht um Strom. Wir brauchen diese Eindeutigkeit. Zumindest am Anfang. Wenn wir diese Eindeutigkeit nicht in der Marke verankern, müssten wir es mit anderen Mitteln tun. Die Risiken, die damit verbunden sind, möchte ich jedenfalls nicht eingehen." Das überzeugte.

Yello Strom. So hieß die neue Marke.

Ich besaß auch schon eine Vorstellung vom Logo. Dank Demuth. Eine halbe Stunde zuvor hatte er sich mit der Faust ein rundes Mal auf die Stirn gestempelt: „Bumm!" Ich war mir sicher: Genau so muss das Logo sein. Rund. Wie der dicke Punkt eines großen Ausrufezeichens.

Eigentlich waren wir nach Karlsruhe gefahren, um erst einmal ganz allgemein über den Einstieg in den neuen Markt zu reden. Doch jetzt befanden wir uns bereits unterwegs zu den Privatkunden. Und mussten mit Wegelagerern rechnen. Mit anderen Wettbewerbern, die eine gute Idee nicht so einfach passieren lassen.

Wir mussten uns absichern. Goll ließ den EnBW-Chefjustiziar Dr. Beck kommen und gab ihm den Auftrag, den neuen Markennamen umgehend anzumelden, aber nicht offiziell im Auftrag der EnBW, sondern unter einem Pseudonym. Um keine Spur zu legen. Wir beschlossen noch eine weitere Schutzmaßnahme: Die Marke sollte zunächst nur unter „Yello" eingetragen werden. Eine Neuanmeldung „Yello Strom" würde die Konkurrenz elektrisieren.

Zwischen Tür und Angel brachte Zerr dann noch ein Problem zur Sprache, das ich ihm von ganzem Herzen gegönnt hätte, wenn es nicht um den Schutz unserer Idee gegangen wäre. Zerr hatte mit Dr. Klon eine Klausur vereinbart: Ein Team der Stuttgarter EnBW

Energie-Vertriebsgesellschaft sollte sich in den nächsten Tagen gemeinsam mit Klon-Kollegen an einen Tisch setzen und über Markennamen und Produkte nachdenken. Ein einwöchiger „Workshop“ (so nannte es Zerr) im bayerischen Pegnitz.

„Da wir den neuen Markennamen bereits gefunden haben, könnten wir uns den Workshop eigentlich schenken“, sagte Zerr. „Aber wenn wir das Treffen abblasen, stiften wir nur Verwirrung.“ Also was tun? Auf keinen Fall durften wir die Loyalität der Workshopper überstrapazieren. Das bedeutete: kein Wort über Yello Strom! Wieder einmal war strengste Geheimhaltung angesagt. Die Konsequenz: Dr. Klon, der designierte Diskussionsleiter, musste die Teams ins Leere denken lassen. „Ich türke die ganze Sache“, versprach der Unternehmensberater. Und so gingen wir bester Laune auseinander.

*„Ein grandioser Einfall kann bei gleichem Budget das Drei-, Vier-, oder Fünffache einer konventionellen Kampagne bewirken.“*

Helmut Maucher in *Wirtschaftswoche*

Kaum aber saßen Inge Reuhl und ich im Zug nach Düsseldorf, überfiel mich eine starke innere Unruhe. Wir hatten strikte Geheimhaltung vereinbart. Das war auch gut so. Andererseits wusste ich aus Erfahrung, dass eine Idee, besonders eine gute, nicht unter Verschluss zu halten ist. Früher oder später findet sie ein Schlupfloch nach draußen. Einmal auf der Straße, wird sie schnell aufgegriffen und ausgebeutet. Verhindern lässt sich eine solche Katastrophe nur, indem man öffentlich und so schnell wie möglich die Urheberschaft für sich reklamiert. Kurzum: Es machte mich fast narrisch, dass ich die Yello-Idee nicht sofort schwarz auf weiß in der Zeitung besetzen konnte. Wenn unser neuer Markenname vor der Zeit bekannt wurde, konnten wir Probleme bekommen. Bange Wochen standen uns bevor.

So weit meine Erfahrung. Aber es beunruhigte mich noch etwas anderes. Mein Instinkt sagte mir, dass Dr. Klon alle ihm zur Verfügung stehenden Mittel nutzen würde, die Umsetzung der Idee zu verhindern. Als Branding-Experte hatte er dem EnBW-Chef weiszumachen versucht, dass die Schaffung einer Marke ein sehr langwieriger, sehr komplizierter und sehr, sehr teurer Prozess sei. Und dann musste er erleben, dass so ein hergelaufener Werbefuzzi während einer Diskussion kurz etwas auf seinen Schreibblock kritzelte – und schon war die neue Marke da. Dr. Klon, Mitarbeiter einer renommierten Unternehmensberaterfirma, hatte sich im Karlsruher Chefzimmer sehr weit aus dem Fenster gelehnt. Und war sehr tief gefallen. Ich hatte ihm den Stoß versetzt. Das durfte er mir nicht verzeihen. Es ging nicht nur um sein professionelles Selbstverständnis, sondern auch um seine Reputation innerhalb und außerhalb seiner Firma. Freundschaften muss man sich hart erarbeiten, Feindschaften fallen einem in den Schoß. Ich war jetzt zweifellos um einen Feind reicher. Um einen Feind, der mit den ausgefuchsten Strategen seiner Firma im Rücken schlimme Ränke gegen uns schmieden würde. Das spürte ich. Und so geschah es dann auch.

## Kapitel 17
## Werkstatt. Streng geheim.

*„Ein Strom fließt. Ein Strom von Vorstellungen, Hoffnungen und Träumen. Er ist da, aber keiner sieht ihn. Wenn wir diesen Strom finden, wird aus einem Produkt eine Idee, an der die Menschen teilhaben wollen. Denn sie wollen Ideen haben. Und wer sie ihnen gibt, dem sind sie dankbar."*

Markus Kutter in *Ist die Werbung noch zu retten?*

Wirklich starke Ideen sind eitel. Sie wollen vors Publikum, wollen beeindrucken, begeistern, verblüffen, überzeugen, verführen. Unsere neue Idee war da keine Ausnahme. Aber bevor wir sie in die Öffentlichkeit entließen, musste ich ihr ein Gesicht geben, sie einkleiden. Wie sollte die neue Marke wirken? Ich bemühte meine Vorstellungskraft und inszenierte eine Metamorphose:

Es läutet an der Tür, ich öffne und bin mit einem Menschen konfrontiert, den ich vorher noch nie gesehen habe. Was erwarte ich jetzt? Er soll mich anlächeln, und zwar offen und Vertrauen erweckend. Er sollte schon seriös gekleidet sein, aber bitte ohne Krawatte. Attraktiv wäre ein gewisses Understatement, das ein unaufdringliches Selbstbewusstsein signalisiert. So stellte ich mir den ersten Auftritt der neuen Marke vor.

Wirklich starke Ideen erfordern manchmal wirklich starke Vorsichtsmaßnahmen. Am 4. Februar 1999 waren Inge Reuhl und ich abends von der Karlsruher Yello-Entbindung nach Düsseldorf zurückgekehrt. Am Morgen des 5. Februar versammelte Inge Reuhl unsere Mitarbeiter um sich und vergatterte sie: „In den nächsten Wochen ist jeder von euch ein Geheimnisträger. Was auch immer in dieser Zeit in der Agentur geschieht: Nichts darf nach draußen dringen. Ihr dürft niemandem erzählen, woran ihr arbeitet, was ihr gesehen oder gehört habt. Niemandem. Nicht dem Ehemann, nicht der Ehefrau, nicht der Mutter, nicht dem Vater, nicht den Freunden, am besten auch nicht der Katze, falls die irgendwann zu sprechen anfängt. Ab heute darf auch kein Fremder mehr in den Arbeitsbereich, kein Kurierfahrer, kein Lieferant, kein Kunde. Und nichts landet mehr im Papierkorb, keine Notizen, keine Abzüge, nichts; was nicht mehr gebraucht wird, kommt in den Aktenvernichter."

Ich, der oberste Geheimnisträger, zog mich mit einem Stapel DIN-A4-Papier in unser Besprechungszimmer zurück und bereitete mich auf einsame Tage und Nächte vor. Gegen Ende des Monats wollte ich in Karlsruhe das Markenzeichen und ein Werbekonzept für den Privatkundenmarkt präsentieren. Ein Jahr war es jetzt her, dass ich am Erscheinungsbild und Kommunikationskonzept für die EnBW gearbeitet hatte. Damals standen mir meine ehemaligen Kollegen Neigenfind und Höfer inspirierend zur Seite. Diesmal musste ich auf solche Unterstützung verzichten.

*„Die Marke ist in einem Unternehmen gleichbedeutend mit den Kronjuwelen, und mit denen muss man sehr sorgfältig umgehen."*

Wendelin Wiedeking in *Brand eins*

Wenn man in unserer Branche etwas im Vertrauen sagt, weiß es am nächsten Tag die ganze Stadt; wenn man es nicht im Vertrauen sagt, weiß es am nächsten Tag auch die ganze Stadt. Wir standen am Anfang eines neuen energiewirtschaftlichen Zeitalters, und im Wettbewerb um die Privathaushalte war eine gute Marke Millionen ohne Ende wert. Es war ungefähr so, als hätte ich den Quellcode des Microsoft-Betriebssystems auf dem Tisch liegen.

Ein Zimmer, ein Tisch, Papier, ich und die Idee. Und diese innere Stimme, die mir gebetsmühlenartig ins Gewissen flüsterte: Das Perfekte ist nicht gut genug, das Perfekte ist nicht gut genug.

Ich begann mit dem Markenzeichen. Da war die Geste von Demuth. Der dicke Punkt eines Ausrufezeichens. Ein Button. Button ist gut. Also ein Button. Die Botschaft: „Yello! Der gelbe Strom." Nein, zu umständlich. Einfacher und besser: Yello Strom. Ein Button mit Yello Strom. Farbe? Gelb natürlich. Die Macht des Schicksals: In den Richtlinien für das visuelle Erscheinungsbild der EnBW hatte ich die möglichen Farben definiert. Fast alle waren erlaubt, nur eine war verboten: Gelb. Nun schloss sich der Farbkreis.

Wir hatten uns in Karlsruhe für eine völlig eigenständige Marke entschieden. Gut. Aber warum nicht trotzdem ein Stilmittel aus dem EnBW-Erscheinungsbild übernehmen? Ein formales Indiz, das auf die Anbindung an die Stuttgarter Vertriebsgesellschaft hinweist. Das hätte was! Ich experimentierte mit der Sinuswelle. Unterteilte mit ihr die runde Buttonfläche in eine obere und eine untere Hälfte. Oben: ein gelbes Yello auf schwarzem Grund; unten: Strom in schwarzer Schrift auf gelbem Grund. Das ist es! Gemeinsam mit unseren Grafikern Peter Schlotte und Marcel Klenk testete ich den Entwurf am Computer durch. Wir waren uns einig: Diese Lösung hatte alles, was ein gutes Markenzeichen ausmacht. Sie ist plakativ, sie ist einfach, sie ist lesbar, man weiß, um was es geht. Die Sinuswelle lädt sie zudem mit einer gewissen Symbolkraft auf: Sie unterteilt die Fläche in Hell und Dunkel, Tag und Nacht. Wer mit dem Markenzeichen auch Chinas kosmische Zwillingskraft Yin und Yang assoziiert, hat einen zusätzlichen Gewinn.

Das geht ja so schnell wie's Brezelbacken. Könnte man meinen. Doch dieser Eindruck täuscht. Die Hauptarbeit findet nicht am

Tisch statt, sondern auf verschiedenen Bewusstseinsebenen im Kopf, und zwar in Tag- und Nachtschichten. Da gibt es diese schöne Geschichte von dem japanischen Kalligraphie-Meister, der tagelang vor einem leeren Blatt sitzt und dann plötzlich mit einer einzigen schnellen Handbewegung ein vollendetes Zeichen aufs Papier bringt.

Nun machte ich mich an die Anzeigenentwürfe für die Präsentation. Skizzieren, verwerfen, probieren, puzzeln. Keine jungen Fotomodelle mit gnadenlosem Blendax-Lächeln. Einfach nur ein Text. Und viel Gelb. Vor mir eine Doppelseite. Großer Auftritt. „Hat Strom eine Farbe? Wenn ja, welche? Wo kommt der überhaupt her? Und warum bezahle ich eigentlich brav meine Stromrechnungen, ohne darüber nachzudenken?" Dann blättert man um, und da steht: „Hello, Yello. Freuen Sie sich. Erstmals können Sie in Ihrem Haushalt vom freien Wettbewerb im Strommarkt profitieren. Mit cleveren Stromtarifen und überzeugendem Service. Infos kostenlos unter 01 30/30 40 50. Der Wechsel lohnt sich. Yello. Der clevere Stromtarif für Ihren Haushalt."

Das war die Aufmacheranzeige. Eine frohe Botschaft. Auf der zweiten Pappe stand eine Offerte: „Stromzähler, alle mal herhören: Wir möchten Ihnen ein Angebot machen, von dem Sie nur profitieren können. Testen Sie für 1 Monat gratis unseren gelben Strom, und gewinnen Sie 1 von 100 gelben VW Beetle." Darunter wieder die Nummer des Info-Telefons. Ein weiteres Motiv: „Verehrte Steckdosen, dürfen wir Sie darauf aufmerksam machen, dass Sie Ihren Stromlieferanten jetzt endlich frei wählen dürfen? Wir möchten Ihnen gerne ein Angebot machen, bei dem Sie nicht nein sagen können." Die Schlagzeilen der nächsten Entwürfe: „Königinnen & Könige, ein neues Zeitalter ist angebrochen" oder „Stromkosten! Auf die Knie!" oder „100 g Salami, 1 kg Spinat, 2,5 kW Strom. Strom können Sie ab sofort kaufen, wie Sie es auch von anderen lebensnotwendigen Produkten gewohnt sind: nach dem Qualitäts- und Preisprinzip." Dann auf Gelb ein heißer Tipp für den Grünen Jürgen Trittin, Bundesminister für Umwelt, Naturschutz und Reaktorsicherheit: „Lieber Herr Trittin, künftig müssen Sie Ihre Stromrechnung nicht mehr schwarz auf weiß lesen. Es geht jetzt auch schwarz auf gelb. Wie Sie sonst noch vom freien Wettbewerb der Stromunternehmen profitieren können, erfahren Sie unter 01 30/30 40 50."

*„Aufmerksamkeit ist ein sehr knappes, also sehr wertvolles Gut geworden in unserer Vorführ- und Verführgesellschaft. Nicht die Fähigkeit, aufmerksam zu sein, wohl aber die Fähigkeit, auf sich aufmerksam zu machen, lässt sich durchaus mit Gold aufwiegen."*

Rainer Stephan in *Süddeutsche Zeitung*

*„Gelb. Es ist die nächste Farbe am Licht. Sie führt in ihrer höchsten Reinheit immer die Natur des Hellen mit sich und besitzt eine heitere, muntere, sanft reizende Eigenschaft."*

Johann Wolfgang von Goethe in *Entwurf einer Farbenlehre*

Das war der erste Wurf. Rein in den Computer, ausgedruckt, hingelegt und angeschaut. Hat Schmackes. Dann ein Entwurf für ein Straßenplakat – auf weißem Grund die Ankündigung: „Demnächst aus Ihrer Steckdose." Darunter das neue Markenzeichen, riesengroß. Ein weiterer Entwurf – in schwarzer Schrift auf weißem Grund: „Neu: gelber Strom." Darunter das mannshohe Piktogramm einer lächelnden gelben Steckdose. Unten rechts: „www.yellostrom.de".

Der Präsentationstermin rückte näher, der Stapel der Entwürfe wuchs, die Zuversicht auch. Aber ganz ohne Zweifel geht die Chose nicht. Vielleicht wäre es ganz gut, doch eine Version mit Models zu entwerfen. Freilich nicht mit posierenden Profis. Sondern mit Produkten, die mit Strom betrieben werden. Ich nahm das gelb eingefärbte Foto eines Bügeleisens, stellte es frei vor einen weißen Hintergrund, textete die Schlagzeile: „Bügeleisen lieben gelben Strom. Yello, der clevere Stromtarif. Testen Sie ihn 3 Monate gratis. Tel. 01 30/30 40 50, www.yellostrom.de". Anschließend modifizierte ich die Kampagnenidee mit gelb eingefärbten Porträtfotos von „Charakterköpfen". Ein Typ mit extremer Tolle liebäugelt mit seinem Haartrockner: „Mein Fön liebt gelben Strom." Dritter Durchgang – gelbe Charakterköpfe ohne Produkt: „Mareike liebt jetzt gelben Strom."

Ein Anmutungsfoto des Künstlerpaares Gilbert & George inspirierte mich zu einem Yello TV-Spot:

Im Wirtshaus sitzen sichtlich gelangweilt zwei Männer nebeneinander an einem Tisch. Einer hält eine Zeitung in der Hand, der andere ein Glas Bier.

Eduard: „Du, Erich, sach mal, was hat eigentlich Strom für eine Farbe?"

Erich: „Wat Strom für eine Farbe hat?"

Eduard: „Da steht, Strom ist gelb."

Erich: „Zeich mal. (Schüttelt lächelnd den Kopf.) Aber Eduard – dat is doch nur Reklame."

Eduard: „Aber da steht auch, gelber Strom ist günstig. Is dat auch Reklame?"

Erich: „Zeich noch mal. (Schüttelt wieder den Kopf.) Nee, ich glaub, dat stimmt."

Abspann: „Yello Strom. Der clevere Stromtarif für den privaten Haushalt. 01 30/30 40 50."

Eduard: „Dat muss ich der Erika stecken."

Um zu demonstrieren, dass sich unsere Idee durch alle denkbaren Medien, Verkaufsförderungsaktionen etc. deklinieren lässt, entwarf ich das Titelblatt eines Kundenmagazins „Yello Press". Titelbild: eine alte Chinesin, die den Betrachter anschaut. Text: „Das Kundenmagazin von Yello Strom, Ausgabe 1/2000. Große Leserreise: Leben am gelben Strom. Seite 17: Aktion. Yello-Kunden werben neue Yello-Kunden."

*„Die Energie, die eine Marke von einer Markierung unterscheide, entstehe aber erst, wenn sich über Jahre und Jahrzehnte die spezifischen Erfahrungen im Bewusstsein von Kundschaft, Öffentlichkeit und Branche zu einer einzigartigen Leistungsgeschichte verdichtet hätten."*

Bericht über das Genfer Markentechnikum in *Frankfurter Allgemeine Zeitung*

Für die EnBW hatten wir ein Erscheinungsbild mit einer verbindlichen visuellen Grammatik entwickelt. Wie schlüssig war das Erscheinungsbild der neuen Marke aufgebaut? Ich experimentierte. Ich nahm mehrere Blätter Papier, unterteilte sie jeweils in eine obere und untere Hälfte und setzte in die Mitte den „Yello Strom"-Button. Dann kam der Test. Wie reagiert das Markenzeichen auf unterschiedliche Farben? Unsere bisherige Kombination mit Schwarz, Weiß und Gelb war für mich von Anfang an optimal. Doch zur Sicherheit wollte ich auch andere Zusammenstellungen durchspielen. Ich probierte es mit Blau und Gelb. Dann füllte ich die Flächen mit Rot und Gelb aus. Das Ergebnis der Testreihe war eindeutig: Das Markenzeichen behielt seinen eigenständigen Charakter, behauptete sich in jedem Umfeld, blieb plakativ und gut lesbar.

Zu guter Letzt noch ein Titelblatt für die gesammelten Entwürfe. Neben einer Reihe von vier Stromstecker-Piktogrammen verkündet eine Schlagzeile: „Schon gehört? Strom ist gelb. Wer was anderes behauptet, ist blau."

Geschafft! Alle Entwürfe wurden auf Pappe gezogen und kamen in den Präsentationskoffer, in den „Sarg". Die einsamen Tage und Nächte in der Einsiedelei des Besprechungszimmers lagen hinter mir. Vor mir lag der 23. Februar 1999. Der Tag der Präsentation.

Am frühen Vormittag stiegen Inge Reuhl und ich in den Intercity. Die Entfernung zwischen Düsseldorf und Karlsruhe beträgt rund 350 Kilometer. Vor uns lag eine 350 Kilometer lange Erregung, eine freudige obendrein. Vor einem Jahr hatten wir die EnBW-Kampagne in Karlsruhe vorgestellt, und alle waren begeistert gewesen. Diesmal würden wir einen Sturm entfachen. Goll und seine Männer, die umarmen uns, springen auf die Tische, küssen uns, lassen Champagner auffahren. Daran zweifelte ich keine Sekunde. Was wir vorzuweisen hatten, war stimmig von vorne bis hinten. Noch nie bin ich so euphorisch zu einer Präsentation gefahren. Am Ende wird es keine Fragen mehr geben. Nur reines Entzücken.

Dachte ich.

## Kapitel 18
## Absurdistan

„Unsere Aufgabe ist es, dem Kunden etwas zu geben, was er haben möchte, von dem er aber nicht wusste, dass er es suchte, und von dem er sagt, dass er es schon immer wollte, wenn er es bekommt."

Sir Dennis Lisdun in *Süddeutsche Zeitung*

Die gleiche Uhrzeit, derselbe Ort. 14 Uhr. Kleines Besprechungszimmer des EnBW-Vorstandsvorsitzenden Gerhard Goll. Und dieselbe Besetzung: Goll, Zerr, Demuth, Dr. Klon, Inge Reuhl und ich. Die Sitzordnung hatte sich allerdings geändert. Diesmal saßen Inge Reuhl und ich allein an einer Tischseite. Dr. Klon hatte die Seiten gewechselt. Er saß uns jetzt gegenüber, flankiert von Zerr zur Rechten und Demuth zur Linken. Goll präsidierte am Kopfende. Zunächst machte ich mir keine Gedanken über die neue Platzverteilung. Ich schwebte ja noch in den Wolken meiner Euphorie. Hörte im Geiste schon die Ehrensalve knallender Champagnerkorken.

Als der spätere Nobelpreisträger Otto Hahn 1938 die Kernspaltung entdeckte, soll er fast beiläufig gesagt haben: „Möglicherweise sind wir hier einer nicht uninteressanten Sache auf die Spur gekommen." Das hat Stil.

Ich baute den „Sarg" auf dem Tisch auf und begann fast beiläufig: „Wir haben uns über den Auftritt der neuen Marke einige Gedanken gemacht und etwas zu Papier gebracht. Diese Sachen möchte ich Ihnen jetzt mal zeigen."

Entwurf für Entwurf, vorgestellt, erläutert. Nach etwa 20 Minuten war ich durch. Während der Präsentation hörte ich keinen Mucks. Was mich nicht beunruhigte. Wunder verschlagen einem halt die Sprache, frohlockte ich in meiner Hybris. Aber nachdem ich den „Sarg" geschlossen hatte, hörte ich noch immer keinen Mucks. Goll, Zerr, Demuth, Dr. Klon. Sie saßen einfach da und schwiegen. Keiner telefonierte nach Champagner. Keiner, und Dr. Klon schon gar nicht, umarmte mich und küsste mich. Von Zerr über Dr. Klon und Demuth bis Goll: Sie schwiegen sich eine Mauer zusammen, die bis zur Decke reichte.

Ich habe nicht auf die Uhr geschaut. Aber mindestens zwei Minuten lang blieb in diesem Zimmer die Welt stehen. Es war absurd. Wie in einem Stück von Ionesco oder Beckett. Eigentlich gibt es so etwas in der real existierenden Welt gar nicht. Schließlich erhob sich Goll, sagte, er sei unter Zeitdruck, wir sollten ruhig ohne ihn weitermachen. Und verschwand.

Die anderen drei machten ohne ihn weiter: mit bräsigem

Schweigen. Es war die schrecklichste und traurigste Präsentation, die ich je erlebt habe. Noch nie bin ich so tief abgestürzt, von höchster Euphorie hinab ins schweigende Nichts. In meinem ganzen Leben habe ich noch nie so viel Ignoranz, Desinteresse und Respektlosigkeit gegenüber meiner Arbeit erfahren wie in dieser Stunde. Noch nicht einmal ein „Danke, dass Sie sich Gedanken gemacht haben", noch nicht einmal ein „Haben wir mit Interesse zur Kenntnis genommen". Nur dieses bräsige Schweigen, jenseits aller Höflichkeit und aller Minima Moralia.

Wenn es eine normale Präsentation gewesen wäre, nach dem Motto: Es gibt 1000 Wege nach Rom, ich zeige Ihnen jetzt mal Nummer 344, dann hätte ich diesen Affront wunderbar wegstecken können. Aber es war keine normale Präsentation. Nach dem Durchbruch, den wir zweieinhalb Wochen zuvor gefeiert hatten, hätten an diesem Tag endgültig die Weichen gestellt werden sollen, in Richtung Privatkundenmarkt.

Zerr, Geschäftsführer der Energie-Vertriebsgesellschaft und mitverantwortlich für die Zukunft des Konzerns, saß schweigend da und starrte mit glasigen Augen vor sich auf den Tisch. Ich hatte ihn als einen beweglichen, hoch motivierten und begeisterungsfähigen Mann kennen gelernt. In diesen Minuten war der „junge Bär" nur noch ein dicker Bettvorleger.

Schließlich begann sich die Erde wieder zu drehen. Zerr ergriff das Wort. „Mhm. Ist ja ganz schön", sagte er und schnippte einen unsichtbaren Krümel vom Tisch. „Aber eigentlich wollen wir heute über ein ganz anderes Thema reden. Ich muss jetzt mal ein bisschen ausholen und von unserer Klausurtagung in Pegnitz berichten."

Urplötzlich kam wieder Leben in seine Augen. Sie glänzten richtig, als er erzählte, wie toll das Hotel dort sei, das „Pflaums Posthotel", wie toll das Essen geschmeckt habe und wie toll man mit Hüttenschuhen an den Füßen bei einem tollen Rotwein gesessen und wahnsinnig toll gearbeitet habe. Und dabei sei auch eine ganz tolle Idee geboren worden, über die wir nun unbedingt diskutieren müssten.

Zur Erinnerung: Ein Team der Stuttgarter EnBW Energie-Vertriebsgesellschaft wollte sich mit mehreren Klon-Leuten zu einem einwöchigen „Workshop" in Pegnitz treffen, um über den Privatkundenmarkt nachzudenken. Nachdem wir uns für Yello entschieden hatten, sollte der „Workshop“ nur noch getürkt werden, und zwar mit Dr. Klon als Obermufti.

Und nun erzählte Zerr, angefeuert von Demuth, von einem „Super-Ideenkonzept“, das die 14-köpfige Denkergruppe in Pegnitz ausgetragen und zur Welt gebracht habe. Ich will und kann hier nicht detailliert auf das Pegnitzer Produkt eingehen, das ich jetzt und im Folgenden kurz „Golem“ nennen werde. Nur so viel: „Golem“ ist dreidimensional und hat Knöpfe zum Draufdrücken. Der enthusiasmierte Zerr entwarf ein Marketingziel: „Wir machen aus ‚Golem‘ eine Kultmarke und bringen sie in die Gesellschaft“, schwärmte er. Da konnte ich schon fast wieder lachen. Allerdings nicht fröhlich. Immerhin raffte ich mich zu einer Bemerkung auf: „Eine Kultmarke kann man nicht machen. Wenn man sehr viel Ahnung und Erfahrung hat, kann man vielleicht eine Marke machen. Diese Marke kann vielleicht – mit sehr viel Glück – Kult werden. Aber das lässt sich nicht planen. Außerdem wird keine Marke, und schon gar nicht eine Kultmarke, in die Gesellschaft gebracht. Man kann der Gesellschaft ein Angebot unterbreiten. Und wenn das Angebot dann tatsächlich angenommen wird, darf man sich dankbar freuen. Davon abgesehen, ist der Zeitgeistbegriff ‚Kult‘ sowieso ein Schwachsinn.“

Ich ahnte, dass Zerr den Einflüsterungen von Dr. Klon erlegen war. Wir machen eine Kultmarke: Das klang nach Originalton Dr. Klon.

Zu Beginn dieses unseligen Termins hatte ich in meiner euphorischen Stimmung über die veränderte Sitzordnung einfach hinweggesehen. Mittlerweile jedoch stand mir die Vorgeschichte des Arrangements klar vor Augen: Dr. Klon hatte das Treffen in Pegnitz genutzt, um mit seinen Mannen das beim ersten Waffengang verlorene Terrain zurückzuerobern. Jetzt wollte er die Festung „Yello“ schleifen, und zwar mit dem Rammbock „Kultmarke“. Ich konnte mir denken, welches Ziel er verfolgte: Die EnBW Energie-Vertriebsgesellschaft sollte von Dr. Klon und seiner Unternehmensberaterfirma in eine Kampagne geführt werden, die „sehr, sehr viel Geld“ kostete. Zerr, jung und abenteuerlustig, hörte nur „Kult“ und lief eifrig wie ein Knappe im Stoßtrupp mit.

Dr. Klon hatte nun die höheren Weihen bekommen und war an der Tafelrunde mehrere Plätze vorgerückt. Und da saß er nun, genoss hinter unbewegter Miene meine Niederlage und sah mich bereits in Schimpf und Schande von König Golls Hof verjagt.

Kostümwechsel: Unternehmensberater Dr. Klon, der noch nie eine Marke auf den Markt gebracht hatte, hatte also die Parole ausgegeben: „Wir machen jetzt eine Kultmarke." Und zwar mit „Golem". Meiner Ansicht nach hätte er genauso gut die Laterna magica erfinden können, um damit Fernsehen und Internet vom Markt zu drängen. Aber gut, vielleicht war ich ja derjenige, der ein Brett vor dem Kopf hatte. Vielleicht war „Golem" ja wirklich ein großer Wurf. Diese Möglichkeit spielte zu diesem Zeitpunkt jedoch überhaupt keine Rolle. Wir waren angetreten, einen Massenmarkt zu bedienen, und das konnte uns nur mit einem Produktangebot gelingen, das sich nach der öffentlichen Erwartung richtete. Die Öffentlichkeit wartete nicht auf einen „Golem", sondern auf billigeren Strom. So einfach war das. Wenn „Golem" überhaupt eine Chance hatte, dann auf keinen Fall in der Anfangsphase der Marktöffnung.

*„Die Welt des Marketing und der Werbung ist heute also nicht mehr die Welt der Zwecke, Bedürfnisse und Rechnungen, sondern die Welt der Magie, des Totemismus und Fetischismus. Vor diesem Hintergrund ist man versucht zu sagen: Marketing ist Gottesdienst am Kunden."*

Prof. Norbert Bolz in *werben & verkaufen spezial*

Jetzt gab es also zwei Parteien am Tisch: Inge Reuhl und Bernd Kreutz mit ihren Yello-Ideen auf der einen Seite, Zerr, Demuth und Dr. Klon mit „Golem" auf der anderen.

Auf welcher Seite stand eigentlich Goll?

Zwischendurch war er mal ins Zimmer zurückgekommen, um nach dem Rechten zu sehen: „Wie weit seid ihr?" Für Zerr war Yello schon kein Thema mehr. Er kam sofort auf das „Kultprodukt"zu sprechen. Er wollte „Golem" auf den Markt bringen, wenn der Wettbewerb um die Privathaushalte begann, spätestens aber im Oktober 1999. Für die Produktentwicklung blieben ihm nur noch knappe acht Monate Zeit. Goll wusste Rat: „Ich kenne eine Firma, die euch das termingerecht produziert. Ihr müsst nur sagen, wie ihr es haben wollt."

Allem Anschein nach stand Goll auf der Seite der „Golem"-Partei. Mittlerweile glaube ich jedoch, dass er in diesem Fall unparteiisch war. Er hatte Zerr zum Geschäftsführer der Vertriebsgesellschaft gemacht. Und nun war es für ihn ein Gebot der Loyalität, dem jungen Zerr einen gewissen Handlungsspielraum zu geben und ihn nicht sofort wieder zurückzupfeifen.

Verstehe ich. Inzwischen. Aber an diesem Tag verstand ich die Welt nicht mehr. Ich war ratlos, enttäuscht, deprimiert. Wollte so schnell wie möglich den Tisch, das Zimmer, die EnBW-Hauptverwaltung und Karlsruhe verlassen. Nur weg! Aber einen bekam ich noch mit auf den Weg, natürlich von Dr. Klon:

„Was machen wir denn nun mit Yello?", fragte er. Für ihn war es eine rhetorische Frage, und für Zerr und Demuth eine lästige. Vor zweieinhalb Wochen hatten sie mir noch zugejubelt. Jetzt schien ich für sie nur noch der Mann mit dem „Sarg" zu sein. Dr. Klon diskutierte das Problem sozusagen im Monolog aus und kam zu dem Schluss, dass Yello eigentlich nicht das Format für „Golem" habe.

Schließlich wurden Inge Reuhl und ich verabschiedet. Wir sollten doch bitte über Produktinhalte nachdenken und gegebenenfalls noch einmal über einen neuen Markennamen.

Im Übrigen, sagte Dr. Klon, seien schon „mehrere Projektgruppen installiert", die sich über den Marktauftritt von „Golem" Gedanken machten.

Als ich aus dem EnBW-Foyer auf die Durlacher Allee trat, schwor ich mir: „Mit so einem Schwachsinn will ich nichts mehr zu tun haben. Nie mehr mit Leuten an einem Tisch sitzen, die von Kult reden, von Kultmarke und Kultprodukt."

So stiegen Inge Reuhl und ich wieder in den Intercity. Diesmal lag eine 350 Kilometer lange Trübsal vor uns. Wir waren offenbar zur falschen Zeit in der falschen Stadt bei den falschen Leuten gewesen. Das quälende Bewusstsein, eine sensationelle Idee zu besitzen, die aber ihren Wert verliert, wenn sie nicht schnell verwirklicht wird. Wie es jetzt aussah, war Yello Strom für den Konzern abgeschrieben. Diese Erfahrung der Ohnmacht werde ich nie vergessen.

## Kapitel 19
## Frust und Lust

Yello war tot. Die Pappen lagen im „Sarg“, der Deckel war zu. Auch von Zerr wollte ich nichts mehr wissen. Zieh dahin, Zerr, immer schön dem Kult nach. Aber pass gut auf. Denn in der Welt, in der du lebst, ist die Erde immer noch eine Scheibe. Irgendwann macht es plumps, und weg ist man – für immer.

So ähnlich, nur viel bissiger waren meine Gedanken nach unserer Rückkehr aus Absurdistan. Innerhalb weniger Tage absolvierte ich alle Disziplinen des emotionalen Dreisprungs: Schock. Wut. Trauer. Aber Apathie kam nicht in Frage. Arbeit gab es genug. Ich konnte mich auf anstehende Aufgaben für die EnBW konzentrieren, ein Kontakt zu Interlübke bahnte sich an, und mit unseren anderen Auftraggebern beschäftigte ich mich sowieso.

Mit Energie was unternehmen. Diese Handlungsmaxime bescherte mir in den folgenden Wochen jede Menge Lust. Und Frust.

Lust. Ein Anruf von Dr. Volker Geers, studierter Jurist und Mitinhaber einer erfolgreichen Hörgeräteakustik-Firma. Dr. Geers kannte ich von einer Kampagne, die ich zehn Jahre lang für die Fördergemeinschaft Gutes Hören gemacht hatte. Ein bulliger Typ, Harley-Davidson-Fahrer, rigoroser Selbstdarsteller, Ellenbogen mit Stahlkappen. Dr. Geers rief also an und sagte, zusammengefasst: „Im September sind Kommunalwahlen in Nordrhein-Westfalen, die Dortmunder CDU will mich als Oberbürgermeisterkandidaten aufstellen. Wollen Sie den Wahlkampf für mich machen, Herr Kreutz?“

Lust. Ich wollte. Aus mehreren Gründen. Der Wahlkampf, den ich für Goll und die EnBW führte, war in der Karlsruher Kultsalbaderei ins Stocken gekommen. Jetzt konnte ich wieder einmal auf die politische Piste. Diesmal hieß der mächtige Gegner nicht RWE, sondern SPD. Eine schöne Herausforderung. Der große Herbert Wehner hatte Dortmund als „Herzkammer“ der deutschen Sozialdemokratie bezeichnet. Seit 53 Jahren regierten die Sozis im Dortmunder Rathaus, und die CDU suchte in ihrer historisch gewachsenen Außenseiterrolle immer nur nach dem verlorenen Posten.

Lust. Ich trat an. Mit dem klassischen Motto: Zuckerbrot für die Wähler, Peitsche für die SPD. In unserem ersten Strategiegespräch zeigte ich Dr. Geers zwei Pappen.

## Anschauungsmaterial

Süddeutsche Zeitung
manche meinen
lechts und rinks
kann man nicht
velwechsern.
werch ein illtum!
(ernst jandl)

Wie der Dichter Ernst Jandl auf unserem Titel bereits feststellte, kann man rechts und links schon mal verwechseln. Bei Helmut Kohl und Rudolf Scharping war das ja auch ein Dauerthema.
Das SZ-Magazin will zu den Unterschieden der beiden Kanzlerkandidaten nichts mehr sagen. Aber etwas zeigen. Blättern Sie um.
deutschland
vor der wahl

Égalité.

Fraternité.

Der fröhliche Weinberg.

Brüder, zur Sonne, zur Freiheit.

Protest-Bewegung.

Vorwärts und nicht vergessen.

»Der Mann kann telephonieren,
das ist eine Gnade.«

»Um dieses Amt kämpft man absolut.«

Haus der Geschichte.

Märchenstunde.

Keine Experimente.

Neues Deutschland.

Triumph krönt die Figur.

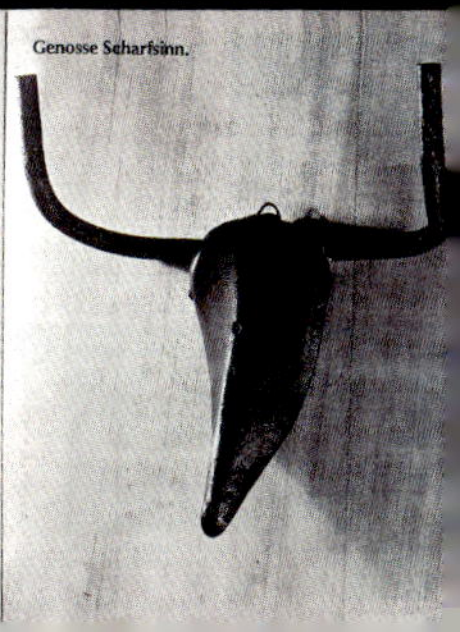
Genosse Scharfsinn.

Der Wettbewerb im Energiemarkt kommt nicht. Er ist schon da.

Passer, delicae maea puella. Quicum ludere, in sinu tenere, cui primum Digitum dare. Acris solet incitare Morsus, cum desiderio nitenti. Karum nescioquid lubet iocari et Solaci sui doloris. Credo, tum gravis ardor tecum Ludere sicut ipsa possem ettristis Animi levare curas! Tam gratum est mhi, quam ferunt puella pernici aureolum fuisse Malum, quod zonam soluit diu Negatam.

Lugete, o Beneres cupidines delicae meae in puella, quicum ludere. In sinu tenere, cui primum Digitum dare. Acris solet incitare Morsus. nescioquid lubet iocari et Solaci sui doloris. Credo, tum gravis ardor tecum Ludere sicut ipsa possem ettristis Animi. Solaci sui doloris credo, tum gravis ardor tecum Ludere sicut ipsa possem.

Puella, quicum ludere, in sinu tenere, cui primum Digitum dare. Acris solet incitare Morsus, cum desiderio nitenti. Karum nescioquid lubet iocari. Passer, delicae maea puella. Quicum ludere, in sinu tenere, cui primum Digitum dare. Acris solet incitare Morsus, cum erio nitenti. Karum nescioquid lubet iocari et Solaci sui dolor. Credo, tum gravis ardor tecum.

Ludere sicut ipsa possem ettristis Animi levare curas! Tam gratum est mhi, quam ferunt pu pernici aureo lum fuisse Malum, quod zonam soluit diu Negatam.

Lugete, o Beneres cupidines delicae meae in puella, quicum ludere. In sinu tenere, cui primum Digitum dare. Acris solet incitare Morsus. nescioquid lubet ic et Sola ci sui doloris. Credo, tum gravis ardor tecum Ludere sicut ipsa possem ettristis Animi. Solaci sui doloris credo, tum gravis ardor tecum Ludere sicut ipsa possem.

Puella, quicum ludere, in sinu tenere, cui primum Digitum dare. Acris solet incitare Morsus, cum desiderio nitenti. Karum nescioquid lubet iocari.

**Mit Energie in die Zukunft:**
**Energie Baden-Württemberg AG.**

EnBW

Zeichensprache

**Fehlanzeigen**

Das Badenwerk und die EVS haben eine wichtige Entscheidung für die Zukunft getroffen.
Die Zukunft des Energiemarktes heißt freier Wettbewerb. Wir, die beiden Energieversorger des Landes, stehen vor einer doppelten Herausforderung: Einerseits bekommen wir jetzt im eigenen Markt Konkurrenz von in- und ausländischen Energiekonzernen. Andererseits aber dürfen nun auch wir unseren Strom überall hin liefern. Um an beiden Fronten stark zu sein, haben wir uns zur Energie Baden-Württemberg AG zusammmengeschlossen.
Mit vereinten Kräften, neuen Ideen und modernem Marketing werden wir als viertgrößtes deutsches Energieunternehmen in eine erfolgreiche Zukunft gehen. Zusammen mit unseren Mitarbeitern und unseren Aktionären. Für Sie, unsere Kunden.
EnBW
Energie Baden-Württemberg AG

# Das Ende einer Ära im Energiemarkt.

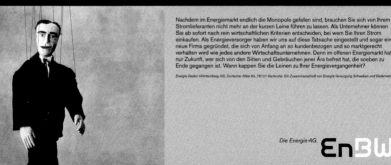

Nachdem im Energiemarkt endlich die Monopole gefallen sind, brauchen Sie sich von Ihrem Stromlieferanten nicht mehr an der kurzen Leine führen zu lassen. Als Unternehmer können Sie ab sofort nach rein wirtschaftlichen Kriterien entscheiden, bei wem Sie Ihren Strom einkaufen. Als Energieversorger haben wir uns auf diese Tatsache eingestellt und sogar eine neue Firma gegründet, die sich von Anfang an so kundenbezogen und so marktgerecht verhalten wird wie jedes andere Wirtschaftsunternehmen. Denn im offenen Energiemarkt hat nur Zukunft, wer sich von den Sitten und Gebräuchen jener Ära befreit hat, die soeben zu Ende gegangen ist. Wann kappen Sie die Leinen zu Ihrer Energievergangenheit?

*Energie Baden-Württemberg AG, Durlacher Allee 93, 76131 Karlsruhe. Ein Zusammenschluß von Energie-Versorgung Schwaben und Badenwerk.*

*Die Energie-AG.* EnBW

Wie faul ist Ihre Energie-Bilanz?
Entschuldigen Sie die indiskrete Frage. Aber leider wird gerade in der Fertigungsindustrie immer noch eine Menge Energie nutzlos vergeudet. Da wir vom Stromumsatz leben, könnte uns das ja recht sein. Ist es aber nicht. Aus ökonomischen wie aus ökologischen Gründen. Wir haben sogar eine eigene Energieberatungsgesellschaft gegründet, die Ihnen dabei helfen soll, Energie zu sparen, wo immer es in Ihrem Betrieb möglich ist. Als zukunftgerichtetes Energieunternehmen liegt es auch in unserem Interesse, wenn Strom nicht nur wirtschaftlich erzeugt, verteilt und verkauft, sondern auch wirtschaftlich verbraucht wird. Und dazu ist es sicher notwendig, noch ein paar Energie-Bilanzen zu schönen. Wenn's Ihnen recht ist, spitzen wir schon mal für Sie den Rotstift.
Energie Baden-Württemberg AG, Durlacher Allee 93, 76131 Karlsruhe. Ein Zusammenschluß von Energie-Versorgung Schwaben und Badenwerk.
Die Energie-AG.
EnBW

Jetzt tobt auch hier der Wettbewerb.
EnBW

Steigen Sie um auf Markenstrom.
EnBW

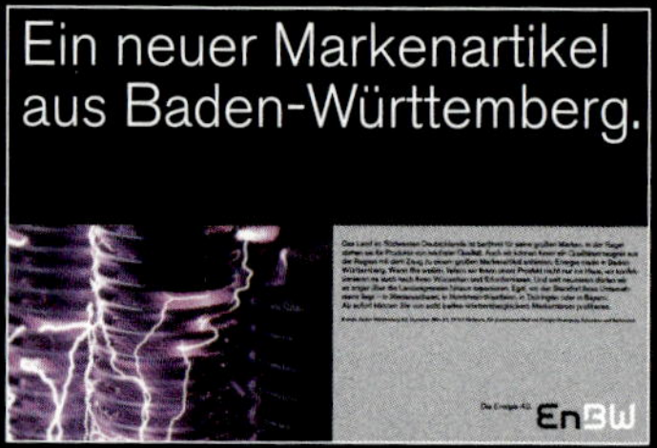
Ein neuer Markenartikel aus Baden-Württemberg.
EnBW

Feuern Sie Ihren Stromlieferanten.

Die Energie-AG. EnBW

Sind Sie reif für ein eigenes Kraftwerk?

Die Energie-AG. EnBW

2010: Paris leuchtet. Mit Strom von uns.

Die Energie-AG. EnBW

# Die moderne Art, Strom zu kaufen.

Die Zeiten, in denen wir Ihnen nur Strom aus den eigenen Elektrizitätswerken liefern konnten, sind bald vorbei. Wir werden Ihnen künftig auch Kilowattstunden anbieten, die unsere Trader bei Energiemaklern oder direkt an einer Strombörse eingekauft haben. Im liberalisierten Energiemarkt ist Strom nämlich eine ganz gewöhnliche Ware, die wie Getreide, Rohöl, Tulpen oder Kakao en gros und en detail gehandelt wird. Und deren Preis nicht länger durch einen Verwaltungsakt bestimmt wird, sondern allein durch Angebot und Nachfrage. Ganz wie Sie es vom Wettbewerb in Ihrer Branche gewohnt sind.

*Energie Baden-Württemberg AG, Durlacher Allee 93, 76131 Karlsruhe. Ein Zusammenschluß von Energie-Versorgung Schwaben und Badenwerk.*

Die Energie-AG. EnBW

Unsere Töchter auf dem Weg ins nächste Jahrtausend.

Die RWE-Holding hat sieben Töchter in den unterschiedlichsten Märkten:
Energie, Bergbau und Rohstoffe, Mineralöl und Chemie,
Umweltdienstleistungen, Maschinen-, Anlagen- und Gerätebau, Telekommunikation und Bau.
Diese Vielfältigkeit bringt einfach mehr. Zum Beispiel mehr Wachstum und Flexibilität.

Wenn Sie wissen möchten, wie RWE Zukunft gestaltet:
**www.rwe.de** oder Telefon **0130-91 56 56.** Da erfahren Sie auch alles über die RWE-Aktie.

RWE Energie, Rheinbraun, RWE-DEA, RWE Umwelt, LAHMEYER, RWE Telliance, HOCHTIEF **RWE** Die Zukunftsgruppe.

RUND UM DIE UHR GEÖFFNET.
Für Sie muß Strom immer und überall in gleichbleibender Qualität vorhanden sein. Auch der Preis muß stimmen. Dafür sorgen wir auf wirtschaftliche und umweltverträgliche Art und Weise, auch indem wir Synergieeffekte durch grenzüberschreitenden Stromaustausch nutzen.
PreussenElektra

Wettbewerb
Wirtschaftliche Energielösungen machen uns fit für Europa.
Unterwegs zu neuen Zielen. Als ein lösungsstarkes Unternehmen werden wir auch in Zukunft unser Bestes geben, um ganz vorne mit dabei zu sein, wenn es um zuverlässige Energie zum guten Preis geht. Wir sind bereit für die kommenden Herausforderungen.
Die Bayernwerk-Gruppe ist eines der führenden Energieunternehmen in Deutschland. Zusammen mit unseren regionalen Tochtergesellschaften und internationalen Beteiligungen sind wir ein starkes Team, das viel bewegt. Damit die Energie unserer Kunden gesichert ist. Morgen so zuverlässig wie heute.
Informieren Sie sich: Bayernwerk AG, Öffentlichkeitsarbeit, 80335 München oder Internet www.bayernwerk.de
BAYERNWERK
Bayernwerk.
Die Zukunft der Energie.

DIE NEUE ENERGIE DER VEW
KONKURRENZ BELEBT DAS GESCHÄFT.
Der Elektrizitätsmarkt ist liberalisiert. Für unsere Kunden heißt dies: Es gibt mehr Stromanbieter, auch internationale.
In der Regel bringt Konkurrenz die Beteiligten auf neue Ideen. Davon profitieren die Kunden, denn meistens werden Angebote nicht nur preiswerter. Sie werden besser. Die VEW Energie AG belebt diesen Wettbewerb.
Wir produzieren Strom. Wir kaufen Strom von anderen dazu. Wir verteilen diesen Strom. Und wir verkaufen ihn. An Kunden vom Privathaushalt bis zum Großkonzern.
Das hält uns beweglich für die unterschiedlichsten Kundenbedürfnisse und eine attraktive Preisgestaltung. Letztlich geht es um mehr als nur um preiswerte Elektrizität: um die Entwicklung und die Umsetzung maßgeschneiderter Energiekonzepte. Auch wenn Sie heute noch auf den Strompreis der Konkurrenz schauen, wollen wir Sie schon morgen mit neuen Service-Angeboten überzeugen.
VEW ENERGIE
DIE KRAFT FÜR NEUE WEGE.

Mit Energie was unternehmen. www.enbw.com

EnBW
Die Energie-AG.

**Unternehmensanzeigen**

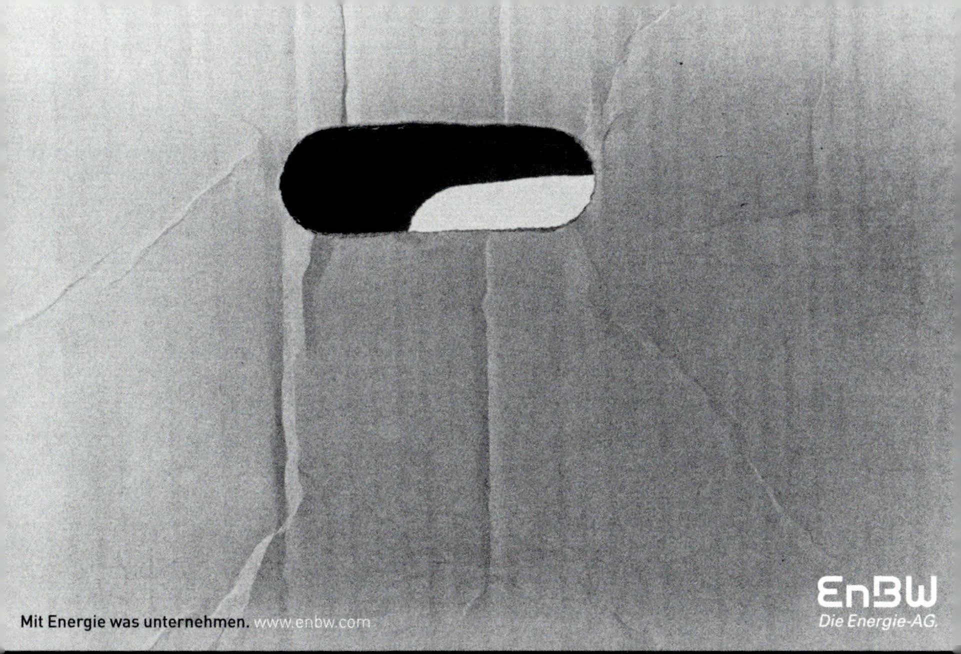
Mit Energie was unternehmen. www.enbw.com
EnBW
Die Energie-AG.

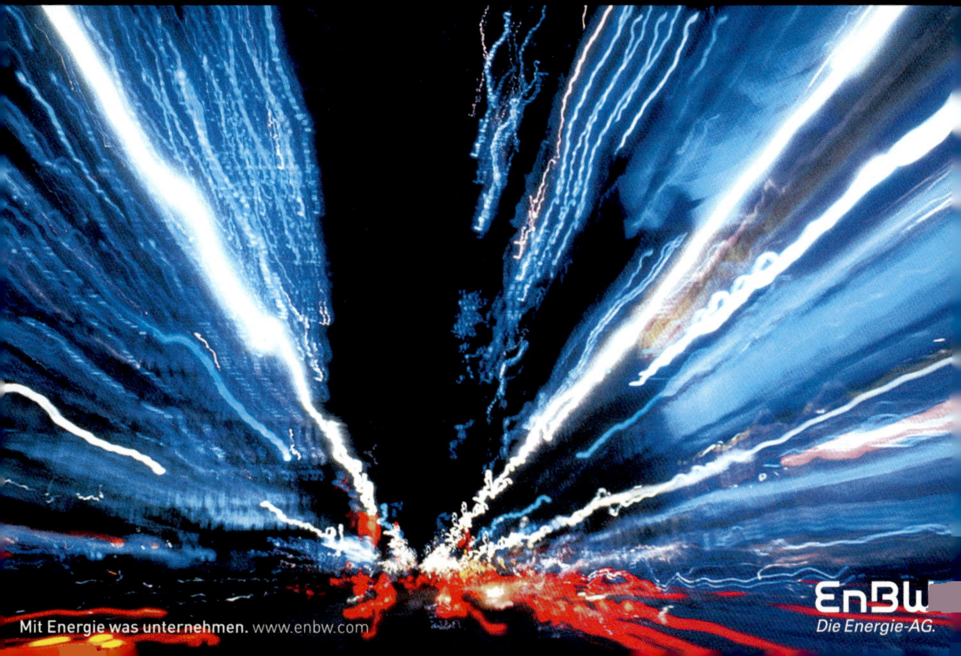
Mit Energie was unternehmen. www.enbw.com
EnBW
Die Energie-AG.

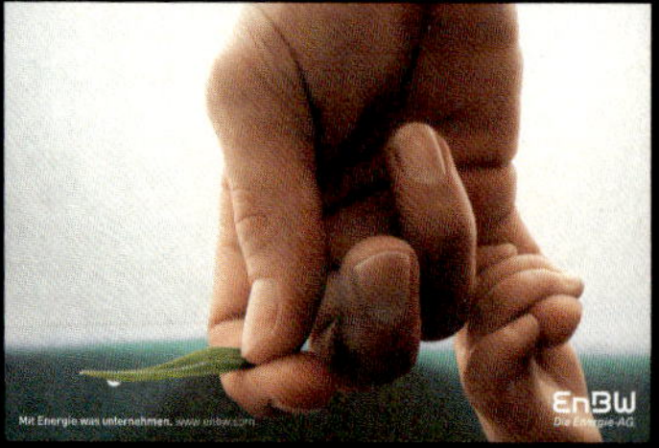
Mit Energie was unternehmen. www.enbw.com
EnBW
Die Energie-AG

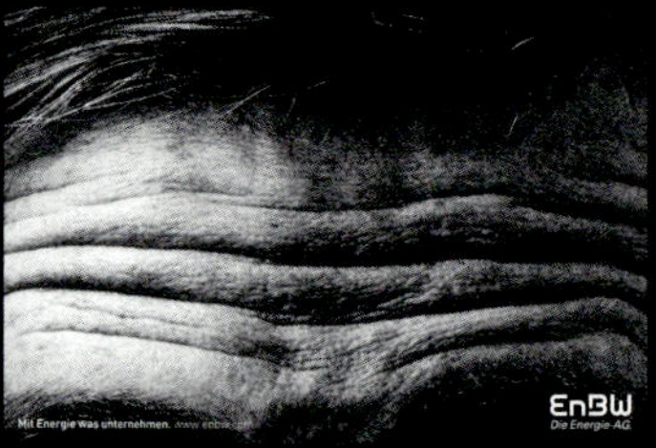
Mit Energie was unternehmen.
EnBW
Die Energie-AG.

Mit Energie was unternehmen
EnBW
Die Energie-AG.

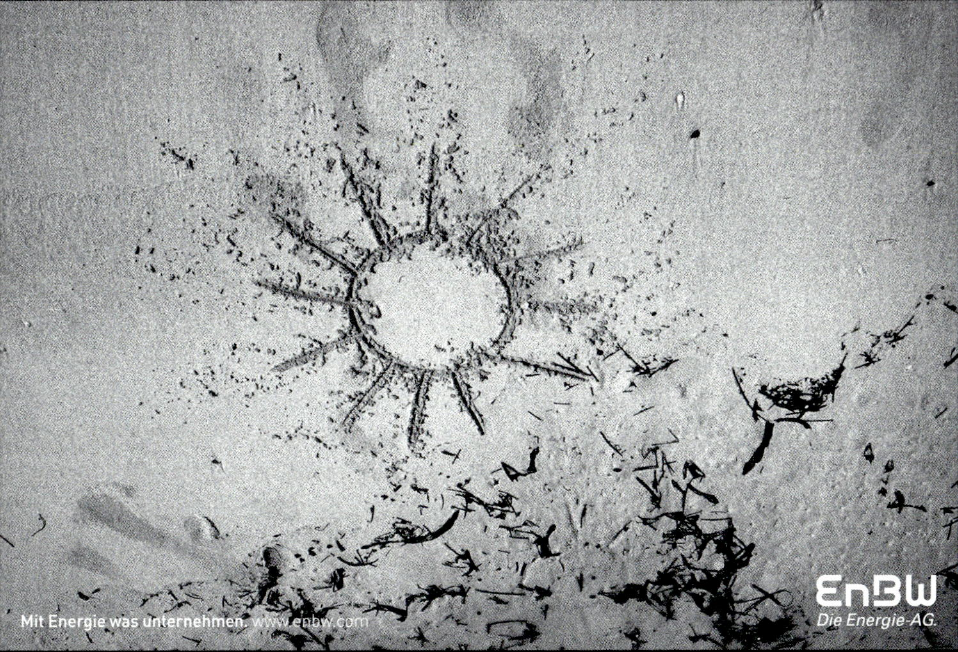
Mit Energie was unternehmen. www.enbw.com
EnBW
Die Energie-AG.

Mit Energie was unternehmen. www.enbw.com
EnBW
Die Energie-AG.

EnBW

Wir glauben an die Energie.

Viele halten ihn für einen Phantasten. Manche für einen Betrüger. Doch Christoph Kolumbus gibt nicht auf. Dreizehn Jahre lang redet und träumt er vom Seeweg nach Indien. Dann bekommt er eine Chance. Er nutzt sie. Und die Karavelle bringt ihn weiter, als er geträumt hat. Nach Amerika.

„John, du mußt ruhiger werden", ermahnt ihn ein Lehrer. Doch John D. lacht nur. Als John D. Rockefeller seine erste Milliarde verdient, korrigiert der Lehrer noch immer Schulhefte.

Tausende von Menschen bauen an der Cheopspyramide. Unermüdlich. Sie schleppen mehr als zwei Millionen tonnenschwere Steinquader durch die Wüste. Ihre Namen werden vergessen. Ihr Werk wird zum Weltwunder.

Das Kind Neil Armstrong leidet unter starker Höhenangst. Der Mann Neil Armstrong betritt als erster Mensch den Mond, ca. 400.000 Kilometer über seinem Geburtsort Wapakoneta.

Sieben Jahre bevor er mit seiner Relativitätstheorie den Raum und die Zeit aus den Angeln hebt, stößt Albert Einstein auf die wichtigste Gleichung seines Lebens: 32 Rosensträuße + 24 Schachteln Konfekt + 18 Gedichte + 2 Geigenständchen + 38 Liebesbriefe = 1 Rendezvous mit Mileva. Mit dieser Gleichung verändert sich Einsteins Welt: Mileva gibt ihm ihr Ja-Wort.

Der dicke Paavo wird von seinen Mitschülern als „Paavo, die Schnecke" verspottet. Paavo weint. Dann trainiert Paavo. Tag für Tag, Jahr um Jahr. Bei den Olympischen Sommerspielen in Paris gewinnt Paavo Nurmi fünf Goldmedaillen und den Titel Wunderläufer.

René Descartes ist zu Gast am schwedischen Hof. Alle Welt bewundert den ehemaligen Jesuitenschüler, der als Philosoph und Mathematiker das Tor zur Neuzeit aufstieß. Königin Christine will hinter sein Geheimnis kommen. Sie fragt ihn, woran er glaubt. „An die Energie, Hoheit", sagt Descartes. „Ich glaube an die Energie."

Auch wir, die Mitarbeiterinnen und Mitarbeiter der EnBW Energie Baden-Württemberg AG, glauben an diese Energie. Weil wir von der Erzeugung und dem Verkauf von Strom leben. Und weil sie uns die Kraft gibt, als großes Unternehmen die neuen Chancen, die der freie Wettbewerb im Energiemarkt bietet, optimal zu nutzen. Mit unseren Leistungen und mit Produkten, die sich ausschließlich an den Bedürfnissen unserer Kunden orientieren.

Wenn Sie wissen wollen, wie Ihr Unternehmen davon profitieren kann, rufen Sie uns doch einfach an: 01 80/5 90 00 90. Im Internet erreichen Sie uns unter www.enbw.com.

**Mit Energie was unternehmen.**

EnBW

*Die Energie-AG.*

EnBW Energie Baden-Württemberg AG
EnBW
„Gestalten, En-Be-We."

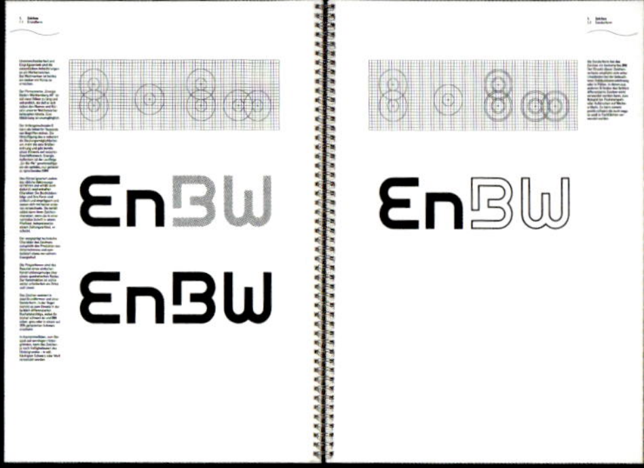

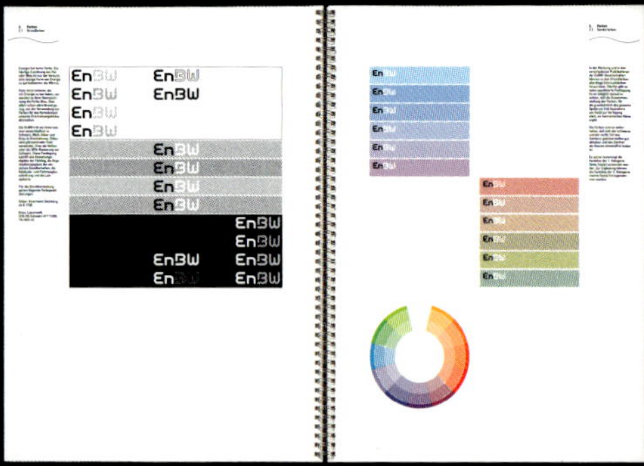

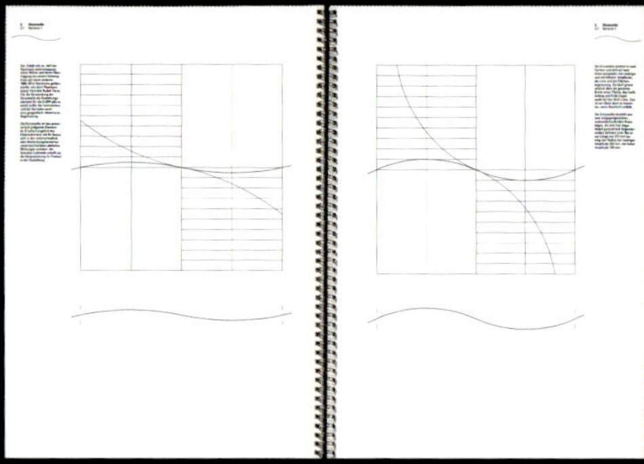

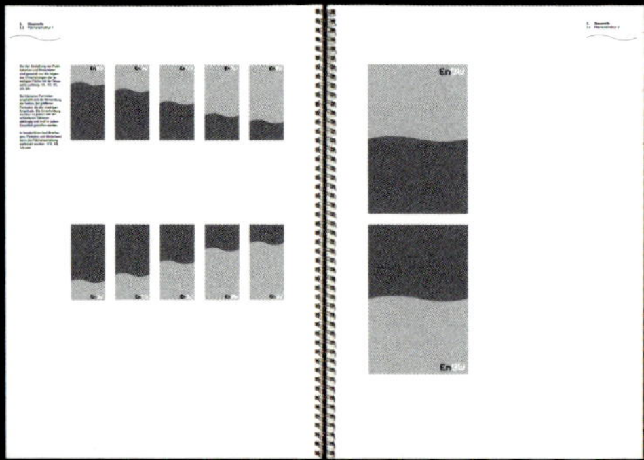

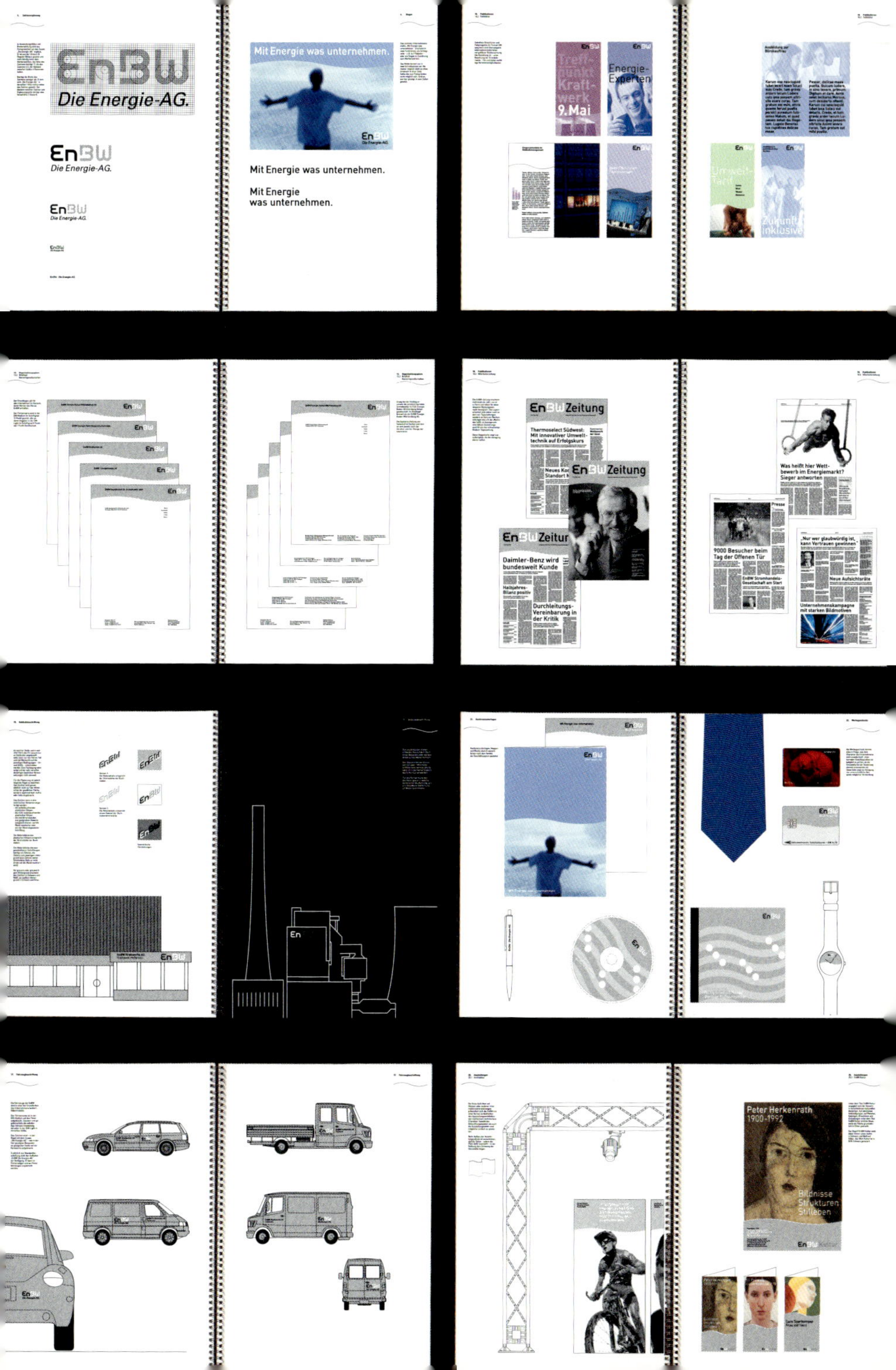
EnBW
Die Energie-AG.
Mit Energie was unternehmen.
Mit Energie was unternehmen.
Mit Energie
was unternehmen.
Treffpunkt Kraftwerk 9.Mai
Energie-Experten
Umwelt-Tarif
Zukunft inklusive
EnBW Zeitung
Thermoselect Südwest: Mit innovativer Umwelttechnik auf Erfolgskurs
Daimler-Benz wird bundesweit Kunde
Halbjahres-Bilanz positiv
Durchleitungs-Vereinbarung in der Kritik
Was heißt hier Wettbewerb im Energiemarkt? Sieger antworten
9000 Besucher beim Tag der Offenen Tür
EnBW Stromhandels-Gesellschaft am Start
„Nur wer glaubwürdig ist, kann Vertrauen gewinnen"
Neue Aufsichtsräte
Unternehmenskampagne mit starken Bildmotiven
Peter Herkenrath 1900-1992
Bildnisse Strukturen Stilleben

**Auszüge aus den „Richtlinien für das visuelle Erscheinungsbild der EnBW“**

Der Eindruck, den ein Unternehmen hinterlässt, wird in erster Linie bestimmt von der Kompetenz und dem Engagement seiner Mitarbeiterinnen und Mitarbeiter, der Qualität seiner Produkte und Dienstleistungen, seiner Stellung im Markt und in der Gesellschaft. Dieser Eindruck wird aber auch beeinflusst von der Art und Weise, wie sich das Unternehmen darstellt und mitteilt.

Sein Ansehen hängt also auch vom Aussehen ab – vom visuellen Erscheinungsbild. Es gibt dem Unternehmen ein Gesicht und verrät damit etwas über seinen Charakter.

Als neuformatierter Konzern in einer Branche, die nach jahrzehntelanger Monopolwirtschaft den Chancen und Risiken des freien Wettbewerbs begegnet, hat die EnBW gegenüber Konkurrenten den großen Vorteil, von Anfang an ein eigenständiges Profil entwickeln zu können. Dieses Profil muss deshalb dem Selbstverständnis der EnBW entsprechen, im Wettbewerb etwas bewegen zu wollen.

Die unternehmerische Dynamik der EnBW bildet die Grundlage für das Erscheinungsbild. Es basiert auf wenigen prägnanten Stilelementen mit einem Minimum verbindlicher Richtlinien für die Anwendung. Es schafft formale Rahmenbedingungen, die ein effizientes und flexibles, an Kommunikationsinhalten orientiertes Gestalten ermöglichen. Und es gibt Anregungen, die dazu beitragen sollen, ein vielfältiges, lebendiges Bild der EnBW entstehen zu lassen.

Mit der vorliegenden Dokumentation folgt auf die formal-juristische Gründung der Energie Baden-Württemberg Aktiengesellschaft sozusagen die formal-ästhetische Bestätigung. Von jetzt an werden wir gesehen. Und zwar so, wie wir uns darstellen.

1. Zeichen

Unverwechselbarkeit und Einprägsamkeit sind die wesentlichen Anforderungen an ein Markenzeichen. Bei Wortmarken ist beides am besten mit Kürze zu erreichen.

Der Firmenname „Energie Baden-Württemberg AG“ ist mit neun Silben zu lang und unhandlich, als dass er sich neben den Namen und Kürzeln unserer Wettbewerber behaupten könnte. Eine Abkürzung ist unumgänglich.

Der Anfangsbuchstabe **E** kann als Initial für Tausende von Begriffen stehen. Die Hinzufügung des **n** reduziert die Deutungsmöglichkeiten um mehr als eine Größenordnung und gibt bereits einen Hinweis auf unseren Geschäftszweck: Energie. Außerdem ist die Lautfolge „En-Be-We“ geschmeidiger als ein sprödes, nur gehackt zu sprechendes EBW. Das Kürzel ignoriert zudem das übliche Abkürzungsverfahren und erhält auch dadurch zeichenhaften Charakter. Die Buchstabenfolge und ihre Form sind einfach und einprägsam und lassen sich mit keiner anderen verwechseln. Sie behält selbst dann ihren Zeichencharakter, wenn sie in einer normalen Schrift in einem Fließtext, beispielsweise einem Zeitungsartikel, erscheint.

Der ausgeprägt technische Charakter des Zeichens entspricht den Produkten des Unternehmens und symbolisiert etwas von seinem Energiefluss.

Die Proportionen sind das Resultat eines einfachen Konstruktionsprinzips über einem quadratischen Raster. Zur Konstruktion ist nichts weiter erforderlich als Zirkel und Lineal.

2. Farben

Energie hat keine Farbe. Die häufige Zuordnung von Rot oder Blau ist nur der Versuch, eine einzige Form von Energie zu symbolisieren: die Wärme.

Viele Unternehmen, die mit Energie zu tun haben, verwenden zu ihrer Kennzeichnung die Farbe Blau. Dies allein schon wäre Grund genug, von der Verwendung von Farben für das Kernelement unseres Erscheinungsbildes abzusehen.

Die EnBW tritt als Unternehmen ausschließlich in Schwarz, Weiß, Silber und Grau in Erscheinung. Silber wird glänzend oder matt verwendet, Grau als Vollton oder als 30%-Rasterung von Schwarz. Diese Festlegung betrifft alle Gestaltungsobjekte der Holding, die Organisationspapiere der einzelnen Gesellschaften, die Gebäude- und Fahrzeugbeschriftung und die Leitsysteme.

In der Werbung und in den verschiedenen Publikationen der EnBW-Gesellschaften können zu den Grundfarben allerdings Schmuckfarben hinzutreten. Hierfür gibt es keine spezifizierte Festlegung. Es ist lediglich darauf zu achten, dass die Zusammenstellung der Farben, für die grundsätzlich das gesamte Spektrum (mit Ausnahme von Gelb) zur Verfügung steht, ein harmonisches Klima ergibt.

Die Farben sind so aufzuhellen, dass sich der schwarze und der weiße Teil des Zeichens gleichermaßen gut abheben und das Zeichen als Ganzes einwandfrei lesbar ist.

3. Sinuswelle

Der Zufall will es, dass der Nachweis elektromagnetischer Wellen und deren Übertragung von einem Schwingkreis auf einen anderen 1886-88 in Karlsruhe geführt wurde: von dem Physikprofessor Heinrich Rudolf Hertz. Für die Verwendung der Sinuswelle als Gestaltungselement für die EnBW gibt es somit außer der technischen und der formalen auch eine geografisch-historische Begründung.

Die Sinuswelle ist das gestalterisch prägende Element im Erscheinungsbild des Unternehmens; mit ihr lassen sich in den unterschiedlichsten Anwendungsbereichen unverwechselbare plakative Wirkungen erzielen. Als formales Leitmotiv schafft sie die Voraussetzung für Freiheit in der Gestaltung.

4. Schriften

Für sämtliche gedruckten Mitteilungen der EnBW stehen zwei Schriftfamilien zur Verfügung, die unterschiedlichen Zwecken vorbehalten sind.

Die DIN-Schrift entspricht in ihrer streng geometrischen Konstruktion und ihrem ausgesprochen technischen Charakter dem Markenzeichen.

Sie wird im wesentlichen für Firmenbezeichnungen, Überschriften und plakative Texte verwendet; für Mengensatz ist sie weniger gut geeignet. Die bevorzugten Schnitte sind „Light“ und „Medium“.

Für Auszeichnungszwecke treten die Schnitte „Regular“, „Bold“ und „Black“ hinzu. Die Schrift für längere Texte, z.B. im Geschäftsbericht, in Broschüren und anderen Publikationen, ist die Univers, eine serifenlose Groteskschrift. Sie weist zwar eine geringere Eigenständigkeit auf als die DIN-Schrift, bietet jedoch die weitaus bessere Lesbarkeit in kleinen Schriftgraden und bei langen Texten.

Die Laufweite der Schriften folgt der vorgegebenen Grundeinstellung. Der Zeilendurchschuss orientiert sich an der Lesbarkeit, der Schriftgröße und der Textmenge.

# Geschäftsbericht

„Ich verausgabe mich erst am Ende.
Beim Finish denke ich nur Kraft, Kraft,
Kraft, in jeden Schlag, der noch kommt."

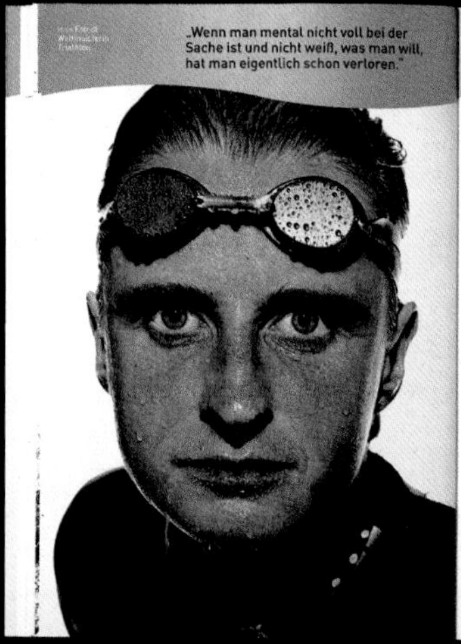

„Man muß auch Spaß im Leben
haben, damit man die Energie aufbringt,
das Ganze durchzustehen."

„Wenn man mental nicht voll bei der
Sache ist und nicht weiß, was man will,
hat man eigentlich schon verloren."

„Draufgänger muß man sein, keinen
Kompromiß eingehen und nicht bremsen,
wenn es brenzlig wird."

„Man darf nie nur auf sich selbst gucken und denken, man macht alles richtig. Selbst der Gegner kann Vorbild sein."

Andreas Wecker
Olympiasieger
Turnen

„Ich habe zwölf Jahre hart trainiert, um an die Spitze zu kommen. Und jetzt trainiere ich noch härter."

„Wenn's in das Stadion reingeht, sag' ich mir: Jetzt gucken alle zu, das macht Spaß, jetzt zeig' ich's denen."

Gerhard Poschner
DFB-Pokalsieger
Fußball

„Nach einer Niederlage verliere ich oft die Kontrolle, und ich steh' unter Strom. Daran bau' ich mich wieder auf."

„So hart es auch klingt: Wer Erfolg haben will, darf wirklich nicht nach rechts und nicht nach links schauen."

Jörg Roßkopf
Weltmeister
Tischtennis

„Vorhand oder Rückhand ...? Wenn der Ball mit 180 Sachen über den Tisch fliegt, reagiert man ziemlich intuitiv."

Jetzt steht endlich auch
der Energiemarkt unter Strom.


Als erstes deutsches Energieunternehmen legen wir heute eine Preisliste für die Nutzung unseres Stromleitungsnetzes auf den Tisch. Jeder Konkurrent kann nun kalkulieren, was ihn die Durchleitung seines Stroms bei uns kostet. Womit eine der wichtigsten Grundlagen geschaffen ist, daß überhaupt Wettbewerb im Energiemarkt stattfinden kann – die Preisliste ist im Internet unter www.enbw.com veröffentlicht.

Auf diesen Augenblick haben wir uns gründlich vorbereitet. Wir haben ein ganz neues Unternehmen aufgebaut und es von Anfang an auf die neuen Marktverhältnisse eingestellt. Mit einer Organisationsstruktur, die ganz auf die Bedürfnisse der Kunden ausgerichtet ist. Mit Produkten, die nicht vom Angebot her, sondern für die Nachfrage entwickelt wurden. Und vor allem mit Mitarbeiterinnen und Mitarbeitern, die im Wettbewerb Erfolg haben wollen.

Wenn Sie als Energiemanager wissen wollen, wie Ihr Unternehmen vom Wettbewerb im Energiemarkt profitieren kann, sollten Sie uns anrufen: Telefon 0180/ 5 90 00 90. Wir würden gerne mit Ihnen über unser Lieblingsthema sprechen: **Mit Energie was unternehmen.**

EnBW Energie Baden-Württemberg AG, Durlacher Allee 93, 76131 Karlsruhe.

EnBW
*Die Energie-AG.*

# Herr Bundeskanzler: Wir wollen Ihnen gerne helfen, den Bundeshaushalt aufzubessern.

Tag für Tag werden in den unzähligen Gebäuden der Bundesbehörden und in den Unternehmen mit Bundesbeteiligung Lichter angemacht, Telefonate geführt, Heizungen angestellt, Aufzüge betrieben, Büro-, Kaffee- und sonstige Maschinen in Gang gesetzt. Die Energiekosten hierfür belaufen sich auf mehrere hundert Millionen Mark im Jahr.

In diesem Haushaltsposten steckt ein erhebliches Einsparpotential. Mit einem effizienteren Einsatz der Energie und günstigerem Einkauf ließe sich leicht ein Betrag in mehrstelliger Millionenhöhe einsparen. Dabei wollen wir Ihnen gerne helfen.

Denn vom freien Wettbewerb im Energiemarkt sollte der Bundeshaushalt ebenso profitieren wie die deutsche Wirtschaft.

Es wäre im Interesse jedes einzelnen Steuerzahlers, wenn Sie, Herr Bundeskanzler, von Ihrer Richtlinienkompetenz also auch in dieser Frage Gebrauch machten.

Wir meinen, Sie sollten hier ab sofort nach unserem Unternehmensmotto handeln:
**Mit Energie was unternehmen.**

EnBW
*Die Energie-AG.*

EnBW Energie Baden-Württemberg AG, Durlacher Allee 93, 76131 Karlsruhe, Tel. 0180/5 90 00 90, www.enbw.com

Heiko Engel, Energie-Experte der EnBW im Branchenteam Chemie.
Der Energie-Experte der EnBW: „Die chemische Industrie braucht mehr als Strom in beliebiger Menge."
Die chemische Industrie zählt zu den Branchen mit dem höchsten Gesamtbedarf an Strom und Wärme – und folglich mit dem höchsten mengen- und wertmäßigen Potential zur Optimierung des Energieeinsatzes.
Die Öffnung des Energiemarktes hat Ihre Position als Kunde entscheidend gestärkt: Sie können Ihren Energielieferanten nach seiner Leistungsfähigkeit, Beratungsqualität und Flexibilität auswählen. Und dabei sollten Sie vor allem danach fragen, wie gut ein Anbieter mit den besonderen Anforderungen Ihres Unternehmens vertraut ist.
Die Energie-Experten der EnBW können Sie z.B. dabei unterstützen, Ihr Optimierungs-Potential zu definieren und auszuschöpfen. Sie kennen sich mit den besonderen technischen Anforderungen an die Energiebereitstellung in Ihrer Branche aus. Und sie sprechen gerne mit Ihnen über neue, auf Ihr Unternehmen zugeschnittene Liefer- und Abrechnungskonzepte.
Die Energie-Experten des Branchenteams Chemie erreichen Sie unter 08 00/9 99 99 66. Sie stehen Ihnen jederzeit Rede und Antwort. Und sie sagen Ihnen auch etwas zu unserem Firmenmotto: Mit Energie was unternehmen.
EnBW
Die Energie-AG

Stefan Birk, Energie-Experte der EnBW im Bereich Stromhandel.
Der Energie-Experte der EnBW: „Jetzt ist Strom eine Ware wie jede andere. Und Sie profitieren davon."
Die EnBW gehört zu den Energiekonzernen, die unmittelbar nach der Liberalisierung des Energiemarktes als erste den Handel mit Strom aufgenommen haben. Unsere Energie-Experten sind sowohl auf dem nationalen als auch auf dem internationalen Energiemarkt tätig. Was bedeutet das für Sie, unsere Kunden?
Auf den einfachsten Nenner gebracht heißt das: Sie haben es in Zukunft mit neuen, flexibleren Angebotsformen zu tun. Die lassen sich viel stärker als früher an die besonderen Anforderungen Ihrer Branche und Ihres Unternehmens anpassen. Denn unter den neuen Wettbewerbsbedingungen können wir bei der Versorgung unserer Kunden auch auf das Angebot anderer Stromerzeuger zurückgreifen. Das erhöht die Verfügbarkeit und die Liefersicherheit, und es unterwirft den Strompreis dem freien Spiel von Angebot und Nachfrage.
Wie das konkret für Sie aussehen kann und wie Sie davon profitieren können, erklären Ihnen die Energie-Experten der EnBW. Sie erreichen sie unter Telefon 08 00/9 99 99 66. Bei der Gelegenheit sagen wir Ihnen auch gern, was es mit unserem Unternehmensmotto auf sich hat: Mit Energie was unternehmen.
EnBW
Die Energie-AG

Angelika Habermann,
Energie-Expertin der EnBW
im Branchenteam Hotel.
Die Energie-Expertin der EnBW:
„Wir empfehlen dem Hotelmanagement Energie à la carte."
Durch die Optimierung des Energieeinsatzes können Sie als Hotelmanager die Profitabilität Ihres Unternehmens spürbar erhöhen. Die Möglichkeiten dazu sind so vielfältig wie Ihre Energieanwendungen: Küche und Klimatisierung, Heizung und Beleuchtung, Freizeit- und Bankettbereich sowie andere energieintensive Leistungen, die unerläßlich sind, um Ihren Gästen den Aufenthalt so angenehm wie möglich zu gestalten.
Die Energie-Experten der EnBW im Branchenteam Hotel wissen, wie man in Ihrer Branche Energie effizient einsetzt. Sie erarbeiten individuelle Lösungsvorschläge, die exakt auf den Energiebedarf Ihres Hotels zugeschnitten sind.
Seit Frühjahr 1998 können Sie Ihren Stromlieferanten frei wählen. Sie haben als Kunde seither die Möglichkeit zu prüfen, wie gut die verschiedenen Anbieter mit den spezifischen Anforderungen Ihrer Branche vertraut sind.
Der Wissensvorsprung unserer Energie-Experten im Branchenteam Hotel steht Ihnen auf Abruf zur Verfügung. Stellen Sie uns auf die Probe: Telefon 08 00/9 99 99 66. Wir sprechen dann auch gern mit Ihnen über unser Unternehmensmotto: Mit Energie was unternehmen.
EnBW
Die Energie-AG.

Wolf Diem,
Energie-Experte der EnBW
im Branchenteam Papier.
Der Energie-Experte der EnBW:
„Für die Papierindustrie liefern wir mehr als nur Strom."
Je nachdem, ob Sie Tissue, Papier, Karton oder Wellpappe herstellen, verbrauchen Sie unterschiedlich viel Energie – sei sie selbsterzeugt oder von außen geliefert. Genauso unterschiedlich sind auch die Möglichkeiten, den Energieeinsatz zu optimieren und damit Kosten zu senken.
Die Energie-Experten der EnBW im Branchenteam Papier unterstützen Ihr betriebsinternes Energiemanagement. Sie kennen Ihre Branche und wissen, wie man Energie am effizientesten einsetzt. Sie erarbeiten Vertragskonzepte, die sich stärker als bisher an der tatsächlichen Abnahme von Strom orientieren. Und sie beraten Sie ganz individuell – von der reinen Stromlieferung bis hin zum Anlagencontracting.
Im liberalisierten Energiemarkt haben Sie als Kunde jetzt die Chance, Leistungsfähigkeit, Beratungsqualität und Flexibilität der Anbieter zu vergleichen. Vor allem sollten Sie fragen, ob Ihr Energieunternehmen mit den spezifischen Anforderungen Ihrer Branche vertraut ist.
Was die EnBW-Experten davon verstehen, können Sie im Handumdrehen herausfinden. Rufen Sie uns an: Tel. 08 00/9 99 99 66. Dabei erläutern wir Ihnen auch gern unser Unternehmensmotto: Mit Energie was unternehmen.
EnBW
Die Energie-AG.

Thorsten Harder,
Energie-Experte der EnBW
im Bereich Energie-
management-Service.
Der Energie-Experte der EnBW:
„Wie gut wissen Sie über Ihre Energiesparpotentiale Bescheid?"
Das Einsparen von Energie hat eine wachsende ökonomische Bedeutung im Wettbewerb. Weniger Energie zu verbrauchen ist zudem eine Frage von höchster ökologischer Relevanz.
Um in komplexen, energieintensiven Betriebsabläufen alle Einsparpotentiale ausfindig zu machen, ist ein hohes energietechnisches Know-how nötig.
Unsere Energie-Experten aus dem Bereich Energiemanagement-Service betrachten die zu untersuchenden Systeme und Abläufe (Beleuchtung, Druckluft, Kälte/Wärme, Antriebe usw.) als neutrale, außenstehende Gutachter und bewerten sie nach den Kriterien höchster Effizienz. Sie analysieren die Einsparpotentiale und erstellen daraufhin eine technische und wirtschaftliche Konzeption. Ob Sie anschließend uns mit der Durchführung betrauen oder ein anderes Unternehmen, liegt ganz bei Ihnen. Wenn Sie wollen, bieten wir sogar einen Komplettservice für energetische Betriebsführung.
Auf Wunsch schicken wir Ihnen gern unsere emas-Broschüre zu. Rufen Sie uns an: Telefon 08 00/9 99 99 66. Vielleicht können wir dann auch darüber sprechen, was es mit unserem Motto auf sich hat: Mit Energie was unternehmen.
EnBW
Die Energie-AG.

Die Welt steckt voller Energie. Um sie sinnvoll zu nutzen, braucht es Menschen mit Ideen. Menschen, die es mit ihren Einfällen und ihrer Innovationskraft immer wieder schaffen, unsere Ressourcen in neue, produktive Energie zu verwandeln.

**Die wichtigste Energiequelle ist der Gedankenblitz.**

Vielleicht waren es die guten Ideen, die RWE Energie zu einem führenden Energiedienstleister gemacht haben. Von Standortkooperationen bis hin zum kompletten Energiemanagement – der Gedankenblitz bleibt die treibende Kraft. Sprechen Sie mit uns: 0130/6100.

**RWE Energie**
DIE ENERGIEMANAGER

www.rweenergie.de

„Versorgung von
außen kommt an
in Berlin“
Auch, wenn's manche nicht wahrhaben wollen:
Die Berliner Wirtschaft kann ihren Strom kaufen, wo sie will.
Dies ist eine freundliche Erinnerung der Hamburgische Electricitäts-Werke AG an den real existierenden offenen Strommarkt Europa. Grenzenlose Stromfreiheit braucht Partner, die grenzenlos flexibel sind. HEW läßt sich nicht in Schranken weisen – wir sind da, wo Sie uns brauchen.
zivilisation
powered by HEW

Perspektiven
entstehen aus Energie.
Bayernwerk.
Wir powern Ideen.
Wir mobilisieren alle unsere Energien für die wirtschaftliche und sichere Stromversorgung unserer Kunden. Mit individueller Beratung und maßgeschneiderten Konzepten. Optimale Energielösungen im Sinne unserer Kunden – das ist der Anspruch der Bayernwerk-Gruppe.
Rufen Sie uns an – gebührenfrei unter 0800-2030403
oder informieren Sie sich im Internet: www.bayernwerk.de
Bayernwerk AG, Kundenservice,
Nymphenburger Straße 39, 80335 München
BAYERNWERK

# Die Energie-Experten der EnBW:
## „... und jetzt wollen wir auch hier rein."

Wenn es nach den Prinzipien der freien Marktwirtschaft geht, stehen unsere Chancen dafür gar nicht schlecht. Denn bereits am 10. März hat das Berliner Abgeordnetenhaus beschlossen, seinen Strom in Zukunft von der EnBW, der Energie Baden-Württemberg AG, zu beziehen.

Damit haben die Berliner Abgeordneten ein unübersehbares Signal für den freien Wettbewerb auf dem Energiemarkt gesetzt, von dem wir hoffen, daß es in der deutschen Hauptstadt Schule macht. Die Grundlage für diese Entscheidung war ein Lieferkonzept, mit dem die EnBW einen spürbaren Beitrag zur Entlastung des Haushalts leisten konnte.

Wie jeder Abnehmer aus der privaten Wirtschaft oder öffentlichen Verwaltung hat auch der Deutsche Bundestag die Möglichkeit, seinen Energielieferanten frei zu wählen und seine Energie dort zu beziehen, wo er sie am günstigsten bekommt. Der heutige Tag bietet eine gute Gelegenheit, die Parlamentarier einzuladen, mit uns gemeinsam Haushaltsdisziplin zu üben. Für ein entsprechendes Angebot stehen wir jederzeit zur Verfügung. Ein Anruf genügt: **Berlin 39 92 39-0.**

Für ihre zukünftige Arbeit möchten wir den Abgeordneten unser Motto ans Herz legen: **Mit Energie was unternehmen.**

EnBW Energie-Vertriebsgesellschaft mbH, Pascalstraße 10, 10587 Berlin.
Ein Unternehmen der EnBW Energie Baden-Württemberg AG, www.enbw.com

EnBW
Die Energie-AG.

Reichstag in Berlin.
Im Licht von Erco.
ERCO
Die vierte Dimension der Architektur.
www.erco.com
Architekt: Foster & Partners, Architects and Designers, London; Beleuchtungsplanung: Amstein & Walthert/Karnasch
Architekturbeleuchtung: Claude Engle, Washington; Technikbeleuchtung: Ingenieurbüro Holk & Kaletta, Berlin.

**Lichtblick**

„Was ist es eigentlich, was uns antreibt?“

**Gedankengang**

**TV-Spot**

Mitarbeiter:
*„Wahnsinnsprojekt. Wo nimmt der nur die Kraft her?"*

Chef:
*„Frag' ich mich auch oft."*

Gedankenstimme:
*„Firmen gründen - Risiken eingehen - Träume verwirklichen - was ist es eigentlich, was uns antreibt?"*

Chef:
*„Doch ganz einfach, werden Sie sagen. Man muß bloß eine Idee haben. Stimmt!*

*Aber - mit einer Idee allein ist es nicht getan.*

*Es braucht mehr - Leidenschaft - Mut - Entschlossenheit - Energie!"*

*„Energie?"*

*„Das ist es!"*

Energie ist,
wenn der Funke
überspringt.

Energie ist,
wenn man was in
die Hand nimmt.

12.04.99
14:48:14
14:48:33
Energie ist,
wenn man
sie spürt.

Energie ist,
wenn eine Verbindung
entsteht.

Energie ist,
wenn unser
Strom fließt.

Energie ist,
wenn ich
Dampf mache.

Energie ist, wenn
den Ideen
die Taten folgen.

Energie ist,
wenn das
Herz hüpft.

Der Kandidat der CDU:
www.ob-dortmund.de
Dr. Volker Geers
Ein Unternehmer
für Dortmund
DO
Dr. Volker Geers

Genossen!
Ihr habt
Eure Chancen
gehabt.
Wegtreten.
Der Kandidat der CDU:
www.ob-dortmund.de

Der Kandidat der CDU:
www.ob-dortmund.de
Dortmund
braucht einen
Unternehmer
als Oberbürger-
meister. Keinen
Langeweiler.
Dr. Volker Geers
Ein Unternehmer
für Dortmund.

# -20%

# Strom-Gigant RWE steigt in Preiskampf ein

Von GUIDO BRANDENBURG

**Vorsicht, Hochspannung!**
In Deutschland beginnt ein beispielloser Kampf um die Strompreise. Der größte Stromanbieter, RWE-Energie in Essen (7 Millionen Kunden), eröffnet das Wettrennen und bietet **ab dem 1. August bundesweit Billigstrom an.** Die RWE-Preise liegen um 20 Prozent unter denen der Konkurrenz. Die RWE-Kunden zahlen schon jetzt 25,87 Pfennig pro Kilowattstunde (+11,57 Mark monatliche Grundgebühr), müssen also nicht umsteigen. **Was Stromkunden jetzt unbedingt wissen müssen, wie sie an den Billig-Strom kommen – Seite 2.**

**Super-Bingo**

5. Spiel

207 · 279 · 457 · 387 · 487 · 405 · 498

Goldene Zahl: 18684576

Hunderter, Tausender bis zu 50 000 Mark warten auf Sie! Oder gewinnen Sie mit dem Joker ein schickes Auto, eine Traumreise. **Seite 5.**

Au weia?

Mobilat

Bei Prellungen, Zerrungen und Verstauchungen

Freitag, 30. Juli 1999, 70 Pf 175/30

Bild

UNABHÄNGIG · ÜBERPARTEILICH

## Dortmund
# Nächster 5fach-Mörder geflohen

Noch hält die Jagd auf Fünffach-Mörder Dieter Zurwehme (57) ganz Deutschland in Atem. Erschreckend: keine Spur mehr von ihm. **Jetzt diese neue Angst:** Schon wieder ist ein fünffacher Mörder nach Gefängnisausbruch auf freiem Fuß: Normann Franz (28) aus Dortmund – genauso brandgefährlich und skrupellos wie Zurwehme. Die grausamen Verbrechen von Norman Franz: Er tötete zwei Spielbank-Gäste mit Handgranaten, erschoß bei Raubüberfällen insgesamt drei Wachleute. **Wie ihm die Flucht gelang – Seite 8.**

# Wer sonnt sich da auf Sylt?
# Deutschlands faulster Lehrer
## Er ist seit drei Jahren krankgeschrieben

Von N. SIEVERLING und E. HEUSER

**Studienrat Peter K. (51) aus Hamburg. Er sitzt vor seinem Friesenhaus auf der schönen Insel Sylt. Er lacht, grillt Koteletts, bräunt sich zwischen den Dünen.** Und kassiert: 7500 Mark brutto im Monat. Dafür müßte er eigentlich täglich Kinder unterrichten. Doch er spielt lieber täglich Golf. Seit drei Jahren verbringt er so seine Tage. Wie das geht: Peter K. wurde nach einem Streit mit der Schulbehörde krankgeschrieben. Angeblich leidet er seither unter „psychosomatischen Störungen". Deutschlands faulster Lehrer – **Seite 5.**

## NACHRICHTEN

**7000 Jobs weg**
**New York** – Der Computerhersteller Compaq wird noch in diesem Jahr weltweit rund 7000 Mitarbeiter entlassen. So sollen Kosten eingespart werden. Zur Zeit sind 69 000 Angestellte im Unternehmen beschäftigt.

**Bei Mängeln Geld zurück**
**Düsseldorf** – Sagen Reiseveranstalter ihren Kunden bei Mängeln Schadenersatz zu, müssen sie den in bar zahlen. Gutscheine brauchen Kunden nicht zu akzeptieren (Verbraucherzentrale NRW).

**Viele psychisch krank**
**Hamburg** – 27,9 Prozent aller Krankheiten auf der Welt sind Infektionskrankheiten. Danach kommen Verletzungen nach Unfällen (elf Prozent) und psychische Erkrankungen (10,5 Prozent, WHO-Statistik).

**Milliarden für Rußland**
**Washington** – Der Internationale Währungsfonds billigte Rußland einen Kredit über 4,5 Milliarden Dollar zu. Vor einem Jahr hatte der Fonds alle Zahlungen ans Land gestoppt, jetzt fließen sie wieder.

**Mehr Gebrauchtwagen**
**Flensburg** – Im ersten Halbjahr dieses Jahres wechselten in Deutschland 3,9 Millionen Gebrauchtwagen den Besitzer. Steigerung um 3,1 Prozent (Kraftfahrt-Bundesamt).

**Arbeitslosen-Urteil**
**Mainz** – Arbeitslose, die sich nach Weiterbildungen nicht sofort wieder arbeitslos melden, haben dennoch Anspruch auf Unterhalt (Landessozialgericht Mainz; A.: L 7 Ar 224/98).

**Stau am Himmel**
**Frankfurt** – Die Lufthansa-Flotte hing im vergangenen Jahr mehr als 11 200 Stunden in Warteschleifen fest. Dadurch wurde 25 Prozent mehr Kerosin verbraucht als noch 1997. Gründe sind überlastete Flughäfen und die uneinheitliche Flugsicherung in Europa.

**Frauen geht's zu schnell**
**Hamburg** – Vielen Frauen geht's auf unseren Straßen zu schnell voran. Als Raser empfinden sie häufig Fahrer von BMWs (72 Prozent) und Mercedes' (53 Prozent). Besonders rücksichtslos schätzen sie Fahrer ein, die in Opel-Autos sitzen (70,6 Prozent) sein (Studie).

**Gold wieder rauf**
**Frankfurt** – Euro-Stoxx 50: 3653,25 (- 31,39). Renten: leichter. Dollar fiel von 1,8511 auf 1,8363 Mark (0,9389 Euro). Der Kilobarren Gold stieg von 15 059 auf 15 235 Mark (7790 Euro). Dow Jones (Eröffnung): 10 926 (- 0,42 Prozent).

**Lotto-Quoten**
**Mittwochslotto: 1. Rang** unbesetzt, **2. Rang** 444 452, **3. Rang** 33 333, **4. Rang** 3107, **5. Rang** 55, **6. Rang** 21,50, **7. Rang** 5,00 Mark (ohne Gewähr).

**Der Fernseh-Tip**
**„Der Tourist"**. Sexualmörder schreibt Kommissar (Dominic Lanz) Postkarten, wenn er zugeschlagen hat: 20.15 Uhr, PRO 7.

**Heute ist der 30. 7.**

...vor 33 Jahren fiel im Fußballstadion von Wembley das umstrittenste Tor aller Zeiten. Im Endspiel der **Fußball-Weltmeisterschaft** standen sich die Mannschaften von Deutschland und England gegenüber. 101. Minute: **Geoff Hurst** schießt aus sechs Meter Entfernung. Der Ball trifft die Unterkante der Latte, prallt auf den Rasen zurück. Vor oder hinter die Torlinie? Schiedsrichter **Gottfried Dienst** (Schweiz) ist unsicher, fragt **Linienrichter Tofik Bakhramov** (UdSSR). Der signalisiert: Tor! 3:2 für England! Die Deutschen, nun demoralisiert, müssen noch einen weiteren Treffer hinnehmen. 25 Jahre später sagte der englische Mannschaftskapitän **Bobby Moore**: „Es wurde ein Tor gegeben, das nie ein Tor gewesen ist."

© E.A. Buchhaus GmbH, Leipzig, Mannheim

**Noch 155 Tage bis 2000**

## Börse: „Fast schon Panik"

**Es grummelt an den Börsen ganz gewaltig.**
Der Deutsche Aktienindex Dax verlor 3,4 Prozent (auf 5052,32). DaimlerChrysler sogar mehr als 7 Prozent. Am hochspekulativen Neuen Markt ging's um 3,5 Prozent runter. Ein Händler: „Das Ganze kriegt eine kräftige Abwärtsdynamik. Man kann fast schon von Panik sprechen." Dow Jones: Sturzflug zur Eröffnung: Minus 140 Punkte. Grund: Inflations- und Zinsängste, die US-Lohnkosten stiegen stärker als erwartet.

## Telekom-Gewinn schrumpft

**Umsatz- und Gewinnrückgang bei der Deutschen Telekom!** Der Reingewinn schrumpfte im I. Halbjahr auf 1,86 Milliarden Mark (- 4,5 Prozent), der Umsatz auf 32,66 Mrd. (- 5 %). Hauptgrund: Der gnadenlose Preiskampf in der Branche. Die T-Aktie gab gestern zeitweise um fast 2 Prozent nach. **Und wieder gab es Fusionsgerüchte:** Die Telekom wolle für rd. 22 Milliarden Mark den britischen Mobilfunkanbieter One2One kaufen, meldete das „Wall Street Journal Europe".

## Raumkapsel auf Crash-Kurs

Die Sonde raste mit 56 000 Stundenkilometern durchs All, und der Asteroid „Braille" kam immer näher. Doch die unbemannte Raumkapsel „Deep Space 1" schoß am Asteroiden vorbei – in nur 16 Kilometer Entfernung. Der Beinah-Crash im Weltraum war Absicht. Die Experten der US-Raumfahrtbehörde NASA wollten die Reaktion der technischen Geräte an Bord testen. Alles blieb funktionstüchtig.

**Gianna – laß mal brummen!**
Gianna (19) kann's gar nicht erwarten – morgen hat sie ihre erste Fahrstunde mit dem Motorrad. Das Brummen von 100 Pferdestärken und vier Zylindern – schon jetzt zittert sie vor Freude. Die Lederjacke will sie gar nicht mehr ausziehen. Damit auch beim Trockentraining nichts passieren kann...

## Mit Bild um die Welt: Die ersten Gewinner

**Hier lacht das Glück! Sabine Reißig (23, Azubi, Foto) aus Ansbach in Bayern – sie sitzt schon auf dem gepackten Koffer!**
Sabine ist die 1. Weltreise-Teilnehmerin von BILD. Darf mit Niki Lauda einmal um die ganze Welt fliegen, ist überglücklich: „Ich hätte nie gedacht, daß ich gewinne. Ich kann's gar nicht fassen. Das ist ein Traum, der absolute Wahnsinn. Am meisten freue ich mich auf Hawaii. Die Südsee könnte ich mir sonst nie leisten!" Wer noch gewonnen hat, wie auch Sie an Bord kommen – Seite 7.

**Falschparken**
## Spanien am teuersten!

**Achtung, Auto-Urlauber! Falschparken im Ausland kann teuer werden. Das Bußgeld-Abc:**

- Belgien: ab 50 Mark
- Dänemark: 120 Mark
- Frankreich: bis 70 Mark
- Griechenland: bis 120 Mark
- Italien: ab 60 Mark
- Luxemburg: 50 bis 145 Mark
- Niederlande: ab 60 Mark
- Norwegen: 120 Mark
- Portugal: ab 50 Mark
- Schweden: bis 155 Mark
- Schweiz: 50 bis 145 Mark
- Spanien: bis 175 Mark

Wichtig: Parksünder müssen die Geldbußen auch dann zahlen, wenn sie die Verbotsregeln nicht kennen. (Quelle: ADAC)

**Urteil: Beschwerde kein Kündigungsgrund**
Wer vom Vorgesetzten beschimpft und beleidigt wird, darf sich ohne Einschränkungen beim Arbeitgeber beschweren. Die Beschwerde ist kein Kündigungsgrund. Arbeitnehmer müssen nur dann um ihren Job fürchten, wenn ihre Anschuldigungen haltlos oder erfunden sind (Landesarbeitsgericht Köln; Az.: 6 (10) 1215/98).

ENDLICH FREI!

ZANTIC 75 wirkt bis zu 12 Stunden gegen Sodbrennen

In Ihrer Apotheke!

# Kommt jetzt die höhere Erbschaftsteuer?

**Der Steuerstreit in der SPD:** Sind jetzt die Erben dran? Niedersachsens Ministerpräsident **Gerhard Glogowski** (SPD) schließt eine Wiedereinführung der Vermögensteuer aus – nicht aber eine Erhöhung der Erbschaftsteuer! Glogowski zu BILD: „Die Vermögensteuer ist abgeschafft. Die können wir nicht einfach wieder einführen. Jetzt müssen wir erst einmal sparen. Danach können wir über Steuern reden – und das heißt für mich: Erbschaftsteuer, nicht Vermögensteuer!" Auch für SPD-Bundesgeschäftsführer **Ottmar Schreiner** könnten höhere Erbschaftsteuern ein „Beitrag zur Konsolidierung der Staatsfinanzen" sein. DGB-Vize **Ursula Engelen-Kefer** sieht in der Erbschaftsteuer „eine Möglichkeit, die soziale Gerechtigkeit zu erhöhen". *(ub)*

PrivatStrom
Jetzt wechseln. Bis 20 % sparen.
Viele Fragen? Alle Antworten:
0180 - 123 4000
Ortstarif 12 Pf/Min.

SIE HABEN EIN RECHT
AUF DEN GÜNSTIGSTEN STROM
IN DEUTSCHLAND.

RWE Energie

PrivatStrom, das Angebot von RWE Energie an alle Privathaushalte in Deutschland. Mehr Informationen auch im Internet: www.privatstrom.de

Farblehre

„Also ich glaube, Strom ist gelb."

Yello
Strom

„Also ich weiß, Strom ist blau."
PrivatStrom
JETZT WECHSELN. BIS 20% SPAREN.
0180-123 4000
Ortstarif 12 Pf/Min.
RWE Energie
Deutschlands größter Energieerzeuger
Internet: www.privatstrom.de

# „Ich kauf' doch keinen Strom von einem, der blau ist."

Yello
Strom

**Farbton**

**TV-Spot**

Sprecher:
*„Was hat eigentlich*

*...Strom für eine Farbe?"*

**Hat Strom eine Farbe?**

*„Also ich glaube,...*

*...Strom ist gelb."*

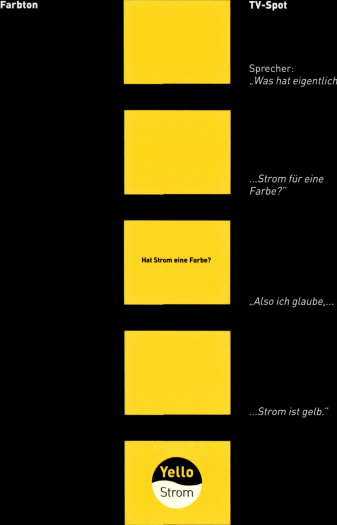

Yello Strom

**TV-Umfrage 1**

*„Strom hat keine Farbe."*

*„Ich hätte ihn gern in Rot."*

*„Der fließt nach da."*

*„Ich würd sagen blau.*

*„Durchsichtig."*

*„Durchsichtig."*

*„Ich würde nichts zuordnen wollen."*

*„Vielleicht so leuchtend weiß, vielleicht?"*

*„Keine Ahnung."*

*Interviewerin: „Welche Farbe hat Strom?"*

*„Ich glaube, Strom ist gelb."*

*„Also, i doat soagn goar koine."*

Yello Strom

11. August 1999:
Heute ist für Deutschland
ein ganz besonderer Tag.
Ab heute gibt es gelben Strom.
Für alle Privathaushalte.
Infos unter 0800-19 000 19.
Gelb. Gut. Günstig.
Sonne, Mond &
Yello
Strom

## Sonnenfinsternis

*Sprecher:*
*„Heute...*

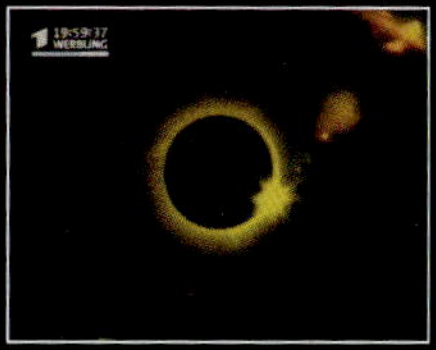

*...war für*
*Deutschland...*

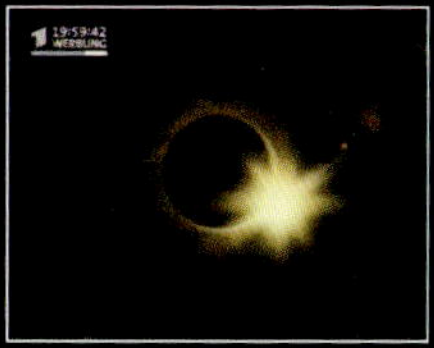

*...ein ganz besonderer*
*Tag.*

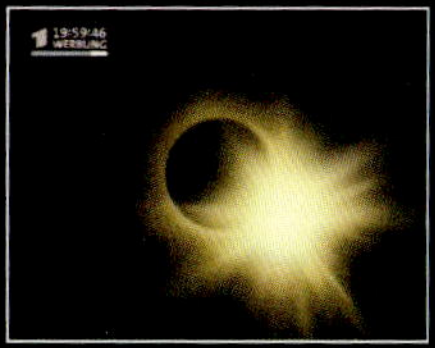

*Seit heute...*

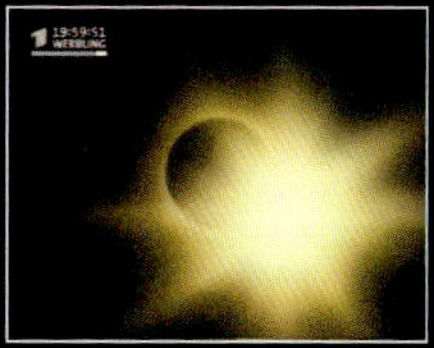

*...gibt es gelben*
*Strom."*

Preiskampf

hessen aktuell
Yello
Strom

Yello
Strom
ARD THEMA | LIVE

Gelb. Gut. Günstig.
Yello
Strom

RWE
IHR GELD

Stromkosten
Paar
Familie
785
1505
620
1180
RWE
656
1174
608
988

Yello
Strom

Strom

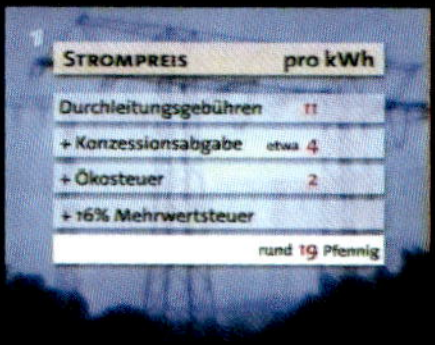
STROMPREIS pro kWh
Durchleitungsgebühren 11
+ Konzessionsabgabe etwa 4
+ Ökosteuer 2
+ 16% Mehrwertsteuer
rund 19 Pfennig

ello
STROM-SCHNÄPPCHEN
17:30
SAT.1

OTTO
nachrichten

STROMTARIFE
RWE
YELLO
kWh
26 Pfg.
19 Pfg.

Thema des Tages
Gelb.

HAMBURG
OTTO
Billig-Strom aus dem Katalog

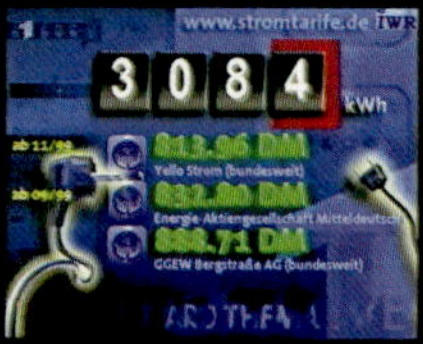
www.stromtarife.de
3084
kWh
Yello Strom (bundesweit)
Energie-Aktiengesellschaft Mitteldeutschland
GGEW Bergstraße AG (bundesweit)

WDR
19
Pfennig pro Kilowattstunde
19

Kundenfang

ZDF
Yello Strom
mtl. Grundgebühr : DM 19
KW/Std. : DM 0,19

Michael Zerr
Yello Strom GmbH, Köln

Michael Zerr
Yello Strom GmbH

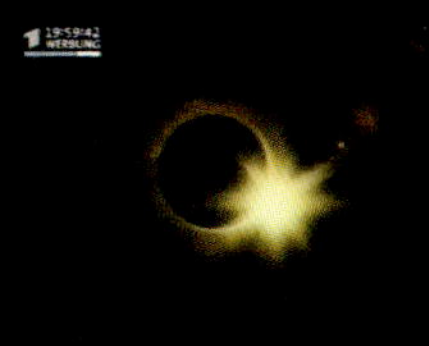

tagesschau
Michael Zerr
Yello Strom GmbH

6:22:47
PUNKT 6
MICHAEL ZERR
Geschäftsführer Yello Strom

WDR
„Klar doch, Strom ist gelb. Ich bin doch nicht blau.“
Yello
Strom

Michael Zerr
Yello Strom – Chef

NACHT JOURNAL
MICHAEL ZERR
Yello-Geschäftsführer

Privatstrom?
1.174,- DM, sagte RWE.
988,- DM, sagt Yello.
Was sagen Sie?
Yello
Strom

Michael Zerr
Yello Strom GmbH

ARD THEMA LIVE
Michael Zerr
Yello Strom

Yello

Michael Zerr
Geschäftsführer Yello Strom

Yello
Ingo Bücher
Yellow Strom GmbH

Michael Zerr
Yello

WDR
WDR
WDR
NRW Gespräch
Ingo Bücher
Yello Pressesprecher

Michael Zerr
hessenaktuell
Yello Strom GmbH

**TV-Umfrage 2**

*„Strom? Keine Ahnung, ich habe keine Ahnung."*

Hat Strom eine Farbe?

*„Die Reklame kenn' ich. Und die Antwort heißt, glaube ich, gelb."*

*„Strom? Gelb."*

Hat Strom eine Farbe?

Yello
Strom

*„Ich würde sagen, gelb."*

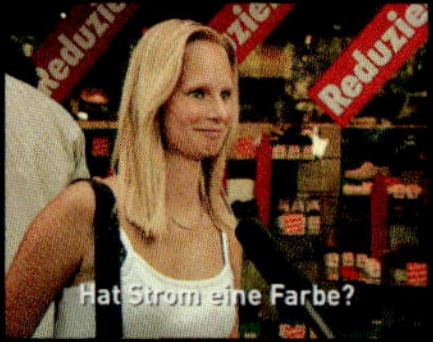
Hat Strom eine Farbe?

**TV-Umfrage 3**

*„Welche Farbe Strom hat? Je nach Tagesform,würde ich sagen."*

*„Gelb."*

*„Gelb, das steht so, also das sagen sie in der Werbung."*

*„I have absolutely no idea."*

*„Ja, nach der Werbung gelb."*

*„Physikalisch oder überhaupt?"*

*„Yello gelb, oder nicht, dieses Yello?"*

# Yello Strom auf Jagd nach Kunden

# Und plötzlich ist der Strom bunt

# „Yello“ will Strom billiger machen

# Yello-Preise setzen alle unter Strom

# Mehr Spannung im Strommarkt

**Yello unterbietet RWE-Tarife**

EnBW bietet Stadtwerken Partnerschaft mit Yello an

**Yello Strom lockt Private**

**Yello Strom peilt Milliarden-Umsatz an**

**Erzeuger müssen Farbe bekennen: Strom ist Geld**

**„Yello Strom bietet echten Knüller für Stromverbraucher“**

**Nicht gelb, aber günstig: Der Strom wird billiger**

# Energiepoker mit Farben

Blau. Branchenprimus RWE lockt mit Privatstrom und verspricht den besten Preis.

Wettbewerb. Das deutsche Strommonopol ist geknackt – die Preise sinken

Gelb. Yello Strom setzt bundesweit auf ein einfaches Preismodell.

**Stromkrieg.** Die Energieversorger in Deutschland liefern sich einen erbitterten Kampf um Privatkunden. Während vielen Anbietern das Aus droht, profitieren Verbraucher von sinkenden Preisen.

Mit der sprichwörtlichen Bierruhe war es erst einmal vorbei. Monatelang hatten die Energiemanager vom Bayernwerk an ihrem bundesweit einheitlichen Strompaket für Privathaushalte getüftelt (s. Tabelle, S. 8). Doch plötzlich sahen die Süddeutschen erst „blau" und dann „gelb". Die Konkurrenz vom Branchenprimus RWE und wenig später von der Energie Baden-Württemberg (Yello Strom) preschte ungeniert und ungeachtet aller Absprachen vor: Strom zu Discountpreisen für alle deutschen Verbraucher.

Aus und vorbei. Das Monopol der Energiewirtschaft ist gesprengt. Im harten Kampf um jeden Kunden hält sich niemand mehr an Vereinbarungen. Was zählt, ist der Preis. Von den derzeit rund 900 Energieunternehmen in Deutschland „werden weniger als 100 überleben", prognostiziert Friedel Schubert, Energie-Experte bei der Arbeitsgemeinschaft der Verbraucherverbände in Bonn. Und Nordrhein-Westfalens Wirtschaftsminister Peer Steinbrück (SPD) sieht bereits eine Fusionswelle anrollen, der vor allem kleinere Stadtwerke zum Opfer fallen könnten. Steinbrück: „Das macht mir Sorge, weil diese Versorger wichtige Arbeit- und Auftraggeber in den Regionen sind." Dem privaten Kunden kann das egal sein, denn die Tarife purzeln: „Preissenkungen bis zu 30 Prozent in den nächsten zwei Jahren sind drin", erwartet der Hamburger Unternehmensberater Volker Putz.

## Durchleitung ungeklärt

Fast täglich wirbeln große und kleine Energieunternehmen mit neuen Preismodellen den Markt durcheinander. Dabei sind die Rahmenbedingungen für den Wettbewerb noch ungeklärt. Erst Ende September werden Industrie und Verbände eine Empfehlung zu der Frage präsentieren, wie hoch die Kosten für die Durchleitung von Strom durch fremde Netze sein dürfen.

Mit Hochspannung wartet die Branche auf die Vereinbarung der Verbände. „Im Bundesdurchschnitt dürfte der Durchleitungspreis zu den Privathaushalten rund elf Pfennig betragen", sagt Uwe Kirsche von der Vereinigung Deutscher Elektrizitätswerke.

Das Wegegeld wird fällig, weil kein Energieversorger bereit ist, Konkurrenzstrom kostenlos in seine Netze einzuspeisen. Das Argument: Bislang bestimmten die Netzkosten die Stromtarife der Versorger. Die geraten nun unter Druck. Umsatzeinbußen und sinkende Gewinnmargen sind somit programmiert. Zudem müssen Unternehmen, die im gnadenlosen Preiskampf nicht mithalten können, damit rechnen, daß Kunden zum günstigeren Konkurrenten abwandern. „Wir brauchen einen bundesweit einheitlichen Durchleitungstarif", mahnt Mario Spitzmüller, Sprecher des Hamburger Versorgers HEW. „Sonst funktioniert der Wettbewerb nicht."

Diese Erfahrung macht nun Yello Strom. Mit einem gigantischen Werbeaufwand (rund 30 Millionen Mark) und einem einprägsamen Preismodell („19/19 alles inklusive"), das stark an den Auftritt des Telekommunikationsunternehmens Mobilcom erinnert, gehen die Kölner auf Kundenfang. Doch regionale Konkurrenten versuchen, den Siegeszug mit allen Mitteln zu stoppen. Die Kölner Stadtwerke werfen Yello unseriöses Geschäftsgebaren vor – und verweigern hartnäckig die Durchleitung.

## Der Strom kommt

Schon vermuten die Macher des gelben Stroms den Konkurrenten RWE hinter den Attacken. Der größte deutsche Versorger ist ein Lieferant der Kölner Stadtwerke und kämpft selbst bundesweit mit „Privatstrom" um Kunden. „Blockadepolitik", wettert Yello-Sprecher Ingo Bücher und verspricht: „Wir werden die Verträge einhalten und unsere Kunden bundesweit beliefern."

Allerdings nicht jeden Verbraucher und nicht sofort. Zwar funktioniert der Wettbewerb in einigen Testmärkten wie Hamburg seit Wochen reibungslos. Doch solange die Verbändevereinbarung nicht steht, bleibt das Problem der Durchleitung ungelöst. Bücher: „Kunden etwa in Köln müssen wohl bis November auf den gelben Strom warten." *Peter Lindemann* ■

### Was Privatkunden beim Weg zum günstigen Strom beachten müssen

Der neue Wettbewerb im Strommarkt schlägt Kapriolen: Aufgebrachte Energieversorger wollen bei fahnenflüchtigen Kunden den Stromzähler abmontieren. Regionale Anbieter verweigern bundesweit agierenden Konkurrenten das Wegerecht. Wie Sie beim Wechsel Fehler vermeiden:

- Prüfen Sie anhand Ihrer letzten Jahresrechnung, wie hoch Ihr Stromverbrauch ist.
- Holen Sie sich vor dem Wechsel des Stromversorgers mehrere Angebote ein. Faustregel: Je geringer Ihr Verbrauch, desto höher fallen feste Kosten ins Gewicht und umgekehrt. Unter der Internet-Adresse www.stromtarife.de können sich Privatkunden den für sie günstigsten Tarif ausrechnen lassen. Der Deutsche Industrie- und Handelstag in Bonn (Fax-Abruf: 0228/10 46 63) hat eine Liste von Stromanbietern zusammengestellt.
- Binden Sie sich höchstens für ein Jahr an einen neuen Anbieter. Stellen Sie sicher, daß Preissenkungen während der Vertragsdauer weitergegeben werden.
- Der neue Lieferant muß die Kündigung Ihres alten Vertrags übernehmen und die Energielieferung zu einem festgelegten Datum garantieren. Kosten dürfen dabei für Sie nicht entstehen.

Wechsel. Postkarte genügt – schon wird der Strom gelb.

Partner. Über den Versandhandel vertreiben Versorger ihren Strom.

### Interview

**„Wir machen nicht jeden Senkungsblödsinn mit"**

Michael Zerr, Geschäftsführer der Yello Strom GmbH.

**Herr Zerr, der Kampf um den Stromkunden tobt. Welche Farbe sticht – Gelb oder Blau?**
*Zerr:* Gelb, da bin ich sicher. Wir erhalten waschkörbeweise Anträge privater Haushaltskunden, die ihren Versorger wechseln wollen, um künftig von uns Strom zu beziehen. Allein in den ersten Tagen nach unserem Start am 9. August hatten wir über 100 000 Anfragen per Telefon und Internet.

**Aber auch jede Menge Ärger mit Konkurrenten. Die Stadtwerke in Köln wollen Ihren Strom nicht durchleiten.**
*Zerr:* Das ist reine Angstmacherei eines Altmonopolisten. Die Netze können nicht blockiert werden. Das betreffende Unternehmen, die GEW, verunsichert mit derartigen Aussagen nur die Verbraucher, weil es befürchtet, Kunden zu verlieren.

**Die HEW werfen Ihnen Preisdumping vor. Strom unter 20 Pfennig sei in Hamburg nicht kostendeckend zu liefern.**
*Zerr:* Der Vorwurf ehrt uns, ist aber falsch. Wir haben hart kalkuliert und liegen knapp über der Wasseroberfläche. Unser Modell rechnet sich: 19 Pfennig pro Kilowattstunde und monatlich 19 Mark Grundpreis. Darauf kann sich der Verbraucher verlassen und muß nicht mit Preiserhöhungen rechnen.

**Es gibt also auch keinen Spielraum für Preissenkungen?**
*Zerr:* Wir sind flexibel und können reagieren. Aber wir werden nicht jeden Senkungsblödsinn in der Branche mitmachen. Wir setzen auf eine einfache, verläßliche und für den Verbraucher durchsichtige Preisformel. Und die steht zunächst einmal.





## Medienthema

News

*Der Beginn einer Werbeschlacht beim Kampf um Privatkunden: RWE (l.) und PreussenElektra (r.) reagieren auf das Teaser-Motiv der EnBW-Tochter Yello*

# Farbe bekennen

*Die Werbeschlacht um die privaten Stromkunden ist voll entbrannt. Mit Niedrigpreisen und aggressiven Kampagnen profilieren sich RWE und die EnBW-Tochter Yello Strom.*

Blau, gelb oder gar grün – welche Farbe hat der Strom? Diese Frage muss man sich angesichts der aktuellen Werbekampagnen der deutschen Stromkonzerne stellen. „Also ich glaube, Strom ist gelb", warb vergangene Woche die EnBW-Tochter Yello Strom für ihr Privatkunden-Angebot (*w&v* 31/99). Prompt zog Deutschlands größter Stromversorger RWE Energie nach: „Also ich weiß, Strom ist blau", höhnte der Essener Konzern und propagierte sein „Privatstrom"-Angebot.

Auch PreussenElektra, die Nummer zwei der Branche, konnte sich einen Scherz nicht verkneifen und warnte im Internet unter „yellowstrom.de" davor, einen Fehler zu machen, wenn man das englische Wort yellow ohne „w" schreibe. Dieser Art von Humor konnte Yello Strom wenig abgewinnen. Per Gerichtsbeschluss ließ man die Website der Konkurrenz sofort aus dem Netz nehmen.

Die Werbeschlacht um die privaten Kunden begann früher als geplant. Ursprünglich wollten die großen Konzerne im Herbst, nach der Einigung über die Durchleitungsgebühren, loslegen. Doch da kleinere Energieunternehmen wie Ares oder Vasa bereits günstige bundesweite Tarife für private Haushalte anbieten (*w&v* 25/99), ging RWE Anfang August mit „Privatstrom" auf den Markt. Wechselbereiten Kunden wird eine Ersparnis um bis zu 20 Prozent für Stromkosten versprochen. Die Kampagne (Dumm, Frankfurt) läuft bundesweit in Zeitungen, Magazinen, TV und Funk.

Den Claim „Sie haben ein Recht auf den günstigsten Strom" musste RWE gleich wieder zurückziehen. Diesmal hatte die Braunschweiger Versorgungs AG geklagt. Jetzt verspricht RWE Verbrauchern nur noch „günstigen" Strom.

Die Kölner EnBW-Tochter Yello Strom bekennt seit vergangener Woche bundesweit in TV, Funk, Tageszeitungen sowie im Katalog des Otto-Versands Farbe. „Gelb ist sympathisch und wird laut Umfragen mit Energie in Verbindung gesetzt", erläutert Unternehmenssprecher Ingo Bücher die Farborientierung der Kampagne (Agentur: Kreutz & Partner, Düsseldorf). Neben dem Slogan „19/19 alles inklusive", der auf den Grundpreis von monatlich 19 Mark und die Kosten von 19 Pfennig pro Kilowattstunde verweist, heißt es dort auch künftig „Gelb. Gut. Günstig."

RWE Energie will nicht weiter auf Farbe setzen. „Blau ist einfach unsere Hausfarbe", so Marketingleiter Claus Bergschneider zum „Blau-Motiv".

Um bei der vorgezogenen Schlacht um die privaten Kunden den Anschluss nicht zu verlieren, hat PreussenElektra eine Kampagne von AP Lintas, Hamburg, reaktiviert. Der emotionale Auftritt in Print und TV soll die Sympathiewerte steigern. „Schon heute einer der preiswertesten Stromanbieter in Deutschland", lautet der Slogan. Doch auch die Hannoveraner planen weitere Aktivitäten. Neben der Hausagentur AP Lintas soll Saatchi & Saatchi, Frankfurt/Main, neue Projekte realisieren.

Nach Meinung vieler Experten wird sich der Wettbewerb um Privatkunden vor allem über den Preis entscheiden. „Darin wird der Kern der Kommunikation bei den Stromversorgern liegen", meint ZAW-Sprecher Volker Nickel. Er erwartet einen verschärften Wettbewerb, bei dem es zu richtig vergleichender Werbung kommen werde.

Mit seinen 19 Pfennig pro Kilowattstunde hat Yello Strom ein bundesweites Angebot vorgelegt, das schwer zu unterbieten ist. Nach Meinung von Branchenkennern ist der Preis nicht kostendeckend. Das wird von dem Kölner Unternehmen heftig bestritten. „Unser Preis ist allerdings hart kalkuliert", so Sprecher Bücher. Darunter könne man kaum noch gehen, ohne Verluste einzufahren.

Für umweltbewusste Verbraucher ist der gelbe Strom kein lockendes Angebot. Der günstige Preis ist vermutlich durch billigen, importierten Atomstrom aus Frankreich zu halten. Eine Alternative ist sogenannter „grüner Strom". Dabei bieten Versorger wie die städtischen Anbieter in Krefeld (SWK) oder Ulm Energie aus regenerativen Quellen an – zumeist gegen Aufpreis. *ak/*

**Top-Strom-Lieferanten**

Die größten Anbieter und ihre Strom-Etat-Betreuer

| Unternehmen | Strom-Umsatz in Mrd. DM | KW-Std./Jahr in Mrd. | Werbeagentur |
|---|---|---|---|
| RWE Energie, Essen | 14,9 | 132,5 | Dumm, Frankfurt/Main |
| PreussenElektra, Hannover | 13,0 | 105,0 | AP Lintas, HH[1], Saatchi & Saatchi, Frankfurt[2] |
| Bayernwerk, München | 11,1 | 63,0 | Heye, München |
| EnBW, Karlsruhe/Yello, Köln | 7,70 | 51,3 | Kreutz & Partner, Düsseldorf |
| VEW, Dortmund | 3,94 | 33,0 | Lesch + Frei, Frankfurt |
| HEW, Hamburg | 2,73 | 13,7 | Upsolut, Hamburg (Sportsponsoring) |

[1] Gesamtkonzern u. Partnerunternehmen, [2] neue Projekte. Quelle: VDEW und w&v-Recherchen

**YELLO-ANZEIGE:** Die Kampagne brachte Farbe auf den Strommarkt

# Unter Strom

**Die Liberalisierung auf dem Energiemarkt wirkt sich günstig auf Werbeklima und Onlineaktivitäten aus.**

Mitten in Deutschland tobt eine „Schlacht". Und wem das nicht genug ist, der spricht von „Krieg und Revolution". In der Werbebranche greifen die Profis auf ein Vokabular zurück, das so manchem gar nicht kriegerisch genug sein kann. Da ist es ein Glück für alle Beteiligten, daß die kämpferischen Auseinandersetzungen völlig unblutig verlaufen. Nicht die Farbe Rot charakterisiert das Scharmützel, sondern aller Orten leuchten Gelb, Blau und Grün – auf Plakaten und Anzeigen, auf Handzetteln, im Fernsehen, auf Werbebannern und im Internet. Auf dem liberalisierten Strommarkt in Deutschland tobt ein Krieg der Farben.

Gelb (EnBW) gegen blau (RWE) – die beiden Konkurrenten lieferten sich einen öffentlichen Schlagabtausch. „Also ich glaube, Strom ist gelb", verkündete Yello Strom, ein Tochterunternehmen der Energieversorgung Baden-Württemberg (EnBW), auf gelben Plakaten und in Printanzeigen. Und als der blaue Energieriese RWE plakativ dagegenhielt, er wisse, daß Strom blau sei, ließ die Antwort nicht lange auf sich warten. Die Werber von Yello konterten: „Ich kauf' doch keinen Strom von einem, der blau ist".

Eine Werbeflut, ausgelöst durch die Liberalisierung des Strommarktes, stürzt auf die privaten Haushalte nieder. Neben gelb oder blau und vielen weiteren Tönen der Energie-Farbskala können sich die Kunden auch für grünen Strom aus regenerativen Quellen entscheiden. Als eines der ersten Unternehmen in dieser Nische startete im vergangenen Jahr die NaturEnergie AG, Grenzach-Wyhlen, mit ihrer Kampagne in bestechend schönen Naturbildern.

Auf dem ehemaligen Monopolmarkt gilt eine neue Rollenverteilung – aus dem braven Stromabnehmer von einst wurde der umworbene Kunde. Und „König Kunde" will unter Aufbietung aller Marketingkünste verführt werden – das wissen die Unternehmen. Die Agenturprofis haben allen Grund zur Freude: Mehr Werbung bringt mehr Geld in die Kassen.

Daß die Liberalisierung des Energiemarktes die Werbeumsätze tüchtig ankurbelt, belegt auch die aktuelle Werbeklima-Studie, die die Gesellschaft für Konsum-, Markt- und Absatzforschung (GfK) im Auftrag der *Wirtschaftswoche* durchgeführt hat. In ihr befragen alle sechs Monate – mittlerweile zum 21. Mal – die Nürnberger Marktforscher Teilnehmer eines bewährten Expertenpanels. Dazu gehören jeweils 151 Spezialisten der größten werbungtreibenden Unternehmen aus der Konsumgüter-, Dienstleistungs- und Investitionsgüterbranche sowie rund 30 Chefs der umsatzstärksten Werbeagenturen Deutschlands.

Laut Studie wirken sich „die eigene wirtschaftliche Lage", die „gesamtwirtschaftliche Situation" und das „Werbeverhalten in der Branche" stark auf die Werbekonjunktur aus (siehe Grafik). So beantworteten die Frage, ob die Liberalisierung von Märkten ihr Werbeverhalten beeinflusse, 70 Prozent der Agenturleiter mit Ja. Der neu entfachte Wettbewerb sorgt für den Werbeschub. Naturgemäß fiel die Anzahl der positiven Antworten bei den Werbeleitern geringer aus, da nicht alle Unternehmen auf den liberalisierten Märkten tätig sind. ▸





# „Viele kleine Wadenbeißer"

**Neue Anbieter locken Stromverbraucher mit billigen Tarifen. Noch aber ist es zu früh, sich für längere Zeit zu binden.**

Besser hätte es für Michael Zerr kaum laufen können. Am vergangenen Montag stellte der Geschäftsführer des Newcomers Yello-Strom sein Preisbrecher-Modell vor. Seitdem sorgen Stromtarife überall in Deutschland für einigen Gesprächsstoff.

Erst lieferte sich Yello, eine Tochter des Versorgers Energie Baden-Württemberg (EnBW), eine Anzeigenschlacht mit dem Konkurrenten RWE über die seltsame Frage, ob Strom denn nun blau oder gelb sei. Dann wurde dem Unternehmen in den „Tagesthemen" vorgeworfen, es biete Strom so billig an, dass es an Preisdumping grenze: „Das ist Quatsch, wir haben fair und hart kalkuliert", widerspricht Zerr. Schließlich meldete die „Bild" auf Seite eins, die Kölner Stadtwerke weigerten sich, Yello-Strom durch ihre Netze zu leiten: „Die betrachten ihre Kunden wohl als Leibeigene", schießt der Manager zurück.

Das Tamtam um seinen Strom kann Geschäftsführer Zerr nur recht sein. Über 100000 Interessenten forderten binnen drei Tagen Informationen von Yello an.

Dabei ist das Angebot gar nicht mal für jeden Kunden sensationell. Der Preis pro Kilowattstunde liegt mit 19 Pfennig zwar ausgesprochen niedrig, die Grundgebühr fällt dagegen mit 19 Mark pro Monat happig aus.

Das bedeutet: Wer viel Strom verbraucht, etwa ein Vier-Personen-Haushalt (3500 Kilowattstunden pro Jahr), kann Geld sparen. Gegenüber dem Berliner Mitbewerber Ares Energie sind es zum Beispiel jährlich 147 Mark. Der Single dagegen, der nur 1500 Kilowatt Strom benötigt, kommt bei Yello schlechter weg: Er zahlt 33 Mark mehr als bei Ares. Außerdem kann er bei den Berlinern monatlich kündigen, während er bei Yello ein Jahr lang gebunden ist.

An knifflige Rechnereien müssen sich die Stromkunden gewöhnen, wenn sie künftig auf die Suche nach der billigsten Energie gehen. Der Wirrwarr an unterschiedlichen Tarifen wächst zusehends, seit der Markt vor 16 Monaten liberalisiert wurde.

Zunächst entbrannte der Wettbewerb nur um die Gewerbekunden, hier sind die Preise um bis zu 30 Prozent gefallen. Nun aber haben Versorger und Stadtwerke die knapp 38 Millionen Privathaushalte im Visier.

Vor allem Neulinge wie Yello oder Ares überraschen mit Billigtarifen, und so geht es wohl noch eine Zeit lang weiter. „Es wird viele kleine Wadenbeißer geben, die eine Preisspirale in Gang setzen", erwartet Karin Brinkmann, Versorger-Analystin der HypoVereinsbank.

Wo der Abwärtstrend enden wird, ist längst nicht absehbar. Rolf Schulz, Energieexperte der Beratungsgesellschaft Andersen Consulting, prophezeit einen Preisrutsch ähnlicher Dimension wie in den vergangenen anderthalb Jahren bei den Telefongebühren. „Es könnte noch um 50 Prozent runtergehen", schätzt Schulz.

Dabei wird der Preishebel der Verbraucher umso größer, je mehr sie ihren Bedarf bündeln. Ganze Straßenzüge

Anzeigen von RWE, Yello: *100000 Interessenten nach drei Tagen*

**STROMPREISE**

Obwohl bereits im April 1998 die alten Gebietsmonopole in der Energiewirtschaft abgeschafft wurden, verhinderten bislang vor allem hohe Durchleitungsgebühren den freien Wettbewerb der Stromanbieter. Erst mit dem Auslaufen der alten Verbändevereinbarung Ende September wird ein heftiger Preiskampf erwartet. Einige bundesweite oder regionale Anbieter sind bereits vorgeprescht und werben um Kunden.

| Bundesweite Anbieter | Strompreise pro Monat inkl. Grundpreis und MwSt. in Mark: 1500 kWh/Jahr | 3500 kWh/Jahr | Mindestlaufzeit der Verträge |
|---|---|---|---|
| Ares Energie | 40,09 | 86,67 | 1 Monat |
| RWE Energie | 43,90 | 87,02 | 3 Monate |
| Yello Strom ab Nov. 1999 | 42,75 | 74,42 | 1 Jahr |
| **Regionale Anbieter** (Auswahl) | | | |
| HEW Future Preise im ersten Jahr | 48,27 | 94,07 | 3 Jahre |
| Braunschweiger Versorgungs-AG | 40,33 | 86,33 | 1 Jahr |
| Vereinigte Elektrizitaetswerke ab Okt. 1999 | 45,79 | 87,35 | 1 Monat |
| Energie Baden-Württemberg | 49,29 | 95,62 | 1 Monat |
| Bewag | 48,00 | 104,47 | 1 Monat |
| Schleswag | 43,94 | 95,06 | 1 Monat |
| Stadtwerke Düsseldorf | 42,19 | 88,39 | 1 Monat |
| MVV Energie | 47,85 | 93,08 | 1 Monat |
| GEW Köln FairColon Classic | 42,63 | 83,23 | 2 Jahre |
| GGEW Bergstraße | 39,00 | 83,27 | 1 Monat |

Quelle: WIR Münster





# Kampf um Privatkunden eröffnet

RWE Energie startet als erster Stromversorger mit bundesweitem Angebot / Konkurrent EnBW hebt Yello-Strom aus der Taufe

**ESSEN Mit einem Paukenschlag hat RWE Energie vergangene Woche den bundesweiten Wettbewerb um den Privatkunden eröffnet. Die Konkurrenz zieht jetzt nach.**

Gut ein halbes Jahr konnten Marketingleiter Dr. Klaus Bergschneider und sein Team das Projekt „Odenwald" unter Verschluß halten, am Freitag ließ RWE Energie die Leser der „Bild"-Zeitung" wissen: Ab sofort beliefert der Konzern auch Privatkunden mit Strom, die dabei bis zu 20 Prozent sparen können. Seitdem wird das Angebot breit über Print, Plakat, Funk und TV kommuniziert (Agentur: Damm, Frankfurt). Bis zum Jahresende steht dafür ein achtstelliger Etat zur Verfügung. Die Essener wollen mit ihrem Angebot für den Privatkunden ihre Markt- und Preisführerschaft im deutschen Strommarkt unter Beweis stellen. Bewußt einfach, bewußt plakativ sei der Auftritt gestaltet worden, damit die Konsumenten „den Markt lernen", so Hermann Verghaus, Sprecher von RWE Energie. Auch die anderen Stromanbieter, darunter Bayernwerk und Preussen Elektra, haben ihre Konzepte für den bundesweiten Privatkundenmarkt parat, geben aber noch nicht preis, wann und wie sie kommunikativ agieren wollen.

Viel spricht dafür, daß EnBW ihr Privatkundenkonzept unter dem Namen Yello-Strom etablieren will. Teaseranzeigen in Tageszeitungen und ein TV-Spot kündigen das neue Angebot seit Dienstag an. Offiziell ist von EnBW dazu keine Stellungnahme zu erhalten, man verweist auf die Pressekonferenz kommenden Montag. Die Preisthematik dürfte allerdings auch hier die Kommunikation bestimmen.

„Klar, daß die erste Phase des Wettbewerbs vor allem über den Preis geführt werden muß", gibt EnBW-Geschäftsführer Michael Zerr immerhin schon mal eine Vorstellung davon, wie der baden-württembergische Stromversorger im Privatkundenmarkt agieren will. „Doch mittel- bis langfristig kann man mit einer solchen Strategie keinen Blumentopf gewinnen. Für die zweite Phase des Wettbewerbs sind andere Faktoren ausschlaggebend. Dies sind vor allem Vertrieb, Service, Marketing und Kommunikation."

**RWE Energie wirbt bundesweit um den Wechsel der Privatkunden, EnBW kündigt bundesweit mit einer Teaser-Kampagne Yello-Strom an**

Gerade an den Vertriebskonzepten wird mit Hochdruck gearbeitet. Stromhändler Ares Energie AG beispielsweise bietet bereits bundesweit in 60 Promarkt-Filialen seinen Strom an. Und RWE Energie zeigt sich „offen für jeden Vertriebskanal, der vom Verbraucher akzeptiert wird", also beispielsweise auch die zum RWE-Konzern gehörenden Dea-Tankstellen. Der hamburgische Stromversorger HEW ist in Gesprächen mit dem Rewe-Konzern. Wenn im Herbst die Gesetzeslage für die Stromversorgung an Privatkunden in der sogenannten Verbändevereinbarung geregelt ist, will HEW auch mit einem bundesweiten Angebot starten. Die Preisoffensive von RWE Energie sehen die Hamburger übrigens gelassen, da sie im Versorgungsgebiet einen günstigeren Tarif anbieten. Bis die Verbändevereinbarung steht, übernimmt RWE Energie etwaige Durchleitungsmehrkosten, der Preis für den Endverbraucher wird per Vertrag garantiert.

Daß RWE Energie mit ihrem Vorstoß auch seinen Abnehmern wie Stadtwerken und Regionalversorgern Konkurrenz macht, nimmt der Konzern in Kauf. „Das liegt in der Natur des Wettbewerbs", so Verghaus. *mat*

## Schlagabtausch am Strommarkt

**Berlin** – Kaum ist der Wettbewerb um private Stromkunden eröffnet, schon legen die einst eher betulichen Energieversorger harte Bandagen an. Ein erstes – nicht ganz ernst gemeintes – Scharmützel lieferten sich soeben Marktführer RWE Energie und Herausforderer Yello, eine Tochter der Energieversorgung Baden-Württemberg (EnBW). RWE wollte nicht auf sich sitzen lassen, dass Strom gelb sei, eben genau wie Neuling Yello. „Also ich weiß, Strom ist blau", konterte RWE. Die Anzeige ähnelt dem Auftritt von Yello zum Verwechseln. Nur die Farbe ist durch das typische Hellblau von RWE Energie ersetzt. Yello schlug – inzwischen zwei Mal – zurück und deutete Blau als dubiose Trunkenheit. Jetzt geloben beide Unternehmen Friedenswillen. „Die Sache ist für uns erledigt", sagt ein EnBW-Sprecher. Auch RWE will auf eine Fortsetzung verzichten. „Wir werden zwar weiter aggressiv zur Sache gehen", kündigt ein Firmensprecher an, „aber bei einem Dauerclinch würde der Witz leiden." *mm*



NACHRICHTEN

# Yello setzt gelbes Markenzeichen

EnBW schickt Stromtochter ins Rennen um den Privatkunden / Vertrieb über Otto-Versand und Red Zac / Gewerbliche Angebote

**KÖLN Die Stromanbieter formieren sich im Privatkundenmarkt. Anfang der Woche hat die baden-württembergische EnBW ihre Tochter Yello-Strom ins Rennen geschickt, die die Konkurrenz im Preis zum Teil deutlich unterbietet.**

„Im Strommarkt ist nicht der Wettbewerb um den Preis, sondern um die Farbe ausgebrochen", kommentieren die beiden Yello-Strom-Geschäftsführer Michael Zerr und Marco Demuth den werblichen Schlagabtausch, den sich RWE Energie und Yello-Strom seit vergangener Woche liefern (HORIZONT 31/99). „Also ich weiß, Strom ist blau", hatte RWE Energie die Teaser-Anzeigen von Yello gekontert, die Gelb als die Farbe des Stroms auswiesen. Yello setzte am Montag einen drauf und behauptete in einseitigen Tageszeitungsanzeigen: „Ich kauf doch keinen Strom von einem, der blau ist". Eine einstweilige Verfügung sieht der Konzern gelassen, zumal die Aktion ohnehin als einmalige Antwort konzipiert war.

Die nationale Werbekampagne von Kreutz & Partner Düsseldorf (die auch die Image-Kampagne für EnBW realisiert hat) positioniert Yello-Strom mit „Gelb. Gut. Günstig." Mit diesem Anspruch gibt sich der Anbieter seit Anfang der Woche als nationale Strommarke zu erkennen, nachdem in der vergangenen Woche Teaser-Anzeigen und -Spots auf den neuen Anbieter im Markt aufmerksam gemacht haben. Mit der Zuweisung der gelben Farbe soll die Marke emotionalisiert werden, der Auftritt Yello als frisch, frech und unkonventionell positionieren. Yello wirbt breit über alle klassischen Medien (Media: ID Media, Esslingen-Forst). Über den Etat schweigt man sich aus, er dürfte allerdings wie der der Mitbewerber im achtstelligen Bereich liegen.

Mit 50 Marketing- und Vertriebsexperten startet die Yello-Strom GmbH am Standort in Köln, in drei Call-Centern stehen über 800 Mitarbeiter bereit. Vertrieben wird auch über das Internet, außerdem kooperiert Yello-Strom mit der Interfunk-Händlermarke Red Zac und dem Otto-Versand, über dessen Katalog allein über 15 Millionen Kunden erreicht werden.

**Schlagabtausch der Stromanbieter um die Farbe des Stroms. Im Preiskampf werden nach weitere Werbeschlachten geschlagen**

1,3 Milliarden Mark Umsatz will Yello-Strom in den nächsten zwei bis drei Jahren erreichen und damit die Nummer 1 unter den Newcomern im Markt werden. Bei rund 43 Millionen deutschen Stromkunden und einem Marktvolumen von 43 Milliarden Mark rechnet das Unternehmen mit einer Wechselquote von 10 Prozent. Von diesen 43 Milliarden Mark will sich Yello-Strom 25 bis 30 Prozent sichern. Den Einstieg in den gewerblichen Markt bereitet das Unternehmen gerade vor.

Mit ihrer Preisformel „19/19 alles inklusive" ist Yello zur Zeit für viele Privatkunden deutlich günstiger als Mitbewerber. Bei 19 Pfennig für die Kilowattstunde und 19 Mark Monatsgebühr kann nach den Angaben von Michael Zerr eine vierköpfige Familie mit einem durchschnittlichen Jahresverbrauch von 4000 Kilowattstunden im Jahr 196 Mark gegenüber RWE Energie und 517 Mark gegenüber den Stadtwerken München einsparen. Der vergleichsweise hohe Grundpreis im Monat (RWE-Energie berechnet 11,50 Mark) bringt allerdings erst Kostenvorteile ab einem Jahresverbrauch von 1000 Kilowattstunden, den aber auch Singles erreichen können, versichert Zerr. Die Vertragslaufzeit ist mit 12 Monaten im Vergleich zu Mitbewerbern sehr lang, zumal sich der Vertrag um jeweils sechs Monate verlängert, wenn er nicht einen Monat vor Ablauf der Frist gekündigt wird. Zerr begründet das mit dem Wunsch der Verbraucher nach Preissicherheit. Preissenkungen – die zu erwarten sind – werden bei abgeschlossenen Verträgen nicht vorgenommen, so Zerr. Zum Vergleich: RWE Energie hat eine Vertragsdauer von mindestens drei Monaten, gekündigt werden kann monatlich. *Maike Telgheder*

**TV-Satire RTL**

Rudi Carrell:

*„Sogar im Otto-Katalog wurde schon Strom angeboten. Viele Hausfrauen fragen sich, ob sie dann den Strom zurückschicken können, wenn Ihnen die Farbe nicht gefällt."*

Jörg Knör:

*„Das neue eigentlich sind diese ganzen Werbesprüche, z.B. Yello Strom: ‚Gelb, Gut, Günstig', damit kriegt man Kunden…"*

Mike Krüger:

*„Aber wenn man mal darüber nachdenkt, kann man drauf kommen, dass Billig-Strom auch was mit Billig-Lohn zu tun hat. So kommt natürlich Yello Strom, wie wir alle wissen, aus China. Wo hunderttausende von minderjährigen Chinesen für einen Hungerlohn sich die Seele aus dem Leib strampeln – auf Fahrrädern – um mit Dynamos den Strom zu erzeugen, den wir in Deutschland für den Gebrauch von Sonnenbänken vergeuden. So ist es doch."*

Gabi Köster:

*„Also, man muss wirklich sagen, Strom ist sehr wichtig. Wenn et keinen Strom mehr gäbe, müsste sich Angela Merkel die Beine wieder nass rasieren, ne."*

*„Entschuldigen Sie, welche Farbe hat eigentlich ...“*

*„Weiß!...Weiß nich’...“*

*„Können Sie mir sagen welche Farbe...“*

*„Blau!...Völlig blau...“*

*„Können Sie mir sagen welche Farbe...“*

*„Grün!...Alles grün...“*

*„Zuhören!...Welche Farbe hat Deine Unterhose?“*

*„Gelb!“*

Gelb

Gut. Günstig.
Yello
Strom
Info: 0800-19

# Handbuch

Grundlagen
des Markenauftritts
Yello
Strom

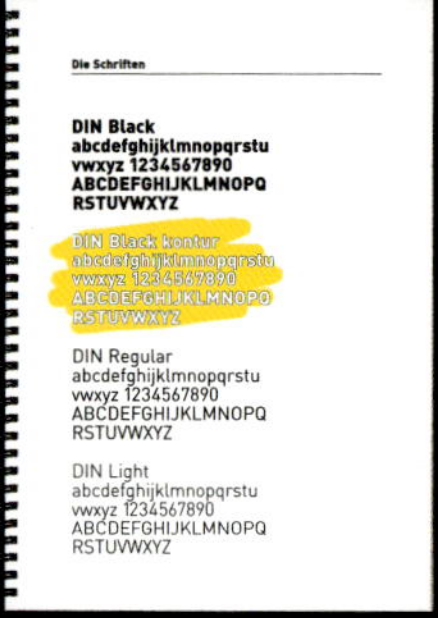
Die Schriften
DIN Black
abcdefghijklmnopqrstu
vwxyz 1234567890
ABCDEFGHIJKLMNOPQ
RSTUVWXYZ
DIN Black kontur
abcdefghijklmnopqrstu
vwxyz 1234567890
ABCDEFGHIJKLMNOPQ
RSTUVWXYZ
DIN Regular
abcdefghijklmnopqrstu
vwxyz 1234567890
ABCDEFGHIJKLMNOPQ
RSTUVWXYZ
DIN Light
abcdefghijklmnopqrstu
vwxyz 1234567890
ABCDEFGHIJKLMNOPQ
RSTUVWXYZ

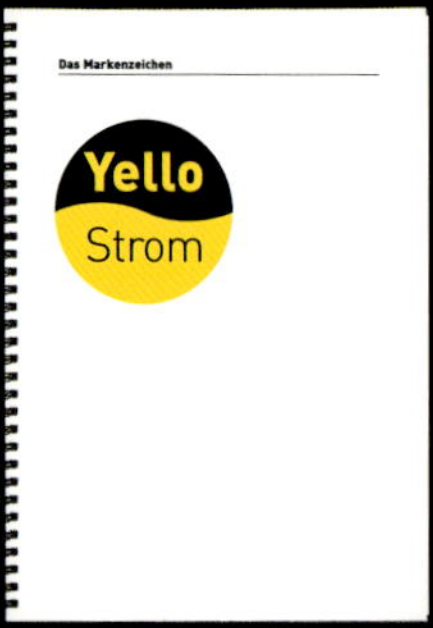
Das Markenzeichen
Yello
Strom

Die Markenbild-Testcharts (2-farbig)

Die Markenzeichen-Varianten (2-farbig)
Yello
Strom
Yello
Strom

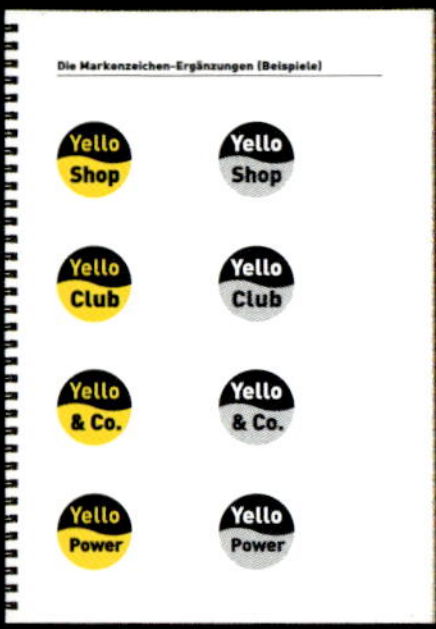
Die Markenzeichen-Ergänzungen (Beispiele)
Yello
Shop
Yello
Shop
Yello
Club
Yello
Club
Yello
& Co.
Yello
& Co.
Yello
Power
Yello
Power

Die Farben
gelb
weiß
schwarz

Die Stromstecker-Piktogramme

## Der TV-Abspann

## Die Außendienstausstattung (Fortsetzung)

## Das Präsentationssystem

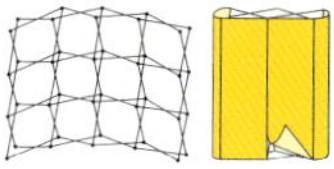

IQ line
Lieferant: Pasco Marketing, Wesseling
Tel. 0 22 36/94 64 88
Fax 0 22 36/84 14 92

## Die Geschäftspapiere

## Der Internetauftritt

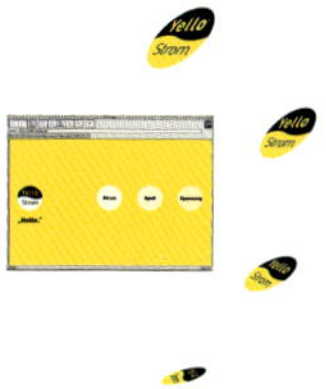


## Die Werbung

## Die Gebäudekennzeichnung

System Ocean
Lieferant: Walk GmbH, Wuppertal
Tel. 0202/24 35-0
Fax 0202/24 35-2 00

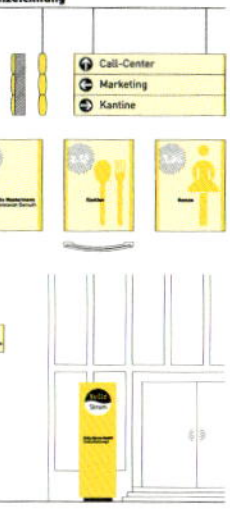


## Das Symbolschwein

## Die Außendienstausstattung

## Die Displays

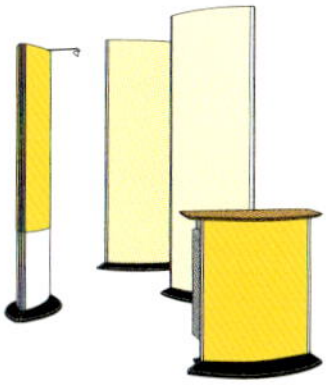

System Donnerhorn
Lieferant: Walk GmbH, Wuppertal
Tel. 0202/24 35-0
Fax 0202/24 35-2 00

**Auszug aus den „Grundlagen des Markenauftritts von Yello Strom“**

Yello Strom ist ein Unternehmen mit einem eindeutigen Geschäftszweck: dem Verkauf von Strom an private Haushalte in der ganzen Bundesrepublik. Unser Angebot ist hart und ehrlich kalkuliert, es ist transparent und enthält keine kleingedruckten Ausnahmeklauseln. Unsere Kunden können es jederzeit überprüfen: Es hält jedem seriösen Vergleich mit den Angeboten anderer Stromanbieter stand.

Das Produkt, das wir verkaufen, unterscheidet sich physikalisch in nichts vom Angebot anderer Unternehmen. Aber Yello Strom verfügt erst einmal über einen entscheidenden Vorteil, den uns keiner unserer Konkurrenten streitig machen kann: Yello Strom etabliert sich als das erste nationale Markenunternehmen in einem Markt, der gerade erst im Begriff ist, sich zu strukturieren, und dem so etwas wie Markenverständnis oder Markenauftritt noch weitgehend fremd ist.

In dieser noch sehr unübersichtlichen Situation setzen wir Zeichen: mit einem klar definierten Markenanspruch, einem klar konturierten, transparenten Angebot und einem Auftritt, der sich an dem bekannter, moderner Marken aus anderen Branchen orientiert. Wir werden in dieser Form nicht lange allein bleiben, aber alle anderen werden später dran sein. Und sie werden sich weitgehend an unserem Angebot und an unserem Auftritt orientieren.

Der Auftritt der Marke Yello Strom ist vor allen Dingen von einem Merkmal gekennzeichnet: der Farbe Gelb. ‚Gelb. Gut. Günstig.‘ heißt das zentrale Motto des Unternehmens. Gut und günstig sind unsichtbare Qualitäten – Gelb dagegen macht uns deutlich sichtbar. Andere bieten vielleicht roten, blauen, silbernen, grünen oder auch farblosen Strom an – unser Strom ist gelb. Diese Farbwahl ist kein Zufall, sondern sie ist ein wichtiger Bestandteil unseres Markenkonzepts. Mit der Wahl von Gelb setzen wir in der Öffentlichkeit und gegenüber dem Wettbewerb ein unübersehbares Signal und statten unser Produkt mit einem überraschenden Merkmal aus: Yello ist „der gelbe Strom“.

Mit Yello Strom betritt die EnBW Neuland, und der Erfolg hängt in starkem Maß davon ab, wie selbstbewusst das Unternehmen als Ganzes und jeder Einzelne in seinem Arbeitsfeld agiert. Es geht um nichts Geringeres als um die Schaffung einer Marke, die auf lange Sicht zu einem Synonym für höchste Qualität bei der Lieferung von Strom und den damit verbundenen Dienstleistungen werden soll. Dieses Geschäftsfeld hat für die Zukunft der EnBW eine herausragende Bedeutung. Darum sollen alle Mitarbeiter wissen, dass ihnen bei ihrer Tätigkeit die Unterstützung des gesamten Konzerns sicher ist.

Das Markenzeichen

Wer sich bemerkbar machen will, muss Zeichen setzen. Wer auffallen will, muss auffällige Zeichen setzen. Wer aber nicht bloß auffallen, sondern auch noch klar machen will, warum, muss seine Zeichen darüber hinaus mit Bedeutung ausstatten.

Wie kommt die Bedeutung von Zeichen zustande? Oder anders gefragt: Wodurch wird ein Zeichen zum Symbol?

Ein Symbol ist ein Sinnbild, eine Verdichtung von Bedeutungen, die Darstellung eines bestimmten abstrakten Wertes. Ein Symbol kann aber noch mehr sein: zum Beispiel ein Angebot, eine Zusage oder ein Versprechen. Solche Bedeutungen bekommt ein Symbol immer dann, wenn es als Markenzeichen verwendet wird.

In einem Markenzeichen sollten alle Werte enthalten sein, die die Existenz eines Produkts oder einer Dienstleistung rechtfertigen. Dabei kann es sich um einen Schriftzug handeln, um ein Bildzeichen oder um eine Kombination aus beiden. Die Werte, für die eine Marke steht, können historisch gewachsen sein, so wie das bei den meisten großen Marken der Fall ist, die uns tagtäglich begegnen. Das heißt, dass bestimmte Zeichen – ein dreizackiger Stern in einem Kreis, die triviale Buchstabenfolge I, B und M, drei ineinander greifende Kreise oder die Silhouette eines Windhundes – im Laufe der Zeit immer stärker mit Bedeutung aufgeladen werden. Schließlich ist der gesamte Wert eines Unternehmens darin aufgehoben.

Eine neue Marke hat es deshalb nicht leicht, sich gegen Zigtausende von existierenden, traditionsreichen und hoch angesehenen Marken durchzusetzen. Es sei denn, sie etabliert sich auf einem Gebiet, auf dem es bisher überhaupt noch keine Marken gibt. Und genau das tut Yello Strom.

Die Wort-/Bildmarke Yello Strom macht zunächst einmal den Unternehmenszweck klar: Wir verkaufen Strom, und zwar ausschließlich an private Haushalte. Wir bieten aber nicht einfach nur Strom an, sondern Markenstrom. Und der heißt „Yello".

Was unterscheidet nun Markenstrom von anderem Strom? Lässt sich da denn überhaupt ein Unterschied definieren? Die Ware, die das Handelsunternehmen Yello Strom vertreibt, ist physikalisch genau dieselbe wie die, die der Wettbewerb anbietet. Sie ist genauso unsichtbar und immateriell, man kann sie nicht abwiegen, in Behälter füllen oder in Zeitungspapier einschlagen. Aber: Sie ist gelb. Sie ist sogar mehr als gelb: Sie ist „Yello".

Der Unterschied zum übrigen Strom liegt also nicht in der Stärke oder der Spannung, sondern in der Art, wie das Unternehmen im Markt agiert: offensiv, selbstbewusst, ein bisschen frech, ein bisschen fröhlicher, als man es von Energiekonzernen bisher gewohnt war, aber verantwortungsvoll, ehrlich, transparent und überprüfbar. Und im Unterschied zu anderen reinen Handelsunternehmen steht hinter „Yello" die EnBW, der viertgrößte Stromerzeuger in Deutschland. Und das bedeutet vor allem: höchstes Know-how, beste Marktkenntnis und absolute Liefersicherheit.

Warum Gelb?

Gelb ist eine der drei Primärfarben. Sie lässt sich nicht weiter zerlegen, ist selbst aber fast immer in anderen Farben enthalten. Verglichen mit Rot und Blau hat die Farbe Gelb die bei weitem höchste Leuchtkraft. Sie absorbiert erheblich weniger Licht als die beiden anderen Farben, und das macht ihre besondere Signalwirkung aus. Die biologische Evolution hat sich dieser Signalfunktion übrigens immer mal wieder gern bedient, aber auch die Deutsche Post beispielsweise ist damit lange Zeit gut gefahren.

Mit Gelb verbinden sich unter anderem Eigenschaften wie aktiv, fröhlich, frisch, frech, laut und ähnliches. (Nicht zufällig heißt eine bestimmte Gattung von Zeitschriften „Yellow-Press".)

Und warum „Yello"?

„Yello" ist die um das „w" verkürzte Form des englischen Wortes für „gelb". Es hat gegenüber dem deutschen Begriff den Vorteil, dass es eine helle und eine dunkle Silbe enthält; das korrespondiert ideal mit der grafischen Gestaltung des Zeichens. Es hat obendrein stärker den Charakter eines Ausrufs (engl. to yell), was den unkonventionellen Markenauftritt zusätzlich unterstützt. Auch die Ähnlichkeit mit „Hello" ist nicht unwillkommen.

Warum rund?

Der Kreis ist die vollkommenste, in sich geschlossene geometrische Form. Man kann – wenn man will – die Erdkugel damit assoziieren. Oder eine Steckdose. Man kann aber auch an die Sonne denken und an ihre Energie oder an das Gelbe vom Ei. Dadurch entsteht eine fast selbstverständliche Übereinstimmung von Form und Farbe.

Und warum gelb/schwarz?

Auf einem schwarzen Fond kommen alle Farben besser zum Leuchten. Und mit der Zweiteilung lässt sich zum Beispiel Tag und Nacht assoziieren. Hell und dunkel. Plus und Minus. Warm und kalt. Licht an, Licht aus. Oder – warum denn nicht, in der Sinuswelle, dem Sinnbild für elektrische Energie, ist es ja zumindest angedeutet – Yin und Yang.

Mit der Sinuswelle als Teilungslinie ist darüber hinaus die formale Anbindung an den Mutterkonzern EnBW gewährleistet, in dessen Erscheinungsbild die Welle das Kernelement darstellt.

Das Produkt

Gelb
Gut
Günstig

Die Argumentation

Einfach
Ehrlich
Einleuchtend

Der Auftritt

Frisch
Frech
Fröhlich

Generalversammlung der Raiffeisenbank Frankenwald-Ost

# Zuwachs in allen Geschäftsfeldern

TIPPS & TERMINE

## Teichfest in Leupoldsgrün

## Noch freie Plätze im Ferienlager

## Eisenbühler Sommerfest

## Wanderung durch's „Teppichland"

ANSCHLAGTAFEL

12. August 1999

Schwarzenbach/Saale

Oberkotzau

Gattendorf

Unterhartmannsreuth

Rehau

Zedtwitz

Privatstrom?
1.174,– DM*, sagte RWE.
988,– DM*, sagt Yello.
Was sagen Sie?

Yello Strom

Gelb Gut Günstig



Wir gratulieren

## Blinker geklaut

Einstimmiger Beschluss im Gemeinderat Berg

# Wassergebühren enorm teurer

# Jugendliche setzten Telefonzelle in Brand

## Dummer Einbrecher

## Schwarz gearbeitet

## Vorbildlicher Einsatz

St. Franziskus: Gelungenes Pfarrfest bei herrlichem Sommerwetter

# Familie Vogel hatte bei der Tombola Glück

Der Yello Preis
„19/19 alles inklusive"
macht Schluß mit
dem Preis-Chaos!

19
19

Gelb Gut Günstig

19
Pfennig pro Kilowattstunde
19
Ich kündige.
Beim Strom
geht das jetzt.
Endlich sind Sie frei, als Privathaushalt Ihren Stromlieferanten zu wählen sowie Ihrem alten zu kündigen. Und das ist der Kündigungsgrund: der „19/19 alles inklusive" Yello Preis. Nur 19 Pfennig pro Kilowattstunde und 19 Mark Grundpreis pro Monat. Bei einer Vertragslaufzeit von einem Jahr.
Yello Strom macht Ihrem privaten Haushalt die Kündigung so einfach wie möglich: von der Information zu unserem Angebot über die Berechnung Ihrer individuellen Einsparmöglichkeiten bis zum kompletten Stromwechsel.
Infos unter 0800-19 000 19 oder www.yellostrom.de
Gelb
Gut
Günstig
Yello
Strom

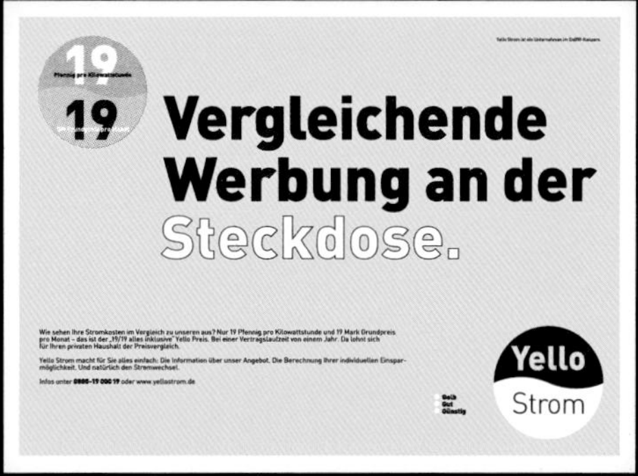
19
Pfennig pro Kilowattstunde
19
Vergleichende
Werbung an der
Steckdose.
Wie sehen Ihre Stromkosten im Vergleich zu unseren aus? Nur 19 Pfennig pro Kilowattstunde und 19 Mark Grundpreis pro Monat – das ist der „19/19 alles inklusive" Yello Preis. Bei einer Vertragslaufzeit von einem Jahr. Da lohnt sich für Ihren privaten Haushalt der Preisvergleich.
Yello Strom macht für Sie alles einfach: Die Information über unser Angebot. Die Berechnung Ihrer individuellen Einsparmöglichkeit. Und natürlich den Stromwechsel.
Infos unter 0800-19 000 19 oder www.yellostrom.de
Gelb
Gut
Günstig
Yello
Strom

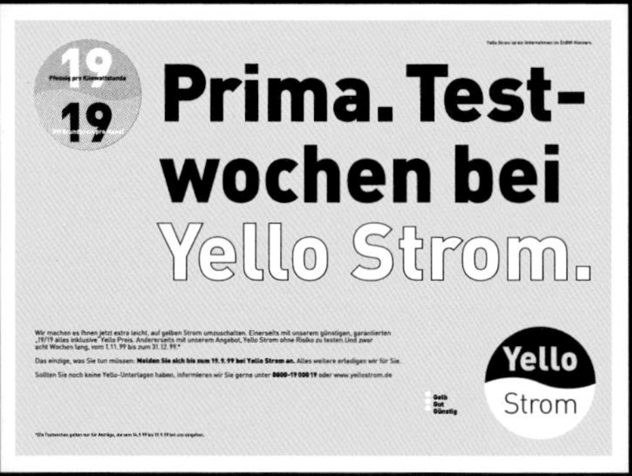
19
Pfennig pro Kilowattstunde
19
Prima. Test-
wochen bei
Yello Strom.
Wir machen es Ihnen jetzt extra leicht, auf gelben Strom umzuschalten. Einerseits mit unserem günstigen, garantierten „19/19 alles inklusive" Yello Preis. Andererseits mit unserem Angebot, Yello Strom ohne Risiko zu testen. Und zwar acht Wochen lang, vom 1.11.99 bis zum 31.12.99.*
Das einzige, was Sie tun müssen: Melden Sie sich bis zum 19.9.99 bei Yello Strom an. Alles weitere erledigen wir für Sie.
Sollten Sie noch keine Yello-Unterlagen haben, informieren wir Sie gerne unter 0800-19 000 19 oder www.yellostrom.de
Gelb
Gut
Günstig
Yello
Strom

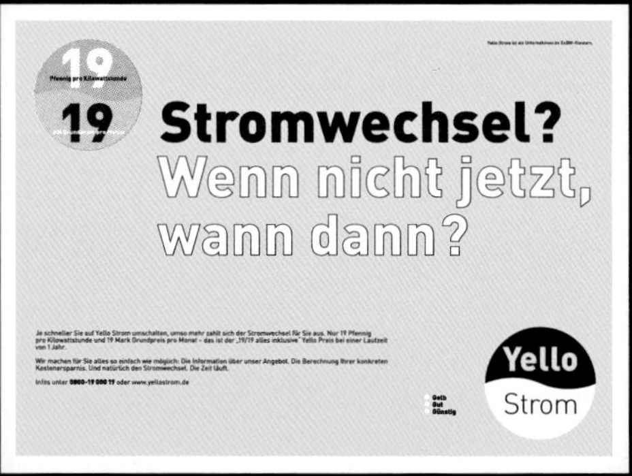
19
Pfennig pro Kilowattstunde
19
Stromwechsel?
Wenn nicht jetzt,
wann dann?
Je schneller Sie auf Yello Strom umschalten, umso mehr zahlt sich der Stromwechsel für Sie aus. Nur 19 Pfennig pro Kilowattstunde und 19 Mark Grundpreis pro Monat – das ist der „19/19 alles inklusive" Yello Preis bei einer Laufzeit von 1 Jahr.
Wir machen für Sie alles so einfach wie möglich: Die Information über unser Angebot. Die Berechnung Ihrer konkreten Kostenersparnis. Und natürlich den Stromwechsel. Die Zeit läuft.
Infos unter 0800-19 000 19 oder www.yellostrom.de
Gelb
Gut
Günstig
Yello
Strom

Stromzähler, alle mal herhören:
In Zukunft können Sie als privater Haushalt Ihre Stromkosten neu berechnen. Nach dem ebenso günstigen wie einfachen „19/19 alles inklusive" Yello Preis: Nur 19 Pfennig pro Kilowattstunde und 19 Mark Grundpreis pro Monat – bei einer Vertragslaufzeit von einem Jahr. Wir machen Ihnen auch alles andere ganz einfach: Die Information über unser Angebot. Die Berechnung Ihrer individuellen Einsparmöglichkeit. Und natürlich auch den Stromwechsel.
Infos unter 0800-19 000 19 oder www.yellostrom.de
Gelb. Gut. Günstig.
Yello Strom

Stromkosten! Auf die Knie!
Wie steht Ihr Strompreis im Vergleich zu unserem da? Nur 19 Pfennig pro Kilowattstunde und 19 Mark Grundpreis pro Monat. Das ist der „19/19 alles inklusive" Yello Preis für Ihren privaten Haushalt. Und zwar bei einer Vertragslaufzeit von einem Jahr.
Wir machen Ihnen auch alles andere so einfach wie möglich: Die Information über unser Angebot. Die Berechnung Ihrer individuellen Einsparmöglichkeit. Und natürlich auch den Stromwechsel.
Infos unter 0800-19 000 19 oder www.yellostrom.de
Gelb. Gut. Günstig.
Yello Strom

Betr.: Strom. Königinnen & Könige,
jetzt lohnt sich der Preisvergleich, und der Stromwechsel zahlt sich in Mark und Pfennig aus: Nur 19 Pfennig pro Kilowattstunde und 19 Mark Grundpreis pro Monat – das bietet der „19/19 alles inklusive" Yello Preis für Ihren privaten Haushalt. Bei einer Vertragslaufzeit von einem Jahr. Wir machen Ihnen auch alles andere ganz einfach: Die Information über unser Angebot. Die Berechnung Ihrer individuellen Einsparmöglichkeit. Und natürlich auch den Stromwechsel.
Infos unter 0800-19 000 19 oder www.yellostrom.de
Gelb. Gut. Günstig.
Yello Strom

Verehrte Steck-dosInnen,
wir machen Ihnen ein Angebot, das Sie wohl kaum ablehnen können: Nur 19 Pfennig pro Kilowattstunde und 19 Mark Grundpreis pro Monat. Das ist der „19/19 alles inklusive" Yello Preis für Ihren privaten Haushalt und zwar bei einer Vertragslaufzeit von einem Jahr.
Wir machen Ihnen auch alles andere so einfach wie möglich: Die Information über unser Angebot. Die Berechnung Ihrer individuellen Einsparmöglichkeit. Und natürlich auch den Stromwechsel.
Infos unter 0800-19 000 19 oder www.yellostrom.de
Gelb. Gut. Günstig.
Yello Strom

Stimmt.
Gelb macht glücklich.
Gelber Strom hat zu seinen Verbrauchern ein tolles Preis-Leistungs-Verhältnis: Nur 19 Pfennig pro Kilowattstunde und 19 Mark Grundpreis pro Monat – das bietet Ihnen der „19/19 alles inklusive" Yello Preis für Ihren Privathaushalt. Bei einer Vertragslaufzeit von einem Jahr. Wir machen Ihnen auch alles andere ganz einfach: Die Information über unser Angebot. Die Berechnung Ihrer individuellen Einsparmöglichkeit. Und natürlich auch den Stromwechsel.
Infos unter 0800-19 000 19 oder www.yellostrom.de
Gelb. Gut. Günstig.
Yello Strom

Yello Strom!
Sehr gut!
Setzen!
Nur 19 Pfennig pro Kilowattstunde und 19 Mark Grundpreis pro Monat – das ist der „19/19 alles inklusive" Yello Preis für Ihren privaten Haushalt. Bei einer Vertragslaufzeit von einem Jahr. Mehr sollten Sie für Strom nicht bezahlen – und weniger von Strom nicht verlangen. Wir machen Ihnen auch alles andere ganz einfach: Die Information über unser Angebot. Die Berechnung Ihrer individuellen Einsparmöglichkeit. Und natürlich auch den Stromwechsel.
Infos unter 0800-19 000 19 oder www.yellostrom.de
Gelb. Gut. Günstig.
Yello Strom

Gelbfieber
im Internet.
In Zukunft können Sie als privater Haushalt Ihre Stromkosten neu berechnen. Nach dem ebenso günstigen wie einfachen „19/19 alles inklusive" Yello Preis: Nur 19 Pfennig pro Kilowattstunde und 19 Mark Grundpreis pro Monat – bei einer Vertragslaufzeit von einem Jahr. Wir machen Ihnen auch alles andere ganz einfach: Die Information über unser Angebot. Die Berechnung Ihrer individuellen Einsparmöglichkeit. Und natürlich auch den Stromwechsel.
Infos unter 0800-19 000 19 oder www.yellostrom.de
Gelb. Gut. Günstig.
Yello Strom

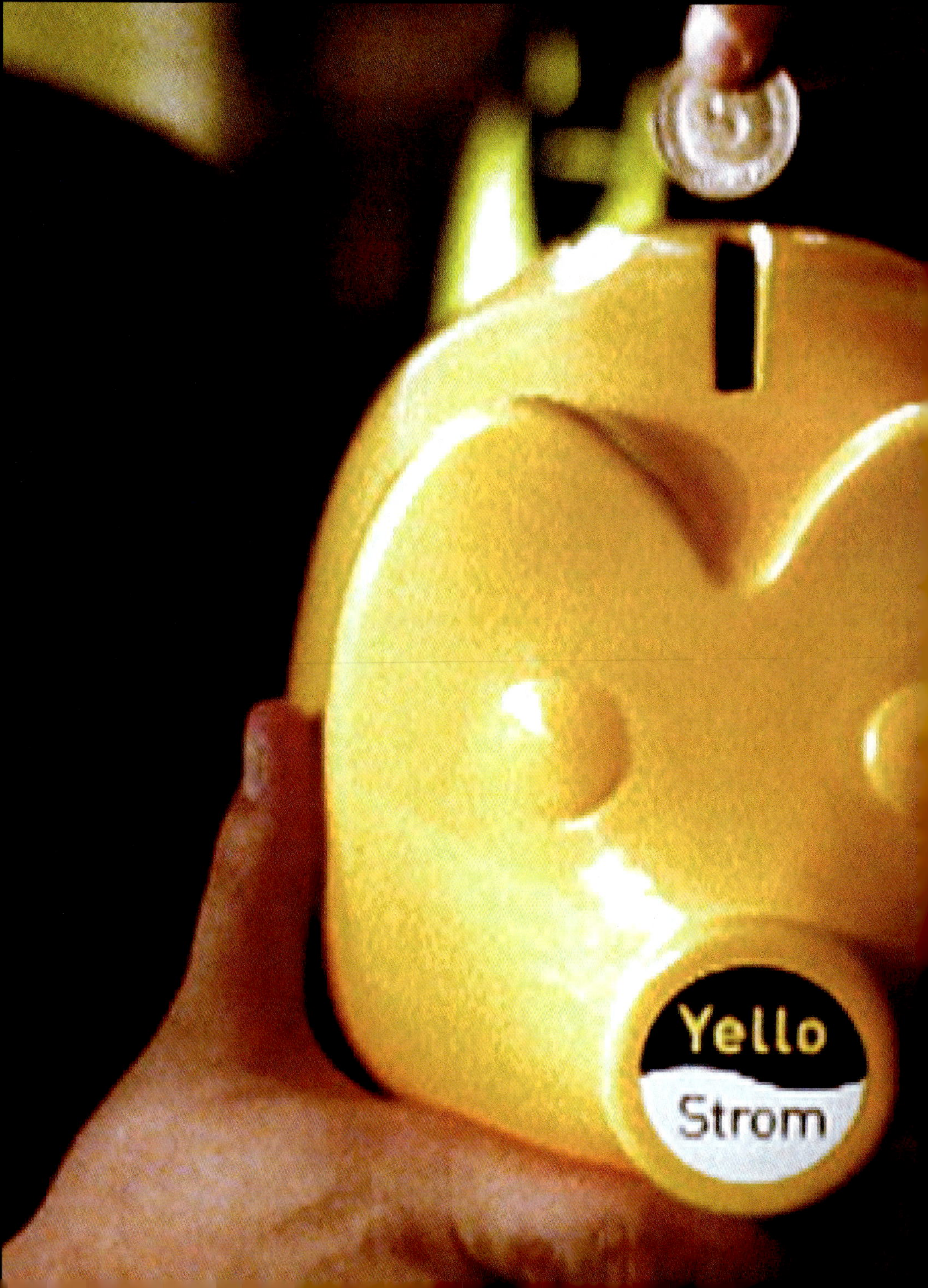
Yello
Strom

„19 Pfennig pro
Kilowattstunde,
19 Mark Grundpreis
pro Monat, 1 Jahr
Vertragslaufzeit –
der Strom ist gelb.“

**TV-Spot Yelloman 1**

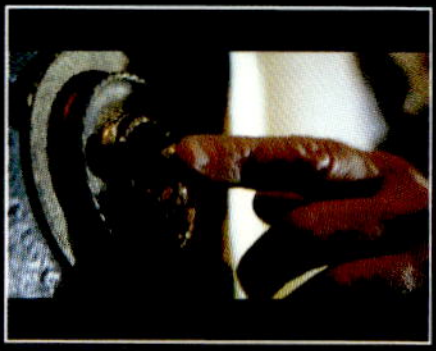

Yelloman:
*„Darf ich Ihnen mein Schwein zeigen?"*

Hausherr:
*„Inge!"*

Yelloman:
„19 Pfennig pro Kilowattstunde,...

...19 Mark Grundpreis pro Monat,...

Frau:
„Was soll'n das für'n Schwein sein?"

...ein Jahr Vertragslaufzeit.

Der Strom ist gelb."

Yelloman:
„Spart Stromkosten."

Frau:
„Das kann ich auch."

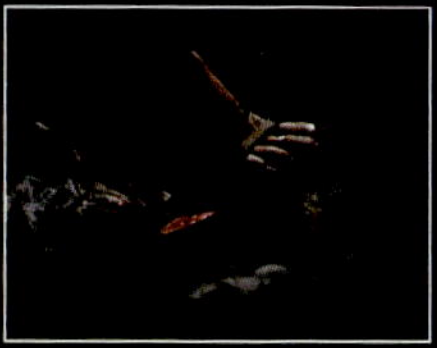

Hausherr:
„Inge!"

**TV-Spot Yelloman 2**

Butler:
*„Die Herrschaften sind beim Dinner."*

Yelloman:
*„Macht nichts."*

Yelloman:
*„Darf ich Ihnen beim Sparen helfen?"*

Er und sie:
*„Das können wir...*

Er:
*„Das gibt's nicht."*

*...besser als Sie."*

Yelloman:
*„Doch. Der Strom ist gelb."*

Yelloman:
*„19 Pfennig pro Kilowattstunde,...*

*... 19 Mark Grundpreis pro Monat,...*

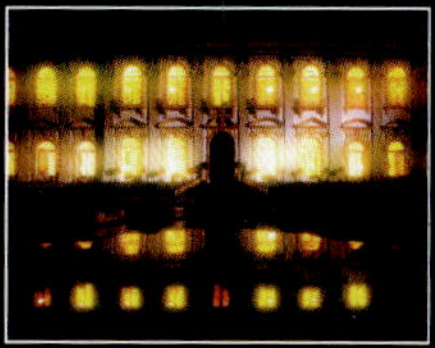

*... ein Jahr Vertrags-laufzeit."*

**TV-Spot Yelloman 3**

Yelloman:
*„Darf ich …"*

Frau:
*„Ich kaufe nichts."*

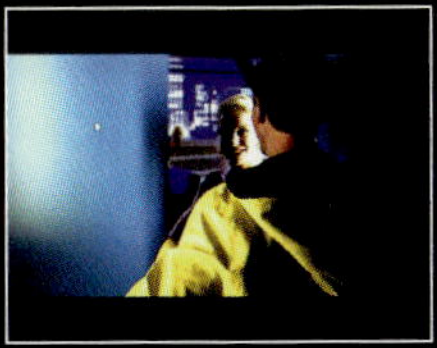

Yelloman:
*„Darf ich Ihnen mein..."*

*Der Strom ist gelb."*

Frau:
*„Ich brauche nichts."*

Yelloman:
*„19 Pfennig pro Kilowattstunde,...*

*...19 Mark Grundpreis pro Monat,...*

*...ein Jahr Vertragslaufzeit?*

ALSO ICH GLAUBE, STROM IST GELB!
MOCK

ROBIN WOOD
Not Yellow,
but Green !
Green
Infos bei
ROBIN WOOD
unter 040 - 390 95 56
POLIZEI

Gelb. Gut. Gratis.
Gute Unterhaltung

ALSO, ICH GLAUBE, STROM IST GELB

Also ich glaube, Strom ist gelb!

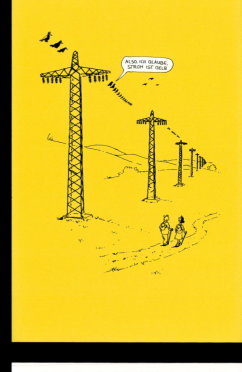

Wir wollen heute einmal gemeinsam nach dem Glauben fragen. Glaubt denn z.B. jemand von euch?

Ich glaube, es hat geklingelt.
Also ich glaube, Strom ist gelb.
Wössner

Also ich glaube,
Strom ist gelb.

## Konkurrenzdenken

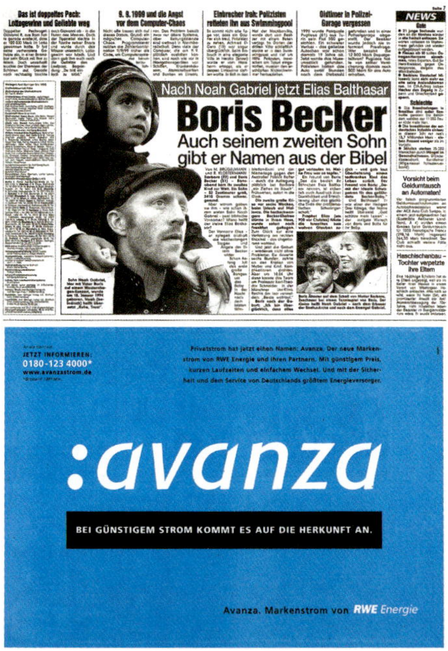

Wer
bin ich eigentlich?

Single? Familien-Mensch? Hausbesitzer? Mein eigener Chef? Ab heute bin ich nicht nur Stromabnahmestelle. Sondern Mensch.
evivo
Hier zähle ich.
Ab heute gibt es Strom-Tarife, die so individuell sind wie Sie. Und deshalb besonders günstig. Was alleine zählt, ist wie Sie leben.
Rufen Sie uns an: 0180-188 88 81.
evivo ist die neue Energiemarke der VEW und ihrer Stadtwerke-Partner.

„Focus“

WIRTSCHAFT

INTERVIEW

# Die Strompreise werden fallen

## Gerhard Goll, Chef der Energie Baden-Württemberg, über die ungewohnte Konkurrenz nach dem Wegfall der Monopole

**FOCUS:** Was haben die Verbraucher vom Ende der Strommonopole?

**Goll:** Ein Blick in bereits liberalisierte Märkte zeigt vor allem eins: Es kommt zu einem erheblichen Preisverfall.

**FOCUS:** Für Industriekunden sinken bereits jetzt die Preise. Zahlt der Privatverbraucher die Zeche?

**Goll:** Ich kann mir überhaupt nicht vorstellen, daß eine Branche in den Wettbewerb geht und bei einer Kundengruppe, die die Stimmung für die Branche macht – der Gruppe Jedermann –, die Preise erhöht. Es wird aber je nach Abnahmemenge und Risiko stärker differenzierte Preise geben.

**FOCUS:** Aber das führt zu niedrigeren Preisen für den Großkunden Industrie.

**Goll:** Das glaube ich nicht. Es ist doch vorstellbar, daß Privatleute ihren Strom von einem Dienstleister beziehen, der Energie in großen Mengen von den Erzeugern kauft.

**FOCUS:** Bleiben solche Möglichkeiten nicht Theorie, solange die alten Monopolisten den Netzzugang kontrollieren?

**Goll:** Das Stromnetz muß für jeden Marktteilnehmer geöffnet sein. Der Eigentümer des Netzes muß anderen den Zugang ermöglichen und selbst die Möglichkeit haben, in fremden Netzen Strom zu transportieren.

**FOCUS:** Die Netzeigentümer können mit hohen Durchleitungspreisen den Wettbewerb unterbinden.

**Goll:** Ich warne vor einer solchen Politik. Wenn Netzeigentümer glauben, aus ihrem Eigentum unternehmerische Vorteile ziehen zu können, muß der Staat mittels Preiskontrolle eingreifen.

**FOCUS:** Ihre Konkurrenten verweisen auf hohe Kosten für den Netzunterhalt.

**Goll:** Die Netze kosten Geld, das die Unternehmen nicht verschenken können. Wir haben aber in der Bundesrepublik einen extrem hohen Standard, und ich bin im Zweifel, ob die Marktteilnehmer den auch künftig bezahlen wollen.

**FOCUS:** Wo sehen Sie Potentiale, Kunden außerhalb Ihres alten Monopolgebiets für die EnBW zu gewinnen?

**Goll:** Entscheidend ist es, dem Verbraucher mehr als die Lieferung vom Strom bis zum Zähler anzubieten. Wenn das Licht ausgeht, ist es ihm egal, ob es am Zähler, an der Sicherung oder an der Steckdose liegt. Daher werden wir komplette Inhouse-Vernetzungen anbieten. Ich kann mir aber auch vorstellen, über

EnBW
Der Südwest-Stromversorger
erzielt mit 10 600
Mitarbeitern einen Umsatz
von 8,1 Mrd.
und einen Gewinn von
435 Mio. Mark

**ANGREIFER:** Der Chef der Energie Baden-Württemberg, Gerhard Goll, 55, fordert Deutschlands Stromriesen heraus

„Bild"

Seite 2 • BILD • 9. September 1999

# Wer ist eigentlich Herr Yello?

Von ULRICH BECKER und UWE MACKENSEN

**Michael Zerr – er färbte Deutschlands Strom gelb!** Er ist „Mister Yello" – kein anderer verkauft bisher den Strom billiger als er!

**Wer ist Herr Yello?**

37 Jahre alt, kurze Haare, Brille. Chef von 100 Mitarbeitern und Geschäftsführer der „Yello-Strom GmbH". Die gehört dem Stromriesen „Energie Baden-Württemberg", Deutschlands viertgrößtem Energieversorger. Er finanziert die gigantische, witzige Werbung.

Seit Juni verkünden die Yello-Leute auf Plakaten und in Anzeigen: „Strom ist Gelb" – und unterbieten gnadenlos die Konkurrenz. Der deutsche Strompreis ist im Schnitt um fast zwei Pfennige pro Kilowatt gefallen (auf 13,5; Quelle: Economist).

**Warum aber Gelb?**

„Gelb, das ist pfiffig und positiv – und so wollen wir auch sein", sagt Zerr. Inzwischen sollen schon 25 000 Kunden bei ihm einen Vertrag unterschrieben haben. Doch der Mann aus Karlsruhe (Jura- und Politikstudium) träumt von viel mehr: **1,3 Millionen Kunden will er in „zwei bis drei" Jahren haben.**

Hobbys? Seine Familie mit Ehefrau Ingrid, Tochter Anne (6), Sohn Niklas (3). Zu mehr bleibt keine Zeit.

**Hat den Strom gelb (engl. = „yellow") gefärbt: Michael Zerr (37), Geschäftsführer der Yello-Strom GmbH. Ziel: 1,3 Millionen Kunden.** Foto: dpa

„Die Zeit"

8 Leben
DIE ZEIT Nr. 36 2. September 1999

ERINNERN

»DIESE SACHE hat mich schier umgebracht«, sagt Bernd Kreutz, Besitzer einer Werbeagentur.

# Der Mann, der den gelben Strom erfunden hat

*Nichts war langweiliger als der Energiemarkt. Bis Bernd Kreutz die Idee kam, aus Strom eine Marke zu machen: Yello. Aber der Weg dahin war lang und hart, und manchmal sah es so aus, als würde Kreutz scheitern. Eine Rekonstruktion.*

Bernd Kreutz hatte verloren, sein Projekt war tot, »so was von tot«, sagt er. Ein paar gelbe Pappen stapelten sich in seiner Agentur, darauf ein seltsames Wort: Yello. Und Kreutz hatte gedacht, das sei eine richtig gute Idee gewesen. Einfach zu behaupten, Strom sei gelb. Aber die Leute von dem Energiekonzern, für den er arbeitete, waren wohl anderer Meinung, und nun saß er da mit seinen gelben Pappen.

Das Telefon klingelte. Ein Dr. Geers meldete sich. Er sei in der CDU und wolle Oberbürgermeister von Dortmund werden. Ob Kreutz ihm eine Werbekampagne machen könne? Kreutz hatte Zeit, Verlierer haben meistens Zeit, also sagte er zu. Traurig sah er auf die Pappen: Gelb und ein bisschen Schwarz. Das sind doch die Farben von Borussia Dortmund, dachte er. Und da Yello tot war, gestaltete Kreutz für Geers Plakate in Gelb und Schwarz. Auch die Schrifttype ist dieselbe.

So kommt es, dass Geers im Wahlkampf den Eindruck machte, als sei er der Kandidat einer Yello-Partei oder wolle Oberbürgermeister von Yello-Town werden. Denn die Stromkampagne war nicht tot. Am 3. August brach sie über Deutschland herein. »Also ich glaube, Strom ist gelb« war plötzlich an allen Ecken zu lesen. Wenn es ein Sinn von Werbung ist, zu überraschen, dann war Kreutz einer der größten Coups der vergangenen Jahre gelungen. Bis dahin ist er einen langen, harten Weg gegangen: anderthalb Jahre, die ihm vorkommen wie sechs. Zweimal sah er aus wie ein Verlierer. Zweimal schaffte er das Comeback.

Der Mann, der Yello erfunden hat, ist mittelgroß und hager. Sein Haar ist grau und sehr kurz. Er ist 49 Jahre alt. In Düsseldorf gehört ihm die Werbeagentur Kreutz & Partner. Das Büro liegt in der Humboldtstraße, wo man durch die Fenster des Besprechungszimmers vor allem Bäume sieht. Hin und wieder rumpelt eine Straßenbahn vorbei. An den Wänden hängt nichts außer einem gelben Plakat.

Ehe Kreutz seinen Bericht von der Entstehung einer Marke beginnt, legt er vier Gegenstände vor sich auf den Tisch, einen Füller, einen Kugelschreiber, eine Packung Blättchen, ein Feuerzeug, und arrangiert sie parallel und in gleichen Abständen.

»Im Oktober 1997«, sagt er dann, »ruft mich ein Herr Goß an, Vorstandsvorsitzender der

1:0

100.000:

# „Danke, Herr Koenigsfeld."

Yello

Strom

**Sie sind unser 100.000ster Kunde.** Dafür möchten wir uns bei Ihnen persönlich bedanken – stellvertretend für alle, die unserem gelben Strom ihr Vertrauen ausgesprochen haben. Denn das hat uns auf Anhieb zur erfolgreichsten bundesweiten Strommarke gemacht. Für alle, die in Zukunft auf „Gelb. Gut. Günstig." umschalten möchten – Anruf genügt: **0800-19 000 19**.

Auf der ersten Pappe war ein Smiley-Gesicht abgebildet, dessen linkes Auge zu einem D geformt war. Linkes Auge D, rechtes Auge O. Zusammen: ein freundliches DO für Dortmund. 1996 hatte ich im baden-württembergischen Landtagswahlkampf eine ähnliche Smiley-Kampagne für die CDU entwickelt, mit großem Erfolg. Auf der zweiten Pappe stand: „Dortmund braucht einen Unternehmer als Oberbürgermeister. Keinen Unterlasser." Das Konzept: Der CDU-Kandidat sollte als ein Mann vorgestellt werden, der politisch etwas unternimmt – zum Beispiel auch gegen den Filz der Genossen.

Lust. Ich unterteilte den Marsch ins rote Rathaus in mehrere Streckenabschnitte. Zunächst die Kennenlernphase mit Smiley-Ausstrahlung auf den Wahlplakaten: „Gestatten, Geers." Dann harte Konfrontation: „Genossen! Ihr habt Eure Chancen gehabt. Wegtreten." Und zum Schluss, im Endspurt: Plakate mit einem kolossalen Geers-Kopf, staatsmännisch lächelnd.

Lust. In den Wahlkampfwochen signalisierten Umfragen einen ständigen Stimmenzuwachs für den CDU-Kandidaten. Die regionalen und bundesweiten Medien witterten eine politische Sensation. So schrieb der „Spiegel": „Nach 53 Jahren droht das nahezu Undenkbare: Ausgerechnet im bislang erzsozialdemokratischen Dortmund könnte ein CDU-Mann bei den Kommunalwahlen gewinnen." Der „Stern" titelte: „Flattern in der ‚Herzkammer' ". Sogar der „New York Times" war mein Wahlkampf in der roten SPD-Hochburg einen ausführlichen Artikel wert. Alarmiert von den Umfrage-Ergebnissen eilten besorgte Spitzensozis wie Kanzler Schröder, NRW-Ministerpräsident Wolfgang Clement und Parteistratege Franz Müntefering in die rote Festung, um den SPD-Kandidaten zu unterstützen.

Lust. Frust. Lust. Bei der Kommunalwahl am 12. September 1999 erhielt der CDU-Kandidat Dr. Volker Geers im „Yello"-Look 47 Prozent der Stimmen, drei Prozent mehr als sein SPD-Konkurrent. Es war das mit Abstand beste CDU-Resultat in Dortmund seit 53 Jahren. Zwei Wochen später: Stichwahl. Dr. Geers verlor knapp – durch eigene Fehler. Schwamm drüber. Immerhin: Die CDU zog als stärkste Fraktion ins Rathaus ein.

Frust. In der EnBW gab es die Abteilung Öffentlichkeitsarbeit. ÖA. Aber eigentlich gab es sie gar nicht. ÖA? Nicht da. Die Unternehmenskampagne lief seit einem Dreivierteljahr, die Vertriebskampagne seit sechs Monaten. Draußen machte sich die EnBW allmählich einen starken, guten Namen. Intern jedoch, unter den Mitarbeitern, herrschte noch immer Unsicherheit. Kein Wunder, denn die Abteilung Öffentlichkeitsarbeit, ausgestattet mit 50 Arbeitsplätzen, wollte partout nicht ihrer vordringlichsten Pflicht nachkommen: nämlich für interne Kommunikation sorgen, die Kollegen mitreißen, die Handlungsmaxime „Mit Energie was unternehmen" mit überzeugenden Inhalten aufladen. Nichts. Die Mitarbeiterzeitung: eine Buchstabenwüste ohne jede Inspiration. Das Kundenmagazin, 1,8 Millionen Auflage: die Langeweile schlechthin. Dann das Erscheinungsbild. Das Richtlinien-Handbuch lag längst vor. Doch die ÖA litt offenbar unter schwersten Sehstörungen: An den EnBW-Gebäuden hingen noch keine Firmenzeichen, die Firmenfahrzeuge waren noch nicht beschriftet, es gab noch keine Hinweistafeln.

Frust. Im März trafen wir uns mit ÖA-Vertretern und führenden Mitarbeitern aus verschiedenen Unternehmensbereichen, um über die überfällige Umsetzung des Erscheinungsbildes zu reden. Die ÖA machte auf „Wir wissen überhaupt nicht, was Sie wollen". Was ja irgendwie auch stimmte. Als wir die Gründung einer Projektgruppe vorschlugen, die sich konkret um die Verwirklichung der Richtlinien kümmern sollte, mauerte die ÖA: Ach, nö. Daraufhin schrieb ich einen Brandbrief an Goll. Schweigen.

Frust. Der Internetauftritt: ein Desaster. Die Schweizer Agentur war an der Aufgabe schon im Jahr zuvor gescheitert. Die Arbeit der Nachfolgeagentur war anders, aber auch nicht viel besser. Nach einem ausgiebigen Wutanfall wurde mir klar, dass der Krampf weniger den Agenturen als – wieder einmal – der Abteilung Öffentlichkeitsarbeit zuzuschreiben war. Die Agenturen hatten die Aufgabe, Inhalte für das Internet aufzubereiten. Aber sie bekamen nichts. Die ÖA und das Stuttgarter Marketingcenter enthielten ihnen alle wichtigen Informationen vor. Und im Intranet, dem innerbetrieblichen Informationsnetz, sah es nicht besser aus. Durch dieses so wichtige Kommunikationssystem, das aus den 12 000 Mitarbeitern eine Gemeinschaft machen konnte, liefen so rasend interessante Informationen wie der tägliche Kantinenplan und der Wochenkalender. Wenn die ÖA tatsächlich was mit Energie unternahm, dann nur eines: Widerstand leisten. So wichtig es ist, neue Kunden zu gewinnen und den Umsatz zu steigern: Wenn die Mitarbeiter nicht motiviert werden, wenn die innerbetriebliche Ambition nicht gefördert wird, dann hat ein Konzern keine Zukunft. Zeitsprung: Auch zum Jahrtausendwechsel waren der Internetauftritt und das Intranet der EnBW immer noch kommunikative Steinzeit.

Lust. Wir wollten dem Boykott der Öffentlichkeitsarbeiter etwas entgegensetzen. Die Mitarbeiter sollten die EnBW-Handlungsmaxime endlich persönlich nehmen. So entwickelten wir eine Motivationskampagne, die mit einem „Tag der Energie" begann: Konzernweit hingen an allen Bürotüren unterschiedliche Kraftsprüche, etwa: „Hier wird nicht gelabert, hier wird gewuselt." Oder: „Dies ist kein Büro. Dies ist ein Energiefeld." In der Phase zwei konnten die Mitarbeiter eigene Energiebekenntnisse ablegen. Zehn Sprüche wurden mit Preisen prämiert. Das Finale der Motivationskampagne fand im zweiten Geschäftsbericht der EnBW statt. In einem Sonderteil wurden 16 Betriebsangehörige vorgestellt, Frauen und Männer, jüngere und ältere, vom Lehrling bis zum Projektmanager. Auf ganzseitigen Fotos demonstrierten sie für den kategorischen Imperativ der EnBW: Jeder Mitarbeiter präsentierte ein Schild mit seinem persönlichen Energieverständnis. „Energie ist, wenn unsere Kunden Erfolg haben." Oder: „Energie ist, wenn das Herz hüpft." Oder: „Energie ist, wenn den Ideen die Taten folgen."

Lust. Gemeinsam mit Herrn Goll planten wir ein EnBW-Kundenmagazin für die Wirtschaftselite. Unsere Idee: Jede Ausgabe ist einer bestimmten Unternehmerpersönlichkeit gewidmet, die betreffende Person wird in allen ihren Facetten porträtiert. Goll brachte es auf den Punkt: „Also praktisch eine ‚Bunte' für das Unternehmertum. Prima! So ein Magazin gibt es noch nicht. Sollte es aber geben, unbedingt." Mit Andreas Lebert erarbeitete ich ein Konzept: „Die EnBW Energie-Portraits erscheinen dreimal jährlich im Vier-Monats-Rhythmus mit einer Auflage von jeweils 10 000 Exemplaren. Zielgruppe: Vorstände von Aktiengesellschaften, Geschäftsführer großer und mittlerer Unternehmen. Inhaltlich folgt jede Ausgabe einer klaren Struktur: Vorwort, großes Interview, geführt von einem renommierten Autor. Zentrale Idee: Während des Interviews unternimmt der Autor etwas mit der Hauptperson, und zwar das, was der Unternehmer jenseits der Arbeit am liebsten macht, beispielsweise Kochen, Bergsteigen oder

‚Mensch ärgere dich nicht'-Spielen. Bebildert wird jede Ausgabe mit Fotos aus den privaten Alben der Unternehmer, ergänzt mit schwarzweißen Interviewfotos." Goll gab sein Okay, ließ sich sogar als Herausgeber einspannen. Die erste Ausgabe sollte Dr. Alex Krauer gewidmet sein: Verwaltungspräsident der UBS-Bank, eines der größten Geldinstitute der Welt, und Ehrenpräsident von Novartis, des aus der Fusion von Sandoz und Ciba hervorgegangenen Chemie-Giganten. Der Kontakt zu Dr. Krauer kam via Goll zustande. Sein privates Adressenbuch ist eine Art „Gothaischer Hofkalender" der Granden aus Wirtschaft und Politik.

Frust. Nach unserer Anzeigenkampagne mit den Energie-Experten wollten wir einen Schritt weitergehen und in Anzeigen namhafte Geschäftsleute vorstellen, die als neue Kunden zur EnBW gekommen waren. Schlagzeile wieder: „Mit Energie was unternehmen". Die EnBW-Vertriebsgesellschaft hatte die Aufgabe, die entsprechenden Chefs auszuwählen und uns mit ihnen zusammenzubringen. Ein paar Wochen lang geschah nichts. In den darauf folgenden Monaten auch nichts.

Lust. Es ist hinlänglich bekannt, dass Regierungschef Gerhard Schröder in seinen Juso-Jahren am Gitterzaun des Bonner Kanzleramtes rüttelte und rief: „Ich will hier rein!" Mit Energie hat er es schließlich geschafft. Warum sollte die EnBW es nicht schaffen, in den Berliner Reichstag zu kommen? Das war meine Überlegung, als im April 1999 die Reichstagseröffnung anstand. Wie schon zum Kanzlerdebüt im November 1998 war auch diesmal eine EnBW-Sonderanzeige fällig. Ich ließ ein wunderschönes Foto von dem hell erleuchteten Kuppelbau machen. Termingerecht zum 19. April, zum historischen Datum, erschien dann in allen Berliner Zeitungen eine ganzseitige Anzeige mit der Schlagzeile „Die Energie-Experten der EnBW: ‚... und jetzt wollen wir auch hier rein.'" Im Lauftext legten wir den Parlamentariern nahe, Haushaltsdisziplin zu üben und den Reichstag von der EnBW unter Strom setzen zu lassen.

Lust. Auf Anregung von Inge Reuhl verordnete ich mir einen zweitägigen Urlaub. Ich hatte vom Bundestagspräsidium eine Einladung zur Reichstagseröffnung bekommen. Am Sonntag, dem 18. April, war ich bereits vor Ort. Der nächste, der historische Tag begann mit einem Triumph, wie es sich gehört. Kurz nach Mitternacht blätterte ich die druckfrischen Ausgaben sämtlicher Hauptstadtzeitungen durch. Ich war überzeugt, etliche große Anzeigen zu finden, die sich auf die Reichstagseröffnung bezogen. Ich fand nur eine einzige: unsere. Die Feierstunde im Reichstag war auch nicht schlecht.

Lust. Immer noch Berlin. Der Reichstag war eröffnet. Abends saß ich mit Ministerpräsident Teufel und anderer baden-württembergischer CDU-Prominenz in einer Kneipe am Bahnhof Friedrichstraße. Es wurde viel geredet, nicht wenig getrunken, und es wurde tiefe Nacht. Am nächsten Morgen entdeckte ich in der „Berliner Zeitung" ein tolles Foto. Kanzler Schröder während der Feierstunde: Er sitzt an seinem Pult, die Hände gekreuzt, den Kopf zurück, den Blick nach oben gerichtet, hinauf ins Kuppellicht. Großartig. In diesem Augenblick wusste ich endlich, warum ich nach Berlin gekommen war: Dieses Foto wird die nächste Erco-Anzeige. Das stand für mich fest. Und so geschah es auch, doppelseitig im „Spiegel". Einige Tage später meldete sich das Presse- und Informationsamt der Bundesregierung und teilte uns die Empfindlichkeit des Regierungschefs mit. Bundeskanzler Schröder was not amused.

Lust. Nutzen wir den Rest dieses Kapitels, um uns vor dem Tempo molto furioso der folgenden sechs Monate noch einmal kurz zu entspannen. Lehnen wir uns zurück und schauen uns den zweiten TV-Spot an, den Dieter Wedel Ende April 1999 für die EnBW drehte. Die Hauptperson kennen wir bereits.

Film ab:

Wir sind auf einem Empfang. Dem Topmanagement eines Konzerns wird der Nachfolger des Vorstandsvorsitzenden vorgestellt, der das Unternehmen in zwei Jahrzehnten zum Weltmarktführer gemacht hat.

Chef: „Auf meine Nachfolgerin."

Die Herrschaften erheben die Gläser und stoßen an. Der Chef beginnt mit seiner Nachfolgerin einen vertraulichen Dialog.

Chef: „Über 20 Jahre lang hat es mir Tag für Tag Freude gemacht; mit all den tüchtigen Mitarbeitern. Können Sie sich das vorstellen?"

Nachfolgerin: „Sehr gut sogar. Ich hab' ja lange genug darunter gelitten."

Chef: „Aber wenn ich Sie geschont hätte, dann ..."

Nachfolgerin: „ ... dann wäre ich wohl kaum Ihre Nachfolgerin geworden. Und außerdem habe ich dadurch Ihr Erfolgsgeheimnis entdeckt."

Chef: „Ach ja?"

Nachfolgerin (flüsternd): „Energie."

Chef: „Das ist es."

## Kapitel 20
## Irrungen und Wirrungen

Mitte Mai 1999 rief Dr. Klon an und lud mich zu einem Gespräch nach, sagen wir mal Frankfurt/Main ein, ins Hauptquartier der Unternehmensberatung. Was Dr. Klon betraf, war mein masochistischer Grundbedarf eigentlich mehr als gedeckt. Trotzdem fuhr ich mit Inge Reuhl hin. Zerr sollte auch kommen.

Wir waren pünktlich wie immer. Eine Empfangsdame führte uns in einen Konferenzraum. Wir warteten. Nach und nach tröpfelten auch andere herein. Schließlich waren wir zu zehnt. Inge Reuhl und ich, zwei Abgesandte von der Kölner EnBW-Filiale und sechs Klon-Kollegen. Grouphead Dr. Klon erschien auch irgendwann. Zerr war noch unterwegs.

Wir hatten keine Ahnung, worum es ging. Aber Dr. Klon hatte. „Fangen wir doch einfach mal an", sagte er. Einer seiner Adjutanten sprang auf und verkündete: „Ich bringe Sie jetzt mal auf den neuesten Stand." Und dann ging's wieder los. Mit Branding. Mit Segmentierungsansätzen, Offense-Strategien und Power-Point-Programmen. Ich will die Sprechblasen hier nicht wiederholen. Einmal reicht. Jedenfalls kann man eine Erkenntnis von Karl Kraus abwandeln und sagen: Manche Unternehmensberater sind das Problem, für dessen Lösung sie sich halten.

Dann kam Zerr und schmiss acht Leute raus. Er wollte „ein Gespräch in kleiner Runde", mit Dr. Klon, Reuhl und Kreutz. Dr. Klon führte seinen Trupp nach draußen, kam zurück, und Zerr kam zur Sache:

Die Entwicklung von „Golem" verzögere sich, der Kampf um die Privatkunden stehe aber kurz bevor – was tun? Zerr wusste die Lösung, glaubte er: „Wir haben doch Yello, das ist doch eine tolle Marke. Und wenn man eine Marke hat, kann man auch Werbung machen."

Für mich lag Yello im „Sarg". Aber wenn Zerr unbedingt meine Meinung hören wollte, warum sollte ich damit hinter dem Berg halten?

„Wir haben eben keine Marke, Herr Zerr", sagte ich. „Was wir bis jetzt haben, ist ein Zeichen und eine Werbeidee. Eine erfolgreiche Marke kann daraus bestenfalls entstehen, wenn es uns gelingt, diese emotionale Qualität auch mit einem rationalen

Produktvorteil zu verbinden, der uns von den Wettbewerbern unterscheidet."

Zerr: „Das glaube ich nicht."

*„Das, was man heute als ‚postmoderne Werbung' bezeichnet, basiert auf der Prämisse, dass alle Produkte wie alle anderen Produkte sind und der einzige Unterschied zwischen diesen Produkten die Werbung ist, die für sie gemacht wird. Postmoderne Werbung verkauft keine Produkte. ‚Wir verkaufen heute keine Produkte, wir verkaufen Werbung.' Ich halte das für Schwachsinn."*

Dave Trott in *Lürzer's Archiv*

„Herr Zerr", begann ich wieder, schon leicht genervt, „wir sind uns sicher einig, dass die Werbung von Sixt Spitzenklasse ist."

Zerr nickte. „Leider wird gerne übersehen, dass der Erfolg von Sixt seinen Ursprung in einem sensationellen Produktangebot hatte. Und das hieß ‚Mercedes zum Golf-Preis'."

Ich merkte, dass ich Zerr damit nicht überzeugen konnte, und startete noch einen Versuch: „Selbst die weltberühmte Marlboro-Kampagne hatte als Ausgangspunkt zwei Produktinnovationen, nämlich einen speziellen Filter und als Verpackung eine Pappfaltschachtel."

Um Zerr nicht zu sehr zu frustrieren, behielt ich eine Geschichte für mich. Ein amerikanischer Agenturchef hatte einen Unternehmer, der eine Kampagne in Auftrag geben wollte, mit einem zunächst verblüffenden Gedanken zur Räson gebracht: „Wenn Sie Ihr Produkt nicht ohne Werbung verkaufen können, werden Sie es mit Werbung auch nicht schaffen." Der Unternehmer hieß Reynolds. Das Produkt wurde später ein Welterfolg. Es hieß „Camel".

Zerr, nun seinerseits etwas genervt, fragte: „Was heißt das?"

Fast beschwörend erhob ich beide Hände und demonstrierte eine Waagschale. „Wir brauchen eine Balance. Auf der einen Seite haben wir eine Werbeidee. Und um nicht aus dem Gleichgewicht zu geraten, brauchen wir auf der anderen Seite einen zusätzlichen Produktvorteil. Das kann aus meiner Sicht nur der Preis sein. Es sei denn, Sie hätten etwas anderes im Angebot. Das wäre natürlich noch besser."

Zu Dr. Klon gewandt, hob Zerr leicht den Kopf und fragte: „Was sagen Sie?" Dr. Klon: „Herr Kreutz hat irgendwie Recht."

Ergebnis: Dr. Klon wollte sich ja eh mit seiner Truppe um das so genannte „Pricing" und um die „Productfacts" kümmern. Kurzum: Yello war immer noch tot. Inge Reuhl und ich fuhren zurück nach Düsseldorf – ratlos.

Am 1. Juni waren wir die Gastgeber. Für Zerr, Dr. Klon und den designierten Marketingleiter der EnBW Energie-Vertriebsgesellschaft. Thema wieder einmal: Start und Auftritt im Privatkundenmarkt. Zerr meinte, der Herr Marketingleiter solle sich mal unsere Yello-Pappen anschauen.

„Warum eigentlich?“, wollte ich wissen, „Yello ist doch tot.“

Da fiel Zerr (scheinbar?) aus allen Wolken: „Wie kommen Sie denn darauf, Herr Kreutz? Unser Baby lebt und heißt Yello.“

Dr. Klon, ganz kinderlieb: „Ja, ja, Yello ist doch gut. Aber ...“

Aber was?

„Aber da gibt es Probleme mit dem Internetauftritt. Wir haben mal nachgeschaut. International ist Yello in vielen Ländern schon besetzt.“ Ach Gottchen, Dr. Klon, dachte ich, ist das Ihre einzige Sorge?

Zerr winkte ab: „Dr. Beck hat das alles überprüfen lassen.“ Worauf sich Dr. Klon flackernden Blicks an einen Computer setzte und mit fahrigen Bewegungen im Internet surfte, während wir anderen einen kleinen Imbiss vom Japaner zu uns nahmen.

Dr. Klon fand ein Yello in den USA. Das beeindruckte Zerr nicht weiter. Aber um den Unternehmensberater ruhig zu stellen, gab er ihm den Auftrag, in den nächsten Tagen alle erdenklichen Wortkombinationen wie Yello electricity oder Yello power anmelden zu lassen. Auch der designierte Marketingleiter bekam einen Auftrag. Er sollte gemeinsam mit Inge Reuhl und den Leuten der Stuttgarter Mediaagentur Promediapart über Medienbudgets nachdenken. Auch müsse unbedingt und schnell ein Termin mit einem Markenanwalt vereinbart werden.

Ich registrierte die Betriebsamkeit mit reservierter Verwunderung. Monatelang hatte man getrödelt, jetzt wurde plötzlich Dampf gemacht. Kam Zerr etwa zur Besinnung? In letzter Sekunde? Abwarten. Nur nicht hoffen, wo Klons das Sagen haben.

Nach dem Essen wollte Zerr spielen. Er hatte eine Idee für eine Ankündigungskampagne. Wir hatten zwar keine Fakten, aber immerhin eine Farbe. Gelb. Zerr war am Zug: „Wir machen einfach gelbe Großplakate. So Riesendinger. Nur gelb. Nur knallgelbe Flächen. Und im Fernsehen machen wir es genauso. Ein 20 Sekunden langer Spot. Wieder nur gelb. Die ganze Mattscheibe knallgelb.“ Suprematisten-Malewitsch hätte seine gelbe Freude an Zerr gehabt. Ich hatte nicht, und gab ihm Kontra. „Kein Mensch, der auf der Straße so ein ‚Knallgelb-und-sonst-nichts‘-Plakat sieht, denkt sich etwas dabei. Er fragt sich höchstens: Will die Deutsche Post uns sagen, dass die Pakete jetzt so groß sind wie diese Plakatwand? Im Fernsehen wird es nicht anders sein. Eine gewisse Dramatik könnte die knallgelbe Mattscheibe vielleicht bekommen, wenn eine Stimme noch etwas dazu sagt. Aber 20 Sekunden lang auf eine gelbe Bildschirmfläche gucken – das haut voll auf die Augen." Zerr wollte es nicht glauben. Und so holte ich einen großen gelben Bogen und eine Stoppuhr. Das Experiment gelang: Nachdem Zerr 20 Sekunden lang auf das Gelb gestarrt hatte, meinte er mit flackernden Augen: „Wahnsinn."

„Wahnsinn", sagte auch ich, als Zerr uns beim Abschied noch mitteilte, dass Dr. Klon inzwischen zum Interimschef eines Kölner EnBW-Entwicklungsbüros ernannt worden sei. Sein Team bestand aus mehreren Unternehmensberatern und einigen EnBW-Angestellten.

Das war es dann an diesem Tag. Ob ich mich über das völlig unerwartete Comeback der Yello-Idee freute? Mitnichten. Ich glaubte noch nicht daran.

Dr. Klon verlor an Boden. Aber Klons wollen nicht weichen, nie und nimmer. Und Klons kleckern, wenn sie nicht klotzen können.

Dr. Klon kleckerte Mitte Juni beim Markenanwalt Dr. Völker in Stuttgart. Inge Reuhl hat es erlebt. Zerr und EnBW-Justiziar Dr. Beck waren auch dabei.

Eine kurze Erklärung vorweg: Im Markenzeichenrecht gibt es so genannte Warenklassen, beispielsweise Spielzeug, chemische Erzeugnisse, Telekommunikation oder Garne und Fäden. Gewöhnlich lässt man eine Marke nur in den Warenzeichenklassen schützen, die für den betreffenden Geschäftszweck in Betracht kommen. So wird ein Hersteller von Windeln seine Marke kaum unter die Rubrik „Unedle Metalle und deren Legierungen" oder gar für alle Warenklassen nebst Unterklassen eintragen lassen. Solche Eintragungen sind nämlich nicht billig, und gelten nur für eine begrenzte Zeit.

Dr. Beck hatte Yello bereits im Bereich Energie angemeldet. Jetzt wollte man überlegen, welche Optionen noch in Frage kämen.

Dr. Klon ließ keinen Zweifel daran, dass Yello in mindestens 100 Warenklassen inklusive Unterklassen präsent sein müsse, und zwar weltweit, in den USA genauso wie in der ozeanischen Republik Nauru. Wenn aber in irgendeiner Warenklasse irgendwo in der weiten Welt bereits ein Markenzeichen Yello existiere, dann müsse man leider, leider von dem Markennamen Yello überhaupt Abstand nehmen. So das Kleckerkalkül von Dr. Klon.

Man muss sich das mal vorstellen: Da ist ein Energiekonzern, der viertgrößte in seiner Branche. Dieser Energiekonzern muss sich auf den Wettbewerb im deutschen Privatkundenmarkt vorbereiten, und zwar ganz fix. Denn wenn er zu spät kommt, verliert er nicht nur Gewinnchancen in einem Milliardengeschäft, sondern auch seine Reputation. Der Konzern hat eine Werbeagentur engagiert und eine Unternehmensberaterfirma. Die Werbeagentur entwickelt eine Werbeidee, die dem Energiekonzern einen fulminanten Wettbewerbsstart garantiert. Die Unternehmensberaterfirma aber, vom Konzern üppig honoriert, setzt ihre ganze Energie daran, die von der Werbeagentur entwickelte Marke zu kippen und den Wettbewerbsstart des Energiekonzerns zu verzögern. Und zwar nur aus einem Grund:

Gestützt auf einen großen, bunt promovierten Expertenstab, ausgerüstet mit Analysen, Expertisen und einem Furcht erregenden Fachjargon, wollte die Unternehmensberaterfirma sich in dem Energiekonzern als eine Art strategischer Vormund und Meister aller Marken etablieren.

Aber da war ein Werbemensch, der nur mit den Bordmitteln seines Kopfes arbeitet, und stahl ihr die Schau.

Das kann die renommierte, von ausländischen Dependancen flankierte Unternehmensberaterfirma nicht akzeptieren. Und so blockiert und boykottiert sie. Und nimmt dabei billigend in Kauf, dass dem Konzern dadurch möglicherweise hohe finanzielle Verluste entstehen und am Ende noch Menschen ihren Arbeitsplatz verlieren.

Über eine Stunde lang las Dr. Klon aus einer Warenklassenbroschüre vor und forderte Yello-Optionen für Bereiche wie „Technische Öle, Fette und Schmiermittel“ und „Kämme, Schwämme und Bürsten“. Inge Reuhl konnte ihn schließlich stoppen. Der Markenanwalt versprach entnervt, zu suchen und zu prüfen. Was in Zerrs Kopf vorging, vermag ich nicht zu sagen.

Und die Zeit lief uns weiter davon.

## Kapitel 21
## To live and have fun

Man müsste mal ein Buch über die Rolle des reitenden Boten in der Weltgeschichte schreiben. Oft hat sein Eintreffen eine historische Wende eingeleitet. Bei mir klingelt immer das Telefon.

Also, es klingelte das Telefon. Zerr war's. Er raste über irgendeine Autobahn, rief per Handy an:

„Wir müssen uns unbedingt treffen, am 29. Juni in Stuttgart. Wegen Yello."

„Wer wir?", fragte ich.

„Sie, Frau Reuhl, Dr. Klon und ich."

Als ich den Namen Klon hörte, wollte ich auflegen. Doch da sagte Zerr etwas, das meine sensibilisierte Phantasie sofort in Aufruhr versetzte.

„Es wird zwei Termine geben. Das erste Gespräch findet von zehn bis zwölf Uhr statt, mit Dr. Klon. Anschließend setzen wir drei uns zusammen, Reuhl, Sie und ich. Ohne Dr. Klon. Dann erzähle ich Ihnen, worum es geht. Das erste Gespräch ist überhaupt nicht wichtig. Es ist nur ein Ablenkungsmanöver. Ich muss Dr. Klon auf eine falsche Fährte bringen", sagte Zerr.

29. Juni 1999. EnBW Energie-Vertriebsgesellschaft in Stuttgart. Im Besprechungszimmer von Michael Zerr, zehn Uhr:

Dr. Klon brachte einen maßgeschneiderten Kollegen mit, und beide hatten extrem gute Laune. Dr. Klon verkündete: „So, jetzt wollen wir mal zeigen, wie wir uns das mit der Marke Yello vorstellen."

Und dann trugen sie vor, was sie bei einem „Brainstorming" in ihrem Hauptquartier ausgebrütet hatten. Nämlich folgende Yello-Slogans:

„To live and have fun" und „Be inspired"
„Innovation by Inspiration" und „Die Lust auf Power"
„Sun for life" und „Energy for life"
„Enjoy energy" und „Energy for fun"
„Die Energie, die lacht und lebt" und „Keep it simple and fair"
„Don't worry be yello" und „Power of the fittest".

Wenn ich es mir aus irgendwelchen Gründen nicht gestatte, mich vor Lachen auf dem Boden zu wälzen, denke ich immer ans Zähneziehen. Diesmal musste die ganze obere Reihe dran glauben.

Auch Inge Reuhl tat sich schwer. Ich sah, wie sie unterm Tisch ihre Knie zusammenpresste.

Dann zeigten Dr. Klon und sein Adlatus ein paar Charts: Yello-Kreise. Ein Kreis mit zwei Punkten drin, ein Kreis mit Dreiecken, ein Kreis mit Dreiecken und Punkten usw.

Der Favorit der Unternehmensberaterfirma war ein in der Mitte geteilter Kreis mit einem Punktepaar, das die Löcher einer Steckdose symbolisieren sollte. Keine Sinuswelle. Auch von Yello Strom keine Rede.

So ging das weiter. Das war nicht, wie Fritzchen sich die Werbung vorstellt. Das war pränatale Phase.

Auch über PR-Maßnahmen hatten die Unternehmensberater nachgedacht. Yello-Figuren als Unterstützung bei der Wettervorhersage. Yello sunshine, Yello rainman. Yello-Figuren als Stoffpuppen. Yello-Figuren als Pommes-Beilage bei McDonald's. Yello-Figuren in Kinderüberraschungseiern. Yello-Sommerfestaktion bei Ikea, mit Spielburgen in Gelb. Und so weiter und sofort. Inge Reuhl musste auf die Toilette, und ich verlor auch alle unteren Zähne.

Die Situation war so extrem, dass ich plötzlich unsicher wurde. Für ein paar Sekunden wusste ich nicht, ob ich vielleicht das Arschloch in der Runde bin, das nicht den leisesten Schimmer von Werbung hat. Oder sind Dr. Klon und sein Appendix einfach durchgeknallte Typen aus der Irrenanstalt, und es ist meine zivile Pflicht, sofort 110 anzurufen und zu sagen: Holen Sie diese zwei Typen hier ab, bringen Sie gleich die Gummianzüge mit und stecken Sie die in Zellen, aber bitte keine Bestecke, denn die machen eine Skulptur daraus.

Es war bizarr ohne Ende.

Und Zerr saß da mit ernstem Gesicht. Dann war es 12 Uhr. Dr. Klon und sein Adlatus wurden von Zerr zur Tür gebracht und freundlich verabschiedet.

Das „Ablenkungsmanöver" war ausgestanden. Was hatte Zerr zu bieten?

Zunächst eine Überraschung. „Mir ist klar geworden", begann er, „dass Dr. Klon doch nicht das Format hat, entscheidende Impulse für den bevorstehenden Wettbewerb zu geben."

Endlich.

Zerr weiter: Am liebsten würde er den Vertrag mit den Unternehmensberatern sofort aufkündigen, aber das gehe leider nicht; denn Dr. Klon und sein Anhang seien bereits zu tief in die vorbereitenden EnBW-Strategien eingeweiht. Bei einer Kündigung sei nicht auszuschließen, dass Dr. Klon wichtige Informationen an die Konkurrenz weitergeben werde.

Ich hörte es und fühlte keinen Triumph und schon gar keine Schadenfreude. Ich registrierte nur, dass endlich das geschehen war, was schon viel früher hätte geschehen müssen.

Der Abfall von Dr. Klon war jedoch nur ein Nebenthema. Die eigentliche Sensation kam jetzt:

„Bisher blieb uns nur wenig Zeit", sagte Zerr. „Nun haben wir gar keine mehr. Denn wir haben unseren Auftritt im Privatkundenmarkt vorverlegt. Wir werden nicht erst im Oktober, sondern bereits Ende Juli in den Wettbewerb starten." Endlich wieder „junger Bär", strahlte Zerr uns an: „Ist das nicht ein Hammer?"

Ja, das war einer. Geliefert hatte ihn der EnBW-Vorstandsvorsitzende Gerhard Goll, indem er einen Kontakt zum Hamburger Otto-Versand hergestellt hatte.

„Das schaffen wir doch, oder?", fragte uns Zerr.

Fast fünf Monate waren seit dem ersten Gespräch zum Thema „Privatkundenmarkt" vergangen. Vier Monate lang war Zerr in die falsche Richtung gelaufen. Jetzt blieben uns nur noch 30 Tage bis zum Start.

„Wir werden wahrscheinlich nicht alles schaffen", sagte ich. „Aber wir kriegen einen Auftritt hin, der sich sehen lassen kann."

Jede Menge Probleme standen an.

Weil Dr. Klon auf keinen Fall etwas von der neuen Entwicklung erfahren durfte, mussten auch die Geheimnisträger im Kölner Büro, die Klon-Kollegen und die EnBW-Mitarbeiter, hinters Licht geführt werden. Zerr hatte bereits konspirativ vorgesorgt.

In Hamburg, fernab von Köln, waren mehrere Räume für eine verdeckt arbeitende Kommandozentrale angemietet worden. Dort sollte schon am nächsten Tag, am 30. Juni, eine handverlesene, zur strengsten Geheimhaltung verpflichtete EnBW-Mannschaft ihre Arbeit aufnehmen und den vorgezogenen Marktauftritt vorbereiten. Inge Reuhl hatte zum Glück einen Zweitanzug im Koffer und flog statt nach Düsseldorf direkt an die Alster. Am nächsten Morgen um Punkt 9 Uhr war der erste Termin beim Otto-Versand.

Dr. Klon spielte seine „Topsecret"-Rolle weiter an der Rampe und ahnte nicht, dass das eigentliche Stück jetzt hinter den Kulissen stattfand.

Und ich?

Ich stehe in der Mitte des Neckarstadions, allein mit Yello Strom. Und plötzlich geht das Licht an. Flutlicht. Und eine Stimme brüllt aus den Lautsprecherboxen: Legen Sie los, Kreutz! Legen Sie los!

## Kapitel 22
## Orakel

Legen Sie los, Kreutz!

So hörte ich es brüllen. Und ich brüllte aus Leibeskräften zurück: womit denn?

Für Zerr war alles klar: Wir haben eine Marke, wir haben eine Kampagne, wir haben alles, was wir brauchen, um der Konkurrenz den Strom abzustellen.

Für mich war zu diesem Zeitpunkt überhaupt nichts klar. Seit dem „Golem"-Desaster in Karlsruhe war über vieles geredet worden, nur nichts Konkretes über Yello Strom. Zwar hatte Zerr beteuert: „Das Baby lebt." Aber was hieß das schon? Gepäppelt hatte er es jedenfalls nicht und ich seit über vier Monaten auch nicht mehr. Jetzt sollte ich es plötzlich zum Laufen bringen, in Bestzeit.

Das Schlimmste: Ich hatte meine Begeisterung verloren. Da war nur noch ein Pflichtgefühl, Goll und der EnBW gegenüber. Ein verpatzter Marktstart wäre für den jungen, bisher sehr erfolgreichen Konzern ein folgenschwerer Rückschlag. Damit kein falscher Eindruck entsteht: Ich glaubte nicht, dass der Wettbewerbserfolg der EnBW von der Marke Yello Strom abhing. Ich wusste es. Andererseits war ich mir nach der monatelangen Auszeit nicht mehr sicher, ob unsere Idee wirklich eine Sensation war.

Die alten Griechen befragten das Orakel, wenn sie von Zweifeln geplagt wurden. Ich habe für solche Fälle einen Vertrauten. Einen Mann, der so viel von Kommunikation versteht wie kaum ein anderer in Deutschland. Und der überdies nicht orakelt, sondern deutlich sagt, was Sache ist. (Wie er heißt? Verrate ich nicht.) Ich rief ihn an: „Ich bin in einer Notsituation."

Der Vertraute: „Wir können uns heute Abend in Berlin treffen. Allerdings habe ich nur eine Stunde Zeit."

Am Abend des 2. Juli betrat ich mit meinem Präsentationskoffer die Eckkneipe des Berliner „Grandhotel Esplanade". Der Vertraute war noch nicht da. Ich bestellte mein Lieblingsgericht: Reibekuchen mit Apfelmus. Eine Henkersmahlzeit? Fünf Minuten später erschien der Vertraute. Auch er ließ sich noch schnell Reibekuchen kommen. Dann nahm ich meinen Koffer, und wir gingen ins Eckzimmer, das uns Herr Merl, der Eckkneipenwirt, freundlicherweise frei gemacht hatte. Dort erklärte ich kurz, worum es ging, klappte dann den Koffer auf und sagte: „Ich zeige Ihnen jetzt einfach die Idee, ein paar Beispiele für die Werbung und noch ein bisschen Drumherum. Anschließend möchte ich von Ihnen wissen, ob es der Hammer ist oder eine grandiose Scheiße."

Erste Pappe. Zweite Pappe. Der Vertraute stand von seinem Stuhl auf. Dritte Pappe. Und der ganze Rest. Dann fragte ich: „Na? Was sagen Sie dazu?"

Der Vertraute fasste sich kurz: „Herr Kreutz, machen Sie sich keine Sorgen. Das ist keine Scheiße, das ist der absolute Wahnsinn." Dann schüttelte er mir die Hand und verschwand. Ich packte die Pappen wieder in den Koffer und bestellte noch einmal Reibekuchen. Keine Henkersmahlzeit, sondern ein Festmahl. Die alte Begeisterung war wieder da. Mit fünf Sternen. Und Energie. Ich hatte Zerr einen „Auftritt, der sich sehen lassen kann" versprochen. Den sollte er bekommen.

Zurück in Düsseldorf, traf ich auf eine Inge Reuhl, die sich im Zustand beginnender Panik befand. Sie war in Hamburg gewesen und hatte dort mit Marketingleuten vom Otto-Versand gesprochen: „Wenn wir mit Yello Strom in den nächsten Katalog wollen, müssen wir ihnen Fakten liefern, bis spätestens 10. Juli", berichtete sie. „Sie wollen vor allem den Namen der Marke und den Strompreis wissen."

Das war durchaus berechtigt – vom Standpunkt der Otto-Leute aus. Doch wir hatten jetzt zwei weitere Probleme. Über das Preisangebot für die Tarifkunden wurde in der EnBW-Chefetage noch akribisch nachgedacht. Und Yello Strom schon jetzt in Hamburg beim Namen zu nennen, das war Horror für mich. Denn die rückkehrende Begeisterung hatte auch ihre dunkle Zwillingsschwester wieder mitgebracht: die Sorge. Die Sorge, eines Morgens die Zeitung aufzuschlagen und eine gelbe Seite zu sehen, und zwar nicht von der Post oder der Fluggesellschaft Condor. Und es ging nicht nur um Gelb. Wenn die Idee, dem Strom eine Farbe zu geben, von einem anderen Konzern aufgegriffen und vor uns an die Öffentlichkeit gebracht würde, dann hätten wir plötzlich keine Marke mehr.

Wo sich zwei neue Probleme treffen, da stellt sich schnell auch ein drittes ein. Es gab bereits einige kleine Stromanbieter auf dem Privatkundenmarkt, unter anderem Ares Energie in Berlin. Die Firma hatte es geschafft, in das Vertriebsnetz der Handelskette

ProMarkt aufgenommen zu werden. Doch Pech für Ares Energie, dass die anschließende Schlagzeile nicht lautete: „Ares Energie verkauft Strom bei ProMarkt", sondern „ProMarkt verkauft Billigstrom an Privathaushalte der Region".

Eine ähnliche Katastrophe drohte uns auch. „Otto verkauft Strom": ein Gau für die EnBW. Darum mussten wir noch vor dem Erscheinen des Katalogs für einen bundesweiten und spektakulären Auftritt von Yello Strom sorgen. „Yello Strom jetzt auch bei Otto": So war es richtig. Nur so.

Fast fünf Monate Winterschlaf. Dann schockartig die Augen auf. Aber da ist kein Frühling mit flatterndem blauem Band. Da ist bereits schweißtreibender Hochsommer im Stadion, und die Zunge hängt einem schon aus dem Hals, bevor man überhaupt hallo gesagt hat. Laut meinem Terminkalender habe ich in den folgenden Wochen, bis Anfang Oktober, im Durchschnitt nicht mehr als vier Stunden pro Nacht geschlafen.

Immer wenn es ganz eng wird, sinkt mein Blutdruck. Ich werde ganz ruhig. Bestandsaufnahme. Was haben wir? Eine Idee, ein Zeichen und verschiedene Entwürfe. Keine Reinzeichnungen. Die Entwürfe waren nur als Entwürfe gedacht. Zerr hatte sie zwar abgesegnet, aber ich durfte aus Zeitmangel nicht die Abkürzung nehmen. Gerade jetzt galt: Sorgfalt und Disziplin.

Meine Stammbesetzung: Martina Gerling, Marcel Klenk, Petra Lefert, Frauke Milbrecht, Andrea Münstermann, Inge Reuhl, Tania Polich und Peter Schlotte. Zur Verstärkung holte ich noch zwei freie Texter dazu. Zwei hoch begabte Seiteneinsteiger: Karl Böhm, studierte in Oxford Literatur und Anglistik, war Gymnasiallehrer und textete mehrere Jahre fest angestellt für eine renommierte Werbeagentur; und Reinhard Kiehl, diplomierter Designer und Fotograf mit Segen der berühmten Essener Folkwang-Professoren Otto Steinert und Willy Fleckhaus. Ich sagte ihnen deutlich, was sie erwartete: „Ihr müsst mir vertrauen. Wenn ich sage, das ist nichts, dann ist das nichts. Wir haben keine Sekunde Zeit, darüber zu diskutieren, warum es nichts ist. Mein Urteil gilt, es gibt keine höherere Berufungsinstanz." Böhm und Kiehl akzeptierten.

## Kapitel 23
## Ein Sommernachtstrauma

Zerr und Demuth gaben sich luftig. Offenes Hemd, kurze Ärmel. 4. Juli 1999. Ein Sommersonntag. „O Himmel, strahlender Azur!" Sie kamen abends in unsere Agentur, kurz vor 20 Uhr, um „ein bisschen über Werbung" zu reden. Hallo, wie geht's denn so?

Bevor ich etwas sagen konnte, griff Zerr zum Handy und tippte eine Nummer ein. Während er auf die Verbindung wartete, erklärte er uns stolz, dass er für Yello Strom die Internetprofis schlechthin aufgetan habe: „Junge Leute. Die machen uns den besten Internetauftritt der Welt", verkündete er mit diesem typischen Zerr-Glanz auf den Pupillen. Ich war alarmiert. Ich dachte an meine Erfahrungen mit den Schweizer Netzwerkern, die für die EnBW auch den Internetgipfel erklimmen wollten und kläglich abgestürzt waren.

Die Verbindung stand; Zerr bat die Weltmeister, das letzte Flugzeug nach Düsseldorf zu nehmen und gegen 23 Uhr in die Humboldtstraße zu kommen.

Ich führte Zerr und Demuth in unseren Besprechungsraum. Dort hatte ich Arbeit für sie vorbereitet: An einer langen Magnetschiene hingen dicht an dicht 20 DIN-A4-Blätter, von einer Wand zur anderen. Auf jedem Blatt standen mehrere Stichworte zu offenen Fragen. Zerr und Demuth guckten betreten à la „Muss das sein?".

Ja, musste sein. Zur Einstimmung gab ich ihnen einen Artikel aus dem druckfrischen „Focus", den wir vor einer Stunde am Bahnhofskiosk besorgt hatten. Doppelseitige Aufmachung, Schlagzeile: „Spar mal Watt!" Vorspann: „Privatkunden haben die Wahl: Neue Anbieter mischen den Strommarkt auf. Wie Verbraucher jetzt Energie zum Sonderpreis bekommen." Viele bunte Bildchen, Tabellen und Kästchen: „Strom vom Händler", „Billig im Pool" usw. Ein Unternehmensberater namens Klaus-Dieter Maier prophezeite: „In den nächsten neun Monaten fallen die Preise um ein Drittel. Privatkunden zahlen dann weniger als 20 Pfennig pro Kilowattstunde."

Um das Thema „Preis" hatte Zerr sich bisher immer gedrückt. Auch diesmal wirkte er nicht gerade elektrisiert. Er bekam eine Schonfrist: Ich hob mir das Preisproblem fürs Finale auf. Zunächst konfrontierte ich Zerr und Demuth mit den Stichworten an der Magnetschiene.

Es wurde eine Nachtsitzung mit vertauschten Rollen: Die „Werbeagentur Zerr & Demuth“ wollte über Werbung reden; das „Management Kreutz & Reuhl“ wollte zunächst die Geschäftsgrundlagen festlegen und das Produkt definieren.

Bestimmte Situationen kommen mit bestimmten Verben daher. In dieser Nacht waren es die drei Druckmacher: „Sollen. Müssen. Brauchen.“

Stichwort „Marke“: Ist die Marke „Yello Strom“ jetzt wirklich eingetragen? Wie sehen wir selbst die Marke? Ist es nur eine preisgünstige Strommarke, oder ist es eine Marke, die auch zusätzlichen Service bietet? Welche Dienstleistungen? Gibt es eine Projektgruppe in der Vertriebsgesellschaft, die über zusätzliche Produktangebote nachdenkt? Mit welchem Sprachgestus treten wir auf? Was ist frech? Was ist frisch?

Stichwort „Firma“: Wo soll eigentlich der Firmensitz sein? Auf keinen Fall in Baden-Württemberg, im Schatten des Mutterkonzerns. In Berlin? Eher nicht. Warum nicht in Köln – mitten im Stammland unseres Hauptkonkurrenten RWE? Genau: Köln ist gut.

Weiter: Was hat die Firma für eine Rechtsform? Wer sind die Geschäftsführer? Bis wann können wir mit den Informationen für die Geschäftsausstattung rechnen?

Stichwort „Erscheinungsbild“: Damit es später keine Unsicherheiten in der Gestaltung gibt und die Marke auch in den folgenden Jahren ihre charakteristischen Merkmale behält, habe ich die Grundlagen für ein Erscheinungsbild entworfen.

Stichwort „Vertriebswege“: Wir waren uns einig über die Einrichtung eines Call-Centers für den Direktvertrieb. Der zweite Vertriebsweg führte über den Otto-Versand. Welche Möglichkeiten kamen außerdem in Frage? Sollten wir Kontakt mit den Stadtwerken aufnehmen? Ich hatte die Titelseite für eine Informationsbroschüre vorbereitet: „Marketing-Kooperation mit den deutschen Stadtwerken. Yello Strom.“ Warum die Stadtwerke als Konkurrenten behandeln? Warum ihnen keine Partnerschaft anbieten, möglicherweise auf Franchise-Basis? Und was ist mit „Yello-Shops“ – als Ladenkette oder als Mieter in großen Kaufhäusern?

Das Thema „Call-Center“ war ein wunder Punkt, besonders für

Demuth, den Verantwortlichen für diesen Bereich. Logistisch ist es nahezu unmöglich, in wenigen Wochen ein Call-Center in der notwendigen Größenordnung aufzubauen. Hinzu kommt die Schulung des Personals. Aber zum Start brauchen wir diese zentrale Sammelstelle für Anrufe. Auch eine Kundenhotline muss eingerichtet werden.

Stichwort „Werbung“: Wir brauchen eine erste Stufe – Ankündigung und Einführung. Dann eine zweite Stufe, in der es richtig zur Sache geht. Wir müssen uns unterhalten über den Mediabereich, über die Mediengattungen, die wir belegen. Tageszeitungen, Publikumsmagazine, Radio, Fernsehen, Großplakate, Bannerwerbung im Internet. Welche Botschaften für welche Medien?

Stichwort „Internet“: Wenn wir die Werbung starten, müssen wir bereits einen Internetauftritt haben, zumindest in einer Minimalversion. Und sind die Internet-Domaines überhaupt eingetragen?

Stichwort „Otto-Katalog“: Wie soll die Werbung darin aussehen?

Sollen. Müssen. Brauchen. Zerr und Demuth hatten sich inzwischen die Hemdkragen zugeknöpft.

Stichwort „Verbraucherinformation“: Wir müssen einen Produktprospekt oder ein Direct Mailing machen. Wir brauchen Anschreiben für die Nachfassaktion, Prospekte, Willkommensschreiben, Willkommensgeschenke.

Stichwort „Promotion“: Displays, Dispenser, Beilagen, Hauswurfsendungen, Postkarten, Promotion-Teams. Alles klar?

Stichwort „Sponsoring von Yello Strom“: Können wir uns bei den schwarz-gelben Borussen-Kickern einkaufen? Sollen wir auch Popkonzerte und sonstige Kulturereignisse unterstützen?

Stichwort „Public Relations“: Wir brauchen eine Pressekonferenz zum Start. Wir brauchen eine kontinuierliche Pressearbeit, das ist das A und O. Wir brauchen in der PR auch eine Aufgabenverteilung zwischen internen und externen Abteilungen und Mitarbeitern. Gute Öffentlichkeitsarbeit zum Marktstart ist enorm wichtig. Unser Auftritt wird für Furore in den Medien sorgen, hoffentlich. Das muss strategisch gelenkt werden. Wir brauchen einen erfahrenen Experten. Keine PR-Agentur, in der 28 Berater an einem Tisch sitzen, von denen keiner einen Brief schreiben kann.

Was wir unter keinen Umständen brauchen können, ist die Abteilung ÖA der EnBW.

Stichwort „Personal Publicity“: Wenn wir mit unserer ersten Kampagne keinen Erfolg haben, sind wir alle die Verlierer und können einpacken. Funktioniert sie aber, richtet sich das Interesse der Medien auf eine einzige Person. Erfolgsgeschichten werden im Singular geschrieben. Welche der handelnden Personen kommt für die Heldenrolle in Frage? Goll als Vorstandsvorsitzender? Zerr oder Demuth als Geschäftsführer der EnBW Energie-Vertriebsgesellschaft und der zu gründenden Yello Strom GmbH? Es muss vorher geklärt werden, wer von diesen drei Personen seinen Kopf für den Lorbeer hinhalten wird.

Zerr und Demuth waren bis jetzt noch wie zwei Brüder. Ich wusste: An dem Tag, an dem einer von ihnen die mediale Verantwortung für Yello Strom übernimmt, ist ihr bisheriges Verhältnis nur noch Vergangenheit. Im besten Fall werden sie sich auch weiterhin gegenseitig respektieren und kollegial zusammenarbeiten. Aber einer wird der Chef sein, und er wird diese Rolle so weit verinnerlichen müssen, dass er schließlich fest an seine Überlegenheit und größere Kompetenz glaubt.

Soll Goll an der ersten großen Pressekonferenz teilnehmen? Auch eine wichtige Frage. Also soll er? Besser nicht. Denn wenn der Auftritt wider Erwarten ein Reinfall wird, kann Goll – theoretisch jedenfalls – am nächsten Tag die Geschäftsführer rausschmeißen und sagen: Die waren es.

Es folgten noch andere Stichworte, Fragen und Appelle. Zerr und Demuth machten Vorschläge, Einwände und lange Gesichter. So hatten sie sich den Sommerabend in der Agentur „Kreutz & Partner“ nicht vorgestellt. Und das dicke Ende kam erst noch.

Der „Focus“-Artikel war ein mediales Klingeln kurz vor dem Big Bang. Das ahnte ich, fühlte ich, wusste ich. „Wir müssen die Ersten sein, die groß rauskommen“, sagte ich. Zerr und Demuth nickten eifrig und leichtfertig.

Ich weiter: „Die kleine Ares-Firma mit ihren acht Leuten, die ist keine Bedrohung für uns. Aber die RWE oder PreussenElektra, auch die mittelgroßen Konzerne wie Bayernwerk oder HEW, die können uns den Auftritt verderben.“ Und darum: „Ende Juli müssen wir auf einer Pressekonferenz bereits bundesweit Farbe bekennen: Strom ist gelb.“

„Da kriegen wir vielleicht ein Problem", sagte Zerr. „Ende Juli schaffen wir möglicherweise nicht, schlimmstenfalls wird es Mitte August. Aber die anderen sind bestimmt auch nicht schneller."

„Herr Zerr! Ich weiß mit absoluter Sicherheit, wie die Marketingtechnokraten in Konzernen denken, ich weiß es einfach, nehmen Sie es so hin. Wenn die RWE-Leute darüber diskutieren, wann sie losschlagen sollen, wird ein Marketingtechnokrat seinen Kalender nehmen und nachschauen, wann die Sommerferien in Nordrhein-Westfalen zu Ende sind. Und dann beschließen alle, dass die RWE es am ersten Schultag, am 2. August, krachen lässt. Der 2. August ist ein Montag. Das bedeutet, dass wir der RWE spätestens am letzten Freitag im Juli zuvorkommen müssen."

Zerr und Demuth saßen da und machten dicke Backen. Ich spürte, dass sie mich nicht ernst nahmen. Wahrscheinlich dachten sie: Den darf man jetzt um Himmels willen nicht reizen, lassen wir ihn einfach reden.

Doch vorerst klingelte es. Die Internetprofis kamen in Gestalt einer jungen Frau und eines jungen Mannes. Wir warteten mit dem Gespräch, bis frischer Kaffee kam. In der Zwischenzeit will ich deren Firma kurz vorstellen: Sie ist durchaus renommiert, zu ihren Kunden gehören einige namhafte Unternehmen. Gegründet hat sie ein inspiriertes Junior-Cleverle. Gefördert wurde er von einem Senior-Cleverle. Irgendwie und irgendwann stieß auch Goll auf die Hoffnungsträger und ließ Zerr mal vorfühlen. Zerr schaute in deren Werkstatt in diese typischen WWW-Wundertüten und war seitdem fest davon überzeugt, den deutschen Bill Gates für Yello Strom entdeckt zu haben.

Zerr war wieder einmal auf Tripp. Es würde Ärger geben, das spürte ich. Ich erinnerte mich an ein Gespräch über das EnBW-Tarifkundengeschäft. Damals hatte Zerr die Zielgruppe der so genannten „Innovators" favorisiert: Man müsse besonders die „jungen Wechselwilligen, die flexiblen, agilen Menschen" ansprechen. Ein Humbug! Aber offenbar wollte Zerr auch für Yello auf diese Minderheitengruppe setzen. Die „Innovators" als Rattenfänger für die Massen. Mit dieser Vorstellung sind schon die Marketingleute von Smart gescheitert. Zwangsläufig. Denn Elite, vermeintliche oder echte, imponiert nicht mehr. Die gesellschaftlichen Verhältnisse haben sich verkehrt: Heute ist die Masse der Rattenfänger, und die Elite (ein grausiger Begriff) läuft hinterher.

Während die Gäste bereits am heißen Kaffee nippten, gab ich meiner Empörung innerlich den letzten Schliff: Ausgerechnet Zerr redet davon, dass Yello Strom den besten Internetauftritt der Welt bekommen muss! Ausgerechnet Zerr, der es zulässt, dass die EnBW den miesesten Internetauftritt aller großen deutschen Energieversorgungsunternehmen hat!

Das Gespräch begann, und zwar genauso, wie ich es erwartet hatte: Zerr wollte schon wieder den besten Internetauftritt der Welt, und die Leute von der Agentur nickten und nickten und schlugen vor: „Da können wir schöne Vektorgrafiken machen." So ging es weiter. Etwa zehn Minuten. Dann fragte mich Zerr: „Ist doch toll, oder?"

Zerr grinste.

„Mich interessiert das alles nicht", erwiderte ich. „Wir wollen Strom verkaufen. Und deswegen machen wir Werbung. Diese Werbung wird die Leute anregen, sich auch im Internet über Yello Strom zu informieren."

„Und dann erleben sie den schönsten Internetauftritt der Welt", sagte Zerr, wieder mit diesem herausfordernden Grinsen, mit dem er seine Lehrer früher in Richtung Herzinfarkt getrieben haben muss.

Ich atmete tief durch. „Es geht in erster Linie darum, dass sich die potenziellen Kunden schnell informieren können und dass sie möglichst nach zwei Minuten einen Stromvertrag abgeschlossen haben. Vor allem brauchen wir im Internet eine Vergleichstabelle mit Stromtarifen. Die Leute müssen sofort sehen können, woran sie sind und womit sie zu rechnen haben. Brot und Spiele. Nicht umgekehrt."

Das Internet-Paar hatte mit ausdruckslosen Gesichtern zugehört. Es verabschiedete sich schnell. Zerr träumte weiter vom besten Internetauftritt der Welt. Es sollte schon bald ein Alptraum für uns werden.

Nun das Finale. Die „Preis"-Frage. Und damit wurde dieser Termin für Zerr und Demuth vollends zum Sommernachtstrauma.

Wir hatten uns Essen bringen lassen, und jetzt aßen wir endlich. Nudeln und Salat. Ich wünschte guten Appetit und fragte: „Wie teuer oder billig soll Yello Strom denn nun werden?"

„Der Preis könnte so zwischen 23 und 24 Pfennig pro Kilowattstunde liegen", antworteten Zerr und Demuth wie Plisch und Plumm.

„Diesen Preis können Sie vergessen", sagte ich.

Zerr und Demuth hatten bisher nur nebenbei über die künftigen Tarife nachgedacht. Zerr war immer noch auf Kommunikation fixiert, auf die Marke, „die junge, freche, lustige". Ich aber wusste, dass für eine solche Marke nirgendwo auf der Welt ein Bedarf existiert; und ich hatte die undankbare Aufgabe, Zerr mal wieder in die Realität zurückzuholen. Da ich an dieser Aufgabe bereits mehrmals gescheitert war, versuchte ich es diesmal auf die drastische Tour: „Herr Zerr, auf eine Marke allein ist geschissen. Eine Marke ist kein Wert an sich, wie man im Fall Otelo sieht. Eine tolle Marke, aber keiner will sie haben. Die Leute leben nicht von Markeneindrücken, die sie empfangen, sondern sie leben von Produkten, die sie kaufen und die sie gut finden oder weniger gut finden. Eine Firma lebt nicht von ihrem Image, sondern vom Verkauf ihrer Produkte. Nehmen Sie zum Beispiel die Zigarettenindustrie. Das Ansehen der Tabakkonzerne ist im tiefsten Keller, gleichzeitig sind sie hochprofitabel."

Demuth aß mit gutem Hunger. Zerr stocherte.

„Wir wollen das Produkt ‚Strom' verkaufen", ließ ich nicht locker. „Das können wir aber nur, wenn wir dem Produkt einen Preis geben. Und zwar einen Preis, der zumindest unter 20 Pfennig liegt. Wenn jetzt schon im ‚Focus' steht, dass die Privatkunden künftig weniger als 20 Pfennig pro Kilowattstunde zahlen, können wir nicht mit 24 Pfennig auftreten – auch wenn es Quatsch ist, was der Unternehmensberater im ‚Focus' behauptet."

Der Unternehmensberater Klaus-Dieter Maier, pikanterweise ein ehemaliger EnBW-Berater, ging in seiner Tarifvorschau vom Nettopreis aus. Der Strompreis setzt sich aber aus Produktionskosten, Durchleitungsgebühr, Konzessionsabgabe an die Gemeinden für die Nutzung öffentlicher Wege, Mehrwertsteuer und Ökosteuer zusammen. Die Kernkraftwerke, die billigsten Produzenten, verkaufen die Kilowattstunde für sechs Pfennig. Um den Bruttopreis auf unter 20 Pfennig zu drücken, müssten die anhängenden Kosten drastisch gesenkt werden.

Die Denkaufgabe dieser Nacht lautete also: Ein Preis unter zwei Groschen ist unmöglich. Trotzdem muss die erste Zahl unseres Angebots kleiner als 2 sein. Hier half auch kein wirtschaftliches

Hexeneinmaleins. Oder vielleicht doch? Ich konnte keine Lösung liefern, aber einen Ansatz: „Es gibt zwei Realitätsebenen: die Welt der Fakten und die Welt der Wahrnehmung. Die Fakten lassen scheinbar keine Lösung zu, also müssen wir das Problem auf der Ebene der öffentlichen Wahrnehmung angehen."

Zerr und Demuth hatten jetzt eine Hausaufgabe. Inge Reuhl machte ihnen Mut mit einer philosophischen Paraphrase: „Wo ein Wille ist, da ist auch eine Vorstellung."

Um 3 Uhr in der Nacht stiegen Zerr und Demuth ins Auto, um nach Karlsruhe zu fahren. Gegen 4 Uhr klingelte bei Inge Reuhl das Telefon. Zerr am Apparat:

„Wir sind jetzt gerade im Westerwald und haben eine Idee: Warum bieten wir den Strom nicht einfach zu Produktionskosten plus Gewinnaufschlag an, sechs Pfennig plus X? Wir sagen dem Verbraucher: Bei uns bekommst du den Strom für neun Pfennig pro Kilowattstunde, und wir rechnen dir gerne aus, was du in deinem Ort noch an zusätzlichen Abgaben zahlen musst."

Gegen 4 Uhr 30 klingelte auch bei mir das Telefon: Inge Reuhl berichtete von Zerrs Eingebung. Sechs Pfennig plus X. Ich wusste nicht, ob es eine gute Idee war. Aber es war eine Idee! Das beruhigte mich, denn Zerr begann offenbar, meine Beschwörungen ernst zu nehmen. Es ist eine besondere Qualität von Michael Zerr: Wenn dieser „junge Bär" erst einmal Witterung aufgenommen hat, dann bahnt er sich einen Weg zum Ziel, und weder Unterholz noch Dickicht halten ihn auf.

5 Uhr morgens. Schlafen, nichts als schlafen. Zwei Stunden wenigstens.

## Kapitel 24
## Bitte anschnallen

Die EnBW-„Enterprise“ bewegte sich im Kraftfeld des Massenmarktes unaufhaltsam auf das Zentrum zu, die Gravitationskraft wuchs und mit ihr die Geschwindigkeit. Zerr hatte nachts auf der Autobahn rasend schnell ein interessantes Preismodell entwickelt. Goll und seine Vorstandskollegen brauchten ebenfalls nur wenige Minuten, um es abzulehnen: Dieses Preismodell sei weder politisch noch wirtschaftlich tragfähig; außerdem müsse man sich ja nicht unbedingt von den Verbrauchern in die Kalkulation gucken lassen.

Endlich fühlte auch Zerr, was mich schon seit Wochen regelmäßig heimsuchte: Panik. Am 7. Juli saß er in Hamburg mit dem Vertriebsleiter vom Otto-Versand am Tisch und musste passen. Er konnte noch immer keinen Preis nennen, und der Name des Produkts war noch immer topsecret. Die Otto-Leute hatten dafür kein Verständnis. Verständlicherweise. Die Hamburger wollten endlich „Butter bei die Fische“, denn ohne konkrete Angaben konnten sie unseren Strom nicht im Katalog anbieten.

In der Welt des Verbrechens gibt es einen Mitarbeiter, der immer wieder mal ratlose Ermittler unverhofft auf die richtige Spur bringt. Es ist der berühmte „Kommissar Zufall“. Sein Bruder hat einen Job in der Welt der Wirtschaft. Am 7. Juli 1999 half er dem ratlosen Zerr.

Nach dem unergiebigen Gespräch mit dem Otto-Vertriebsleiter wurde Zerr eine Tür weiter geschickt, zur Otto-Tochter „Bon Prix“. Dort redete er etwas offener über die Preisprobleme. Und das zahlte sich aus. „Wenn ihr optisch unter 20 Pfennig bleiben müsst, dann macht doch ein kombiniertes Angebot“, meinte ein „Bon Prix“-Mann. „Sagt doch einfach, bei uns kostet der Strom nur 18 Pfennig pro Kilowattstunde bei einer Grundgebühr von 18 Mark.“

Eine großartige Idee. Aber sie war noch vermummt. Zerr konnte noch nicht erkennen, wie attraktiv sie wirklich war. So erwähnte er sie in einem Gespräch mit Inge Reuhl eher beiläufig. Inge Reuhl, zu dieser Zeit auch in Hamburg unterwegs, rief mich an und berichtete von dem „Bon Prix“-Vorschlag.

Ich wusste sofort: Das ist es! Die Lösung des Problems: Wir

machen noch eine zweite Version des Firmenzeichens, nämlich ein Preislabel: Oben steht 18, und unten steht 18.

Inge Reuhl war noch am Apparat. Ich gab ihr eine Botschaft für Zerr durch: „Super! Sag das dem Zerr."

Wieder tagte der EnBW-Vorstand. Und rechnete. Im Tagesgeschäft der großen Konzerne geht es nicht um Milliarden, sondern um Pfennige. Die Milliardensummen spielen nur in der virtuellen Welt der Bilanzen und Börsen eine Rolle. Im realen Unternehmergeschäft kann eine Preisdifferenz von nur einem Pfennig über Wohl und Wehe, Reibach oder Ruin eines Konzerns entscheiden. Mit dem Preismodell 18/18 wäre die EnBW in die Verlustzone geraten. So beschloss der Vorstand, oben und unten eine 1 draufzusetzen. Bei einer Vertragslaufzeit von einem Jahr. Damit stand nun endlich fest: Der Yello Strom kostet 19 Pfennig pro Kilowattstunde bei einer monatlichen Grundgebühr von 19 Mark. Ein Kampfpreis. (Beim Wettbewerbsstart war das Preisangebot von Yello Strom dann auch das weitaus günstigste.)

Endlich hatten wir einen Preis. Jetzt konnten wir uns konkret auf Werbung vorbereiten. Eine Herausforderung wie Simultan-Schach. Wir mussten auf mehreren Spielfeldern gleichzeitig antreten und entsprechende Strategien entwickeln. Wir holten uns Unterstützung. Den Auftritt im Otto-Katalog ließen wir von deren Direktwerbeagentur „Sale" gestalten und betreuen. Ich habe großen Respekt vor der Arbeit der Direktwerber. Das sind echte Profis, oft mit jahrzehntelanger Erfahrung. Auch das ist eine Kunst: Hier ein Button, dort ein Button, kauf mich, leck mich, rubbel mich, dann geht die Sonne auf. Nichts für Schöngeister, aber es funktioniert, und darauf kommt es an.

Goll und seine Vorstandskollegen fuchsten mit dem Pfennig. Damit aber ihre Rechnung am Ende auch aufging, durfte Zerr nicht auf den Tausender schauen. In diesen Wochen musste er in gecharterten Privatmaschinen von Termin zu Termin hetzen. Manchmal traf dieses Schicksal auch uns.

In den frühen Abendstunden des 9. Juli landeten Inge Reuhl und ich, aus Hamburg kommend, auf dem Stuttgarter Flughafen, sprangen in einen Zubringerbus und hielten ein paar Minuten später vor dem Mövenpick-Airporthotel. Dort warteten auf uns schon Michael Zerr, Dieter Schaumann, Inhaber der Agentur Promediapart, und Silke Gress, seine rechte Hand.

In der heißen Vorbereitungsphase brauchte ich zur Entlastung eine Agentur für die Konzeption und Abwicklung im klassischen Mediabereich. Mit Promediapart hatte ich schon früher gute Erfahrungen gemacht. Schaumann ist alte Schule, sehr seriös, sehr gewissenhaft, sehr zuverlässig. In einem Vorgespräch war mit ihm eine Zusammenarbeit von zunächst drei Monaten vereinbart worden: „Nach einem Vierteljahr wissen wir, ob die Marke Yello Strom ein Flop ist oder ein Abräumer. Dann sehen wir weiter."

In einem kleinen Konferenzzimmer legte Schaumann uns einen akkuraten Streckenplan für die Yello-Medienkampagne vor: zuerst Tageszeitungen, ab Mitte August auch Hörfunk und Publikumszeitschriften, Fernsehen erst ab Oktober.

Zerr: „Können wir nicht schon früher ins Fernsehen?"

Schaumann: „In unserem Kostenplan ..."

Zerr: „Vergessen Sie einfach mal die Kosten."

Schaumann: „Wie Sie meinen."

Zerr: „Wir müssen unbedingt auch in die erfolgreichen TV-Blätter und Computer-Titel."

Schaumann: „Unser Budget ... "

Zerr: „Jetzt reden Sie ja schon wieder über Geld. Lassen Sie das!"

Schaumann: „Jawohl."

Zerr holte sich, tatkräftig unterstützt von uns, hier noch ein Häppchen und da noch ein Häppchen vom Medienbüfett. Dann musste er telefonieren und verließ das Zimmer.

Schaumann, ganz blass um die Nase, sah mich an und sagte konsterniert: „Ich fasse es nicht. So etwas habe ich noch nie erlebt."

Normalerweise hören Mediaagenturen von ihren Kunden: Oh, das ist aber ein bisschen teuer, können wir das nicht irgendwie billiger haben? Und jetzt kam da einer her und pfiff aufs Feilschen, wollte eine optimale Wirkung, koste es, was es wolle. Recht hatte er, der Zerr.

Zerr kam zurück. Schaumann war inzwischen bereit, feierlich zu schwören, das Wort „Kosten" noch nie im Leben gehört zu haben. So konnten wir uns unbeschwert darauf einigen, dass für die Erzeugung eines medialen Grundrauschens für die ersten drei Monate rund 50 Millionen DM notwendig sind.

Bis bald. Inge Reuhl und ich hasteten zum Zubringerbus und fuhren zum General Aviation Terminal des Stuttgarter Flughafens.

Wir hatten in Düsseldorf nur eine Landegenehmigung bis 23 Uhr. Die Piloten liefen vor der Tür schon unruhig auf und ab. Punkt 23 Uhr Landung in Düsseldorf; in einer Cessna Citation I, dem hässlichsten Business-Jet der Welt. Jetzt nur noch schlafen.

Morgen früh, Samstag, 8 Uhr geht's weiter.

## Kapitel 25
## Schweine, Schweiß und Schreie

Vom schönen Leben: Hühner, Gänse, Kühe, Ziegen und jede Menge Schweine, echte, mit vier Beinen. Und Wald und Wiesen und ein murmelnder Bach. Morgens mit meinen Söhnen Alexander und Maximilian barfuß durchs taufeuchte Gras laufen, beäugt von Rehen, Vögeln, Marienkäfern und Pferden.

Von harter Arbeit: Wir hoben ab, und wir landeten wieder. Wir hatten jetzt Boden unter den Füßen, hingen nicht mehr in der Luft. Der Preis stand fest, die Mediaagentur wartete auf Material. Ein Hirngespinst hatte uns fünf Monate wertvolle Zeit gekostet. Nun blieben uns nur noch zwei Wochen, um die Idee „Yello" mit Inhalten aufzuladen und damit die Grundlagen für die Firma „Yello Strom GmbH" zu schaffen.

Für Märchenfreunde: Es ging jetzt darum, möglichst viele gute Gaben in die Yello-Wiege zu legen.

Samstag, 10. Juli: Am frühen Vormittag ging ich in die Agentur und öffnete den „Sarg" mit den ersten Yello-Entwürfen, die Inge Reuhl und ich vor fünf Monaten in Karlsruhe präsentiert hatten. Gute Arbeiten, aber lediglich erste Versuche. Das war alles. Ich stand in der Agentur, und neben mir standen Inge Reuhl und eine ausgewachsene Panik.

Wieder für Märchenfreunde: Ich befand mich am Scheideweg, und die gute Fee Inge sprach mir ins Gewissen. „Bernd, du hast deinen beiden Söhnen diesen Urlaub fest versprochen. Sie freuen sich schon seit Wochen darauf. Du darfst sie nicht enttäuschen. Du musst morgen mit ihnen in den Schwarzwald fahren, wie abgemacht. Wir werden das schon irgendwie schaukeln."

„Schon irgendwie schaukeln!", rief die Panik panisch. „In den nächsten Tagen geht es ums Ganze. Wenn du jetzt zwei Wochen durch den Schwarzwald bummelst, kannst du Yello vergessen, dann bricht alles zusammen, und alle Mühen waren umsonst."

Inge Reuhl und die Panik: Beide hatten Recht. Eine dritte Stimme gab schließlich den Ausschlag, die Vernunft des Herzens: „Hör mal, Bernd, nichts gegen deine Arbeitsmoral und dein Pflichtbewusstsein. Aber hier geht es um deine Kinder. Alles klar?"

Einen Tag später, am Sonntag, fuhr ich mit meinen Söhnen Alexander und Maximilian in den Schwarzwald, wie vor Monaten versprochen. In der Nähe von Bonndorf bezogen wir unser gebuchtes Zimmer im wunderschönen Bauern- und Gasthof „Sommerau". Endlich Urlaub. In meinen zurückliegenden anderthalb EnBW-Jahren hatte ich mir nur drei freie Tage genehmigt. Jetzt aber! Hinein in den Wald, wo es grünt und zwitschert, raschelt und raunt. Meine Kinder waren glücklich. Und ich? Mich hat es schier zerrissen. Wo immer ich ein Gelb sah, wo immer ein Schalter für Strom war – da war auch immer die Panik. Sie war mitgefahren. Und sie hing mir auf Schritt und Tritt an den Hacken. Am Dienstag, dem 13. Juli, packte ich die Koffer und brach den Urlaub ab. (Alexander und Maximilian, ich mache es wieder gut, diesmal wirklich.)

Zurück in Düsseldorf. Jetzt gab es keinen Konflikt mehr. Jetzt gab es nur noch: klotzen, klotzen, klotzen. In der Agentur gingen nachts nicht mehr die Lichter aus. Reuhl, Klenk, Schlotte, Böhm, Kiehl und ich: Wir gegen den Rest der Zeit. Mehr als vier Stunden Schlaf gilt nicht. Träumen schon gar nicht.

Um innerhalb von zwei Wochen eine Basis für Yello zu schaffen, war diszipliniertes und strukturiertes Denken gefordert. Gleichzeitig mussten wir uns aber auch für Inspiration offen halten.

Handwerk und Inspiration. Und im Hinterkopf immer meine drei Disziplinarvorgesetzten namens Ziel, Strategie und Taktik. Ich stellte in der Agentur virtuelle Gefäße auf, die wir zu füllen hatten. Für die klassische Werbung standen da beispielsweise die „Mediengefäße" Tageszeitungen, Magazine, Hörfunk, Fernsehen, Plakatwände. Die Stärken dieser unterschiedlichen Medien sollten auch mit unterschiedlichen Werbekonzepten genutzt werden. Manche Agenturen verlassen sich auf eine Passepartout-Konzeption; dann ist ein Funkspot nichts anderes als ein Fernsehspot ohne Bilder. Oder die Magazin-Anzeige sieht aus wie ein verkleinertes Plakat.

Um eine möglichst vielschichtige Wirkung zu erzielen, mussten wir die „Yello Strom"-Werbung argumentativ und emotional für jedes Medium anders aufladen. Gemeinsam mit Böhm und Kiehl entwarf ich einen Besetzungsplan:

In den Tageszeitungen wollen wir verkaufen, im Fernsehen unterhaltend informieren; im Hörfunk werden wir mit Spaß zur Sache kommen; in den Magazinen zeigen wir Yello von allen Seiten; und auf den Plakatwänden stellen wir unsere Markenidee groß heraus.

Kommt, setzen wir uns zusammen, um über die Zeitungsanzeigen zu reden. Hier machen wir keine Kunst, hier geht's um ein Geschäft. Eines der wichtigsten Elemente wird der Preisbutton sein: 19/19. Aber so ein Preisangebot bringt nicht viel, wenn die Leute es nicht in Beziehung zu anderen Offerten setzen können. Deshalb sollten wir Preisvergleiche bringen, abgestimmt auf die jeweilige Region, in der die Anzeige geschaltet wird. In der „Süddeutschen Zeitung" erscheint unsere Anzeige beispielsweise mit den Tarifen der Münchener Stadtwerke.

„Für solch offensive, vergleichende Werbung brauchen wir aber das Einverständnis von Goll oder Zerr."

„Sowieso."

So weit die Theorie. Wie sah die praktische Umsetzung aus? Entwürfe wurden diskutiert, akzeptiert oder verworfen. Ein akzeptierter Anzeigenentwurf: schwarze und weiße Schrift auf gelbem Fond. Schlagzeile: „Ich kündige. Beim Strom geht das jetzt." Links oben der Preisbutton „19/19", rechts unten das Firmenlogo „Yello Strom". Unter der Schlagzeile ein Verkaufstext: „Endlich sind Sie frei, als Privathaushalt Ihren Stromlieferanten zu wählen sowie Ihrem alten zu kündigen. Und das ist der Kündigungsgrund: der ‚19/19 alles inklusive' Yello Preis. Nur 19 Pfennig pro Kilowattstunde und 19 Mark Grundpreis pro Monat.

Yello Strom macht Ihrem privaten Haushalt die Kündigung so einfach wie möglich: von der Information zu unserem Angebot über die Berechnung Ihrer individuellen Einsparmöglichkeiten bis zum kompletten Stromwechsel.

Infos unter 0800-19 000 19 oder www.yellostrom.de"

Wir bewegten uns, immer wieder grenzüberschreitend, in drei Kreisen: Werbung, Erscheinungsbild und Grundlagen des Markenauftritts. Die Schnittmenge war Yello. Hier verdichteten sich die Ergebnisse und Erkenntnisse unserer verschiedenen Arbeiten. Unsere drei Produkt-Pluspunkte standen für mich seit längerem fest: „Gelb. Gut. Günstig." Auch das Charakteristikum der sprachlichen Argumentation hatte sich inzwischen herauskristallisiert: „Einfach. Ehrlich. Einleuchtend."

99 Prozent Transpiration und ein Prozent Inspiration. Alle paar Stunden mussten die Papierkörbe geleert werden, die

Computer brummten ohne Unterlass. Wenn einer eine gute Idee hatte, freuten sich die anderen mit. Kein Konkurrenzgefühl.

Böhm musste nebenher auch den Kritikaster machen und gegen die Magazin-Anzeigen anschreiben, die wir im Februar auf unserer ersten Präsentation gezeigt hatten. Es stellte sich dabei heraus, dass diese ganz frühen Entwürfe kaum zu verbessern waren. Wir konnten sie ohne wesentliche Veränderungen für die Werbung übernehmen. Ein Beispiel: auch hier schwarze und weiße Schrift auf gelbem Fond. Schlagzeile: „Stromzähler, alle mal herhören:"; Lauftext: „In Zukunft können Sie als Privatmann oder -frau Ihre Stromkosten neu berechnen. Nach dem ebenso günstigen wie einfachen ‚19/19 alles inklusive' Yello Preis: Nur 19 Pfennig pro Kilowattstunde und 19 Mark Grundpreis pro Monat. Wir machen Ihnen auch alles andere ganz einfach: Die Information über unser Angebot. Die Berechnung Ihrer individuellen Einsparmöglichkeit. Und natürlich auch den Stromwechsel." Auf einer weißen Leiste am unteren Rand standen Telefonnummer, Internetadresse und das Firmenlogo.

Wenn irgendwann tagsüber oder nachts ein Kichern oder Lachen aus dem Zimmer von Kiehl drang, dann wussten wir, dass der Meister geschliffener Aberwitze wieder eine Pretiose zu Papier gebracht hatte. Kiehl textete die Werbespots für den Hörfunk. Über dieses Medium wollten wir den Habitus der Marke transportieren: „Frisch. Frech. Fröhlich." Ein Beispiel: „Koalitionsstreit um die Farbe von Strom. Köln/Berlin. Streit gab es gestern im Kabinett um die Farbe von Strom. Der Außenminister vertrat die Ansicht, Strom sei grün, der Kanzler beharrte darauf, Strom sei rot. Er bestimme die Richtlinien der Politik, und dazu gehöre auch die Strompolitik. Auslöser des Streits war das Angebot der ‚Yello Strom GmbH' an alle Privathaushalte, demzufolge Yello Strom nicht nur gut und günstig, sondern vor allen Dingen gelb sei. Yello Strom gibt es unter 0800-19 000 19."

Sehr gut. Aber es fehlte noch etwas. Ich erinnerte mich an einen alten Traum von mir: einmal erleben dürfen, dass ein Nachrichtensprecher in der Tagesschau zwischen ganz normalen Meldungen einen völlig durchgeknallten Text verliest, mit ernstem Gesicht und ohne mit dem Stimmband zu zucken. Hier ging es zwar um Hörfunk. Trotzdem. Am 23. Juli saß ich in Hamburg bei einem ehemaligen Tagesschau-Star auf dem Sofa: bei Wilhelm

Wieben, einst Stimme der Nation, jetzt im Ruhestand, aber akustisch immer noch in jedermanns Ohr. Ich fragte ihn, ob er sich vorstellen könne, unsere Gaga-Spots als Radionachrichten zu verlesen. Er konnte es. Und er machte es.

Wie sollte sich Yello Strom dem Fernsehpublikum präsentieren? Böhm und ich entwickelten zunächst drei TV-Spots zu einem Konzeptionsthema „Hausbesuche“: Ein Yello-Vertreter versucht sein Glück bei einer jungen Familie, einer allein stehenden Frau und einem stinkreichen Paar.

„Wisst ihr, was ein Knüller wäre?“

„Sag schon.“

„Wenn die SAT 1 ‚Wochenshow‘-Truppe um Ingolf Lück diese Spots spielen würde.“

„Das können Sie vergessen.“

„Ich glaube auch nicht, dass die das machen.“

„Aber fragen können wir ja mal.“

Böhm lieferte noch ein weiteres TV-Konzept: eine klassische „Präsenter“-Werbung. Ein Beispiel:

Die Bluse und der gelbe Strom.

Ein Präsenter im Studio – wie man es aus der Waschmittelwerbung kennt. Links und rechts von ihm zwei identische Blusen auf Kleiderbügeln.

Er zeigt die linke Bluse:

„Diese Bluse wurde mit normalem Strom gebügelt.“

Er zeigt auf die rechte Bluse:

„Diese Bluse dagegen wurde mit gelbem Strom gebügelt. – Sehen Sie den Unterschied?“

Er schaut in die Kamera. Gespanntes Warten. Nervöses Däumchendrehen. Erwartungsvolle Blicke. Nach einer Weile – genervt:

„Ganz einfach: Sie hätten nur auf den Preis schauen müssen.“ Er zieht aus seiner Jacke zwei Anzeigetafeln und hält sie in die Kamera:

„19 Pfennig pro Kilowattstunde. 19 Mark Grundpreis pro Monat.

Da lohnt sich der Stromwechsel.“

Schnittfolge: Gelb. Gut. Günstig. Yello Strom.

Die virtuellen Gefäße füllten sich. Die verschiedenen Elemente unseres Grundlagen-Handbuchs, an dem ich gemeinsam mit Kiehl arbeitete, nahmen allmählich Gestalt an. Die Panik war verschwunden. Dafür plagten mich jetzt immer wieder Zweifel: Treffen wir wirklich den Nerv? Gelber Strom? Was ist das? Juckt das überhaupt jemanden? Sollten wir es etwa doch mit Marktforschung versuchen?

*„Strom? Der hat überhaupt keine Farbe. Kein Mensch weiß, was Strom ist. Oder? Wer weiß das, was Strom ist?"*

*„Strom? Opal! Regenbogenfarben. Glaube ich. Strom hat Arbeitsfarben – Schweißfarben. Schwitzen. Ackern. Arbeiten. Essen. Trinken. Stuhlgang. Harnstoff. Sexualität. Alles! Das ist die Farbe des Stroms."*

*„Ich glaube, Strom ist gelb."*

Passanten bei Straßeninterviews

Marktforschung interessiert mich nur an der Basis, dort, wo noch keine Experten sich bewusst oder unbewusst die gewünschten Ergebnisse zurechtfrisieren. Mir war klar: Eigentlich müsste ich in die Kneipe gehen und mit ganz normalen Leuten über Strom reden. Müsste sie fragen: „Was ist Strom für Sie?" Müsste sie unter den Tisch saufen und noch mal fragen: „Und was denken Sie jetzt über Strom?"

Keine Zeit!

Ich hatte eine Idee: Wir schicken ein paar Leute mit einer Videokamera los und lassen sie Straßenpassanten befragen. Ich engagierte Franz Dittgen, Chef einer kleinen Filmproduktionsfirma. Gemeinsam mit einer freiberuflichen Fernsehmoderatorin ging er für uns auf eine dreitägige Städtetour: Köln, München, Hamburg, Berlin. Befragt wurden weit über hundert Passanten: „Welche Farbe hat Strom?" Die Antworten waren bunt gemischt. Einige Passanten favorisierten auch Gelb.

Dittgen brachte Material für zweieinhalb Stunden mit. Ich setzte mich nachts in einen Schneideraum und schnitt den Film auf acht Minuten zusammen. Diese Fassung wirkte sehr kompakt, sie hatte Tempo, fast Dramatik. Warum keinen Fernsehspot daraus machen? Und so machte ich noch eine 20-Sekunden-Version. Für den Abspann brauchte ich einen Sound, einen frischen, frechen, schlagkräftigen. Schlagkräftig? Ich sah einen dieser „Hau weg"-Filme mit Jackie Chan vor mir. Finstere Triaden-Schurken kommen auf ihn zu. Kein Problem für Jackie. Mit drei kurzen Karatehieben streckt er die Typen zu Boden: Peter Krick vom Düsseldorfer Tonstudio „Skyline" übersetzte die Karatehiebe in „Zwuisch! Zwuisch! Zwuisch!". Und fertig war der Spot.

Schrift: Hat Strom eine Farbe?

„Strom hat keine Farbe."

„Der fließt nach da."

„Durchsichtig."

„Ich würde nichts zuordnen wollen."

„Keine Ahnung."

„Also, i doat soagn goar koine."

„Grün."
„Ich hätte ihn gern in Rot."
„Ich würd sagen blau."
„Durchsichtig."
„Vielleicht so leuchtend weiß, vielleicht?"
Interviewerin: „Welche Farbe hat Strom?"
„Ich glaube, Strom ist gelb."
Abspann (Zwuisch! Zwuisch! Zwuisch!): Gelb. Gut. Günstig. Yello Strom-Logo.

„Die ganze Mattscheibe knallgelb." So hatte sich Zerr einen TV-Spot vorgestellt. Wir nahmen jetzt die Idee auf und produzierten zusätzlich ein monochromes Mystical: 20 Sekunden lang nur Gelb. Eine Yello-gelbe Fläche, die den ganzen Bildschirm ausfüllt. Dazu eine Stimme aus dem Off. Aber nicht irgendeine Stimme, sondern die deutsche Stimme von Robert de Niro. Eine Stimme, die in einem einzigen Satz mehr Dramatik transportieren kann als manche Blockbuster-Filme in zwei Stunden. Der Mann mit dem magischen Timbre ist Christian Brückner, einer der besten Sprecher Deutschlands. Ich verhandelte mit ihm telefonisch, Düsseldorf–Mallorca. Nachdem wir uns geeinigt hatten, sprach Brückner den Text via ISDN ins Skyline-Studio: „Was hat eigentlich Strom für eine Farbe? Also ich glaube, Strom ist gelb." Zwuisch! Zwuisch! Zwuisch! Gelb. Gut. Günstig. Yello Strom.

Die Zeilenfolge dieses Kapitels täuscht einen chronologischen Ablauf vor. In der Wirklichkeit dieser Tage und Nächte waren die einzelnen Arbeitsprozesse jedoch dicht ineinander verwoben. Erst in der letzten Phase fügte sich alles zu einem übersichtlichen Muster. Ein wichtiger Faden in dem Gewebe war das Vorgehen zum Marktstart. Wir überlegten uns, welche Anzeigen die Pressekonferenz flankieren sollten. In der Presse wollten wir sowohl plakativ wie informativ auftreten.

Für die „Bild"-Zeitung entwarfen wir eine laute Anzeige. Grundfarbe: gelb. Belegter Platz: jeweils eine Hälfte einer Doppelseite. Links die Schlagzeile: „Strompreise! Auf die Knie!" Darunter das Preislabel mit 19/19 und die Aufforderung, das Call-Center von Yello Strom anzurufen. Rechts die Schlagzeile: „So einfach geht das!" Dann noch das Firmenzeichen und „Gelb. Gut. Günstig."

Eine informative Unternehmensanzeige sollte in den Tageszeitungen „FAZ", „Welt", „Süddeutsche Zeitung" und „taz" geschaltet werden. Unter die Schlagzeile „Ab heute werden die Strompreise für private Haushalte neu berechnet" setzten wir einen dreispaltigen Lauftext, in dem die Geschäftspolitik von Yello Strom erläutert wurde.

Da arbeiten Tag und Nacht zehn Leute in einer Agentur, sie sitzen, laufen, stehen, denken, lachen, diskutieren. Schön. Zu schön. Wo bleibt, bitte sehr, der Ärger? Der Zoff? Also gut: Es folgt ein kleiner Ausflug ins Tal der Tränen.

Während der zwei heißen Wochen war Inge Reuhl mehrmals mit Zerr unterwegs, zu Verhandlungen mit den Hamburger Otto-Versendern. Im Taxi oder im gemieteten Geschäftsflieger kam das Gespräch hin und wieder auch auf das noch immer ungelöste Internetproblem. Das Problem hatten bisher nur wir. Zerr glaubte ja fest daran, dass Yello den schönsten WWW-Auftritt der Welt bekäme. Wenn Inge Reuhl das Preisvergleichs-Thema ansprach, lachte Zerr nur. Dieses Lachen wurde von Mal zu Mal schriller. Zerr, ebenfalls seit Wochen im Dauerstress, bewegte sich mit zunehmender Geschwindigkeit auf einen Kollaps zu. Schließlich empfahl ihm Goll eine Woche Urlaub, trotz Termindruck. Am 18. Juli sollte es losgehen, mit Frau und Kindern: eine Woche am Meer, in der Türkei. Wenige Stunden vor dem Abflug rief Zerr in der Agentur an, um noch einmal „ganz kurz" über den Internetauftritt zu reden. Inge Reuhl machte ihm zum x-ten Mal unseren Standpunkt klar: „Wir wollen mit unserem Internetauftritt nicht zur nächsten Documenta, Herr Zerr. Wir wollen die Leute im Netz schnell und überzeugend informieren und möglichst auch als Kunden gewinnen. Dafür brauchen wir eine abrufbare Städteliste und zu jeder Stadt oder Region eine übersichtliche Tabelle mit den Tarifen der Konkurrenz. Die Leute müssen unser Modell 19/19 mit den Angeboten der anderen Wettbewerber vergleichen können."

Da Zerr weiterhin lieber in Schönheit surfen wollte, schlug Inge Reuhl eine Telefonkonferenz mit mir als drittem Teilnehmer vor. Zerr war einverstanden. Wir schalteten im Besprechungszimmer die Lautsprecher an. Inge Reuhl nahm den Hörer wieder auf. Ich saß neben ihr. Die so genannte Konferenz begann. Frau Zerr und die Kinder saßen derweil schon auf den gepackten Koffern.

Schon während der ersten Sätze fiel mir Zerrs schwerer Atem auf. Aber ich dachte mir noch nichts dabei. Inge Reuhl redete, Zerr redete, ich redete. Wir umkreisten das bekannte Problem, ohne einen gemeinsamen Weg zur Lösung zu finden. Dazu muss man sagen, dass wir nicht nur Herrn Zerr, sondern auch Herrn Goll mit unserer Forderung nach Preisvergleichen zunehmend auf den Geist gingen. Sie hatten, aus welchen Gründen auch immer, Bedenken gegen die direkte Konfrontation mit dem Wettbewerb. Wir aber waren absolut sicher: Wenn wir den Leuten nicht sagen, wie viel sie mit unserem Angebot sparen können, wie sollen sie seine Attraktivität dann begreifen?

Zerr war für Argumente nicht mehr zugänglich. Er schwärmte von einem Internetauftritt à la „West"-Zigaretten. Damit war er bei mir allerdings an den Falschen geraten, denn ich kannte den Auftritt von „West" nur zu gut – in Bezug auf meine Ambitionen war er der Horrortrip schlechthin. Zerr hatte offensichtlich den grundlegenden Unterschied zwischen E-Fantasy und E-Business nicht verstanden. Mit einem drastischen Vergleich versuchte ich, ihn zur Vernunft zu bringen: „Wenn Sie bei ‚IBM' oder ‚Microsoft' mit dem Vorschlag kämen, Sie wollten den schönsten Internetauftritt der Welt haben, dann hätten Sie noch fünf Minuten, um Ihren Schreibtisch zu räumen."

So ging das etwa dreißig Minuten lang. Als es schließlich geschah, hatte Inge Reuhl gerade den Hörer am Ohr.

Ich habe in meinem Leben schon oft Leute schreien gehört. Es waren auch richtige Könner darunter. Aber Zerr übertraf an diesem 18. Juli alle und alles. Etwa eine Minute lang dauerte die Schrei-Arie, gegen die das ganze Koloraturgetöse der Bayreuther Festspiele nur ein Lispeln und Säuseln ist. Zwei Sätze verstand ich. „Ich will einen tollen Internetauftritt." Und: „Ich will das aber so." Inge Reuhl wurde kreidebleich und hatte Tränen in den Augen.

Ich will das aber so! Wenn es einen Satz gibt, den sich ein Kunde mir gegenüber unter allen Umständen verkneifen sollte, dann lautet dieser Satz: „Ich will das aber so."

Nachdem Zerr fast nur noch röcheln konnte, bekam ich richtig Angst um ihn, nahm den Hörer und sagte: „Jetzt beruhigen Sie sich erst einmal. Und dann rufen Sie uns wieder an, in einer halben Stunde."

Er tat es. Seine Stimme klang heiser, aber gefasst. Ich begann das Gespräch betont ruhig: „Herr Zerr, unser Telefonat hat mich unsicher gemacht, ob wir überhaupt von derselben Marke reden. Lassen Sie mich deshalb bitte noch einmal Punkt für Punkt durchgehen, wie ich die Marke sehe. Und sagen Sie mir bitte nach jedem Punkt, ob wir übereinstimmen oder nicht." Wir konnten uns in jedem Punkt verständigen – bis auf das Thema Internet. Dazu gab ich eine Willenserklärung ab: „Herr Zerr, da wir uns über die Prioritäten des Internetauftritts nicht einigen können, werde ich mit Ihnen bis zum 4. Februar 2000 über dieses Thema nicht mehr reden. Machen Sie, was Sie wollen, und lassen Sie mich damit in Ruhe."

Der 4. Februar ist ein historisches Datum unserer Zusammenarbeit: Am 4. Februar 1998 war Zerr zum ersten Mal in unserer Agentur; und am 4. Februar 1999 begann das Yello-Zeitalter.

Inge Reuhls Tränen trockneten. Zerr flog in den Urlaub. Und ich überlegte, ob ich vor diesem Hintergrund weiter für Yello Strom arbeiten sollte.

## Kapitel 26
## Yello, das bin ich

*„Wir gehen ins Gelbe, denke ich, ein jeder auf seine Weise, mit seinen eigenen Zielen, Werten und Hoffnungen. Und so rätselhaft die Farbe auch scheint, sie zieht uns an."*

Alexander Theroux in *Anleitungen eine Farbe zu lesen*

Fünf Jahre lang arbeitete der große Gustave Flaubert an dem einzigartigen Roman „Madame Bovary". Schinderei und Ekstase. Ich glaube, es war George Sand, der er schrieb: „Madame Bovary, c'est moi."

Ich hatte Yello mittlerweile so verinnerlicht, dass ich in manchen Augenblicken insgeheim wusste: Yello, das bin ich.

Wenn es mit Yello voranging, fühlte ich Euphorie. Wenn Yello in Schwierigkeiten geriet, tobte ich und litt. Im letzten Juli-Drittel musste ich, alias Yello, einen harten Schlag einstecken: Der Yello-Start wurde endgültig verschoben, vom 29. Juli auf den 9. August. Elf Tage Verzögerung. In einem Markt, in dem es auf jede Stunde ankam! Aber es ging nicht anders, aus mehreren Gründen. Der schwerwiegendste: Yello würde Ende Juli noch nicht „ansprechbar" sein.

Wenn Yello Strom erst einmal auf dem Markt war, mussten täglich Tausende von schriftlichen und telefonischen Anfragen angenommen, beantwortet und bearbeitet werden. Das sollte zunächst im Call-Center vom Otto-Versand geschehen. So war es geplant. Dann aber hatten Experten herausgefunden, dass die Hamburger Aufnahmekapazitäten für den zu erwartenden Ansturm längst nicht ausreichten. Was nun? Es blieben nur noch zwei Wochen, um ein externes Call-Center aufzubauen. Ein Wahnsinn, doch es klappte.

Eine großartige Leistung. Aber sie beruhigte mich keineswegs. Als ich am 26. Juli morgens den neuen „Spiegel" aufblätterte, geriet ich wieder einmal in Panik.

Ich stieß auf einen Bericht über den bevorstehenden „gnadenlosen Verdrängungswettbewerb" auf dem Strommarkt. Schlagzeile: „Die rennen uns die Bude ein"; Vorspann: „Nach den gesunkenen Telefontarifen winkt den Verbrauchern eine neue Preisrevolution: Millionen Bundesbürger können demnächst ihren Strom billiger einkaufen. Verbraucherschützer warnen allerdings vor übereilten Unterschriften." In dem gründlich recherchierten Artikel gab es einen kurzen Absatz, der in mir die Alarmstufe Rot auslöste. Nach einem kurzen Hinweis auf den bereits prosperierenden Geschäftskundenmarkt kam es schwarz auf weiß.

„Doch die Branche, weiß RWE Energiechef Manfred Remmel, ‚steht kurz vor einem Big Bang'. In wenigen Wochen schon, verspricht der ehemalige Daimler-Manager, der Anfang des Jahres bei RWE anheuerte, um den Koloss auf Wettbewerb zu trimmen, werden auch Haushalte von uns sehr attraktive Angebote erhalten."

Als ich das las, konnte ich die stampfenden Schritte des nahenden Kolosses bereits hören. Mir war sofort klar, dass RWE Energiechef Remmel ein verbales Täuschungsmanöver inszeniert hatte. Der Stromriese würde seine Angebote keineswegs erst in „wenigen Wochen" machen. Sondern er würde spätestens in sieben Tagen auf den Markt kommen. Spätestens am 2. August, am ersten Schultag nach den NRW-Sommerferien. Ich hatte es bereits geahnt. Jetzt wusste ich es mit absoluter Sicherheit.

Die RWE mag schwerfällig und in ihren Entscheidungen manchmal ziemlich unsortiert sein. Aber die Leute, die für die Öffentlichkeitsarbeit des Konzerns verantwortlich sind, gehören zu den Besten ihrer Branche. Mir war klar: Wenn diese ausgebufften Profis ihrem Chef Remmel raten, im „Spiegel" auf „Eile mit Weile" zu machen, dann haben sie nur eines im Sinn: die anderen Wettbewerber in Sicherheit zu wiegen.

Es gab noch eine andere Botschaft in den „Spiegel"-Zeilen, die mich alarmierte: Remmel benutzte den kosmologischen Begriff „Big Bang". So, wie ich seine Diktion aus anderen Veröffentlichungen kannte, konnte das nur bedeuten, dass die RWE aus ihrem Otelo-Flop gelernt hatte.

Unser größter Konkurrent war also im Anmarsch. Und wir waren im Milliarden-Monopoly um elf Felder zurückgefallen. Ein kleiner Trost blieb mir freilich. Die RWE hatte zwar eine hervorragende Öffentlichkeitsarbeit, aber ihre Werbung war für mich nur Durchschnittsware.

Meinen Mitarbeitern machte ich nicht viele Freude an diesem 26. Juli. Abends kamen dann auch noch die designierten Yello-Chefs Zerr und Demuth in unser Büro, um sich das Ergebnis unserer zweiwöchigen Plackerei anzuschauen.

Inge Reuhl und ich hatten noch immer die schrillen Schreie im Ohr, mit denen sich Zerr vor einer Woche in den Urlaub verabschiedet hatte. Nicht dass wir uns für diesen Abend Ohrenstöpsel besorgt hätten. Aber Inge Reuhl und ich waren durchaus auf der Hut. Ich weiß nicht, ob Zerr ein schlechtes Gewissen hatte. Jedenfalls schien er ziemlich erholt zu sein. Demuth war gut gelaunt wie üblich.

Bevor ich ihnen unser Arbeitsergebnis präsentierte, sprach ich mit ihnen über die Remmel-Finte. Zerr und Demuth hatten den „Spiegel"-Artikel ebenfalls gelesen. Aber im Gegensatz zu mir glaubten sie dem RWE-Chef jedes Wort.

Ich war geladen. Und ich ließ es britzeln. „Die RWE wird spätestens am 2. August auf den Markt kommen, das ist so sicher, wie Strom gelb ist", sagte ich grimmig.

Zerr versuchte, die Gefahr wegzulachen: „Ach was! Die dicke Oma RWE ist doch viel zu schwerfällig, die kommt frühestens im Oktober in die Puschen." Da war er wieder, der „junge Bär", der glaubt, dass alle Jäger mit Honigbonbons schießen.

Die Verschiebung unseres Marktauftritts war nicht mehr zu ändern. Aber ich konnte dazu beitragen, dass Zerr und Demuth mehr Respekt vor der Konkurrenz bekamen und eine gewisse Sensibilität für heraufziehende Katastrophen entwickelten. So menetekelte ich weiter, etwa eine halbe Stunde lang. Dann fühlte ich mich erleichtert. Noch besser ging es mir, als Zerr mir mitteilte, dass er auf meine Empfehlung hin einen wichtigen Mann unter Vertrag genommen hatte: Martin Stanscheit, laut Visitenkarte auf „Strategische Kommunikation" spezialisiert, sollte in den ersten Wettbewerbsmonaten die Medien- und Öffentlichkeitsarbeit für Yello Strom konzipieren und orchestrieren.

Prima. Nachdem sich meine Stimmung wieder aufgehellt hatte, winkten wir die beiden ins Besprechungszimmer: „Kommen Sie, jetzt zeigen wir Ihnen mal ein paar Sachen." Zerr und Demuth guckten betreten. Müssen wir etwa wieder vor die Magnetschiene? Keine Angst. Kein Sommernachtstrauma diesmal.

Ich schaltete den Fernseher ein und schob die Kassette mit den Straßen-Interviews in den Videorecorder. Bevor ich den Startknopf drückte, sagte ich zu Zerr: „Ich hoffe, Sie sind nachträglich damit einverstanden, dass ich 30 000 Mark für diesen Film ausgegeben habe." Zerr nickte. Er war an diesem Abend sehr froh, mit allem einverstanden sein zu dürfen.

Film ab. Zunächst die 8-Minuten-Version. Zerr und Demuth klatschten nicht Beifall, aber sie lachten und waren sichtlich beeindruckt. Manche Interviewpassagen waren wirklich schreiend komisch. Nach diesem Vorspiel zeigte ich die beiden 20-Sekunden-Filme, die ich bereits auf TV-Spots getrimmt hatte: die Kurzfassung der Umfrage „Welche Farbe hat Strom?“ und das „Mystical in Gelb“ mit der Stimme von Christian Brückner.

Zerr und Demuth waren hingerissen. Zu Recht. Ursprünglich hatten wir damit gerechnet, frühestens im September in die TV-Werbung einsteigen zu können. Jetzt hatten wir Spots zum Marktstart. Ein kleines Problem gab es allerdings: Uns fehlte die Einwilligung der interviewten Passanten. Meine Empfehlung war, ein begrenztes Risiko einzugehen. Ich schlug vor, den Spot zu senden und sich bei den Personen, die sich melden, zu entschuldigen und ihnen ein großzügiges Honorar anzubieten; notfalls den Spot zurückzuziehen. Für diesen Fall aber sollten wir unsere Videotruppe noch mal losschicken um Interviews zu drehen – und zwar inklusive schriftlicher Sendeerlaubnis. Demuth und Zerr nickten.

An diesem Abend, in dieser Nacht herrschte eitel Freude in unserem Besprechungszimmer.

Erst gegen 2 Uhr 30 sollte sich diese Freude für Zerr stark eintrüben. Aber so weit sind wir noch nicht.

Nachdem auch unser Werbekonzept für den Hörfunk und unsere Anzeigen für den Marktstart angemessenen Beifall bekommen hatten, stellte ich die Entwürfe zu unseren beiden Fernseh-Miniserien vor: „Hausbesuche“ und „Präsenter“. Auch hier kam es in Stereo von Zerr und Demuth: „Toll! Klasse! Super!“ Wir einigten uns darauf, wenn möglich, zunächst die „Hausbesuche“ zu verfilmen. Zerr, nebenbei auch eine komödiantische Begabung, hätte den Yello-Vertreter am liebsten selbst gespielt. Aber da er sich ja schon einmal beinahe „aus der Firma hinausgeträumt“ hatte, begnügte er sich damit, mir völlig freie Hand zu geben. Und damit war ich nun auch Generalbevollmächtigter für Comedy und konnte Kontakt zur „Wochenshow“-Truppe aufnehmen.

Mitternacht war schon wieder vorüber. Zerr und Demuth wirkten noch frisch und munter. Sie bekamen wieder Hausaufgaben. Ich hatte für beide eine Kopie des Handbuchs „Grundlagen des Markenauftritts“ vorbereitet. In den einführenden Texten waren das Unternehmenskonzept und die Markenphilosophie von Yello Strom zusammengefasst. Goll hatte das Manuskript bereits abgesegnet, ohne ein Wort zu ändern. Zerr und Demuth waren sprachlos. Mit diesem intellektuellen Tiefgang hatten sie nicht gerechnet.

Gegen 2 Uhr 30 legte ich drei DIN-A4-Seiten auf den Tisch und sagte: „Ich habe einen Vertragsentwurf aufgesetzt. Lesen Sie sich den bitte mal durch, Herr Zerr."

Wir arbeiteten jetzt fast schon ein halbes Jahr für Yello Strom, ohne dass wir über Geld geredet oder gar einen Vertrag abgeschlossen hatten. Die einzige Geschäftsgrundlage war guter Glaube. Ich vertraute darauf, dass Herr Goll und Herr Zerr den Wert unserer Leistungen, unseres Engagements und unserer Sachkenntnis einzuschätzen wussten und unsere Arbeit auch entsprechend honorieren würden.

Vor dem Marktstart aber sollten wir wichtige Dinge wie die Übertragung der Nutzungsrechte an meiner Idee oder die Abwicklung der Mediaaufträge verbindlich regeln.

Ich bestand auf einer sehr kurzen Laufzeit. Am 31. 12. 1999 sollte der Vertrag bereits enden. Der Grund für diese kurze Frist war Zerrs Wutausbruch, seine hysterische Machtdemonstration. Zerr hatte sich in einer extremen Stress-Situation befunden. Ein mildernder Umstand. Doch es war abzusehen, dass ihn der harte Wettbewerb auf dem Strommarkt immer wieder stark unter Druck setzen würde. Ich wollte abwarten und beiden Seiten die Möglichkeit offen halten, die Zusammenarbeit gegebenenfalls kurzfristig zu beenden.

Zerr las den Vertragsentwurf. Absatz für Absatz nickte er sein Einverständnis. Dann kam er zu dem Laufzeit-Passus – und war sichtlich schockiert. Er sagte nichts. Ich spürte, dass er auf eine Erklärung von mir wartete. Ich schwieg.

Zerr und Demuth verließen gegen 3 Uhr morgens die Agentur. Fünf Stunden später kam der nächste Kunde: Helmut Lübke, Inhaber von Interlübke, und seine leitenden Herren.

## Kapitel 27
## Sonne, Mond & Yello Strom

Am 29. Juli brachte ich unseren Grafiker Marcel Klenk zum Bahnhof. Zwölf Stunden lang hatte er vor dem Computerbildschirm gesessen. Ich wollte ihm ersparen, zum Schluss auch noch durch ein Taxifenster gucken zu müssen. Der Verkehr war ziemlich dicht. Als ich vor dem Haupteingang hielt, hatte Klenk nur noch wenige Minuten Zeit, seinen Zug nach Hause zu erreichen. Wir verabschiedeten uns, Klenk stieg aus und sputete sich. Nach ein paar Metern kehrte er jedoch um. „Herr Kreutz, machen Sie eigentlich irgendetwas zur Sonnenfinsternis?", fragte er durchs offene Seitenfenster. Ich schüttelte den Kopf: „Nein, das bringt nichts."

Klenk verpasste seinen Zug. Aber dafür bekam Yello Strom einen himmlischen Start. So geht's.

Zurück zum Bahnhofsvorplatz. Klenk hatte gefragt, weil er mein Faible kennt, auf öffentliche Großereignisse punktgenau mit Werbung zu reagieren. Und ich hatte den Kopf geschüttelt, weil ich ahnte, dass Dutzende von Agenturen die Sonnenfinsternis in Anzeigen verbraten würden. Außerdem: Unsere Pressekonferenz zum Marktstart war für den 9. August geplant; die Sonnenfinsternis wollte sich aber partout erst zwei Tage später die Ehre geben.

Als ich zur Agentur zurückfuhr, revidierte ich jedoch meine spontane Entscheidung: Es spielt doch überhaupt keine Rolle, dass auch andere auf das solare Jahrhundertereignis reagieren, sollen sie es doch machen; wichtig ist nur, dass du es besser machst als alle anderen. So meine erste Überlegung. Dann die zweite: Wir werden zwar wie vorgesehen am 9. August, am Tag der Pressekonferenz, starten. Unsere eigentliche Kampagne wird aber am historischen 11. August 1999 beginnen, genau an dem Tag, an dem ganz Deutschland zum Himmel schaut.

Am nächsten Morgen ließ ich mir von einer Düsseldorfer Bilderagentur eine umfangreiche Dia-Auswahl von Sonnenfinsternissen schicken, scannte ein besonders eindrucksvolles Bild in den Computer ein und gestaltete gemeinsam mit Peter Schlotte eine ganzseitige Zeitungsanzeige auf dem Bildschirm: eine Schwarzweißaufnahme von der verdeckten Sonne mit heller Korona; links oben der Text: „11. August 1999. Heute ist für

Deutschland ein ganz besonderer Tag. Ab heute gibt es gelben Strom. Für alle Privathaushalte. Infos unter 0800 -19000 19.“ Unten ein gelber Streifen, darauf in schwarzer Schrift: „Sonne, Mond & Yello Strom.“ Rechts über dem gelben Streifen die drei Pluspunkte: „Gelb. Gut. Günstig.“

Während Schlotte und ich noch am Computer bastelten, entwarf Reinhard Kiehl mehrere schräge Texte für Hörfunkspots. Hier zwei Beispiele:

„Sonnenfinsternis möglicherweise gefährdet. Köln. Mit einer überraschenden Mitteilung endete gestern die Pressekonferenz der Yello Strom GmbH, die ab sofort deutschen Privathaushalten preiswerten gelben Strom anbietet. Wahrscheinlich müsse Yello seine für Mittwoch geplante Sonnenfinsternis abblasen, da aus München noch immer keine Genehmigung vorliege. Die Umleitung des Mondschattens um Bayern herum sei jetzt aber technisch nicht mehr möglich.“

„Sonnenfinsternis war PR-Coup. Köln. Die Sonnenfinsternis, die im Süden Deutschlands heute kurz für Dunkelheit sorgte, war offenbar ein PR-Gag zur Markteinführung des gelben Stroms der Yello Strom GmbH. Während der gut zweiminütigen Finsternis wurde in neun Städten das Firmenzeichen per Laser in den mittäglichen Himmel projiziert. ‚Dabei hätte die Sonne ja nur gestört‘, so ein Yello-Sprecher zu dem Spektakel, ‚und deshalb haben wir kurz mal dunkel gemacht.‘“

Nicht schlecht bis dahin. Aber für meinen ehrgeizigen Anspruch, es besser zu machen als alle anderen, reichte es noch nicht. Ich hatte einen bestimmten Plan. Um ihn zu verwirklichen, brauchte ich Glück und Sonnenfinsternis-Filme. Über die DIDA Filmproduktion ließ ich in den internationalen Archiven nach den besten Aufnahmen fahnden. Wir bekamen sehr gutes Material. Jetzt brauchte ich nur noch Glück. Ich war mir sicher, dass die Sonnenfinsternis der ARD-Tagesschau am 11. August die höchsten Einschaltquoten des Jahres bescheren würde. Mein Plan: Ich wollte einen Yello-Werbespot unmittelbar vor die ARD-Tagesschau platzieren. Und wir hatten tatsächlich Glück: Promediapart konnte uns den begehrten Platz reservieren.

Der Text des TV-Spots war identisch mit der Botschaft unserer Tageszeitungsanzeige, wir setzten ihn lediglich in Vergangenheitsform: „11. August 1999. Heute war für Deutschland...“ Als Sprecher kam natürlich nur Christian Brückner in Frage, die Sonnenfinsternisstimme schlechthin.

Die Auftrittstermine standen jetzt fest: Am 9. August stellen wir Yello Strom in einer Pressekonferenz den Medien vor. Am 11. August zeigen wir in allen großen Tageszeitungen, im Hörfunk und im Fernsehen, was wir drauf haben.

## Kapitel 28
## Wettrennen

Am Freitag, dem 30. Juli 1999, ging für mich die Welt unter. Zwar nur vorübergehend, aber immerhin. Dass ich die Katastrophe vorausgesehen und verkündet hatte, war kein Trost. Im Gegenteil, es war eine zusätzliche Schikane.

An diesem 30. Juli, am letzten Sommerferientag in Nordrhein-Westfalen, startete die RWE öffentlich in den Wettbewerb auf dem Privatkundenmarkt.

Wenn die Welt untergeht, steht es zuerst in der „Bild"-Zeitung. So auch an diesem Schwarzen Freitag. Es war der Aufmacher auf der Titelseite. Mit weißen Lettern auf schwarzem Grund verkündete die Schlagzeile über vier Spalten hinweg:

„–20%. Strom-Gigant RWE steigt in den Preiskampf ein."

Der Lauftext: „Vorsicht, Hochspannung! In Deutschland beginnt ein beispielloser Kampf um die Strompreise. Der größte Stromanbieter, RWE Energie in Essen (2 Millionen Kunden), eröffnet das Wettrennen und bietet ab dem 1. August bundesweit Billigstrom an. Die RWE-Preise liegen um 20 Prozent unter denen der Konkurrenz. Die RWE-Kunden zahlen schon jetzt 25,87 Pfennig pro Kilowattstunde (+11,57 Mark monatliche Grundgebühr), müssen also nicht umsteigen. Was Stromkunden jetzt unbedingt wissen müssen, wie sie an den Billig-Strom kommen – Seite 2."

Und es kam noch schlimmer. Auf der Seite 2 versammelten sich unter der Rubrik „Thema des Tages" Stichworte wie „Strom-Schlacht", „gnadenloser Tarif-Kampf", „Schlagabtausch" und „Sicherungen durchgebrannt".

Am selben Tag erschien in allen großen Tageszeitungen eine ganzseitige RWE-Anzeige. Eine blaue Fläche, in der Mitte ein schwarzer Balken mit weißer Schrift: „Sie haben ein Recht auf den günstigsten Strom in Deutschland. RWE Energie." In einem gelben(!) Kasten stand: „Privatstrom. Jetzt wechseln. Bis 20% sparen. Viele Fragen? Alle Antworten 01 80-1 23 40 00. Ortstarif." Schließlich noch eine Zeile am unteren Rand: „Privatstrom, das Angebot von RWE Energie an alle Privathaushalte in Deutschland. Mehr Informationen auch im Internet www.privatstrom.de."

An diesem Wochenende beherrschte die RWE die Medien, nicht nur in der Berichterstattung. Der Koloss klotzte mit Werbung in der Presse, im Hörfunk und im Fernsehen, auch mit Postwurfsendungen. Und er blendete:

Die Werbetexte erweckten den Eindruck, dass die RWE ihren Tarif gesenkt hatte. In Wirklichkeit aber blieb der Konzern bei dem Preis, der für seine Privatkunden in Nordrhein-Westfalen schon seit einiger Zeit verbindlich war. Zwar würde das Unternehmen mit diesem Tarif in einigen Städten tatsächlich bis zu 20 Prozent unter dem Preis der örtlichen Konkurrenz liegen. Für die bisherigen RWE-Kunden veränderte sich aber nichts.

Auch der Superlativ stimmte nicht: Die RWE hatte einen günstigen, nicht aber den günstigsten Tarif. So wurde der RWE denn auch schon bald per einstweiliger Verfügung verboten, diese Werbeaussagen zu wiederholen.

Dennoch: Die RWE hatte es geschafft. Sie war als erstes Unternehmen an den Start gegangen. RWE-Energiechef Remmel konnte über eine Gehaltserhöhung für seine Öffentlichkeitsarbeiter nachdenken. Und Goll?

Goll war gar nicht so entsetzt. Möglicherweise fühlte er sich sogar erleichtert. Er hatte sich bisher immer gescheut, unser Preismodell 19/19 als offensives Wettbewerbsargument einzuplanen. Auch mit Preisvergleichen tat er sich schwer. Nach dem Coup der RWE gab es nun keinen Grund mehr, sich mit Skrupeln zu plagen.

Die Fakten sprachen für Yello Strom. Wir hatten den günstigeren Tarif. Und was die RWE bisher an Werbung gezeigt hatte, war nur Mittelmaß. Das baute mich wieder auf und mobilisierte meine Abwehrkräfte. Der Freitag ging irgendwie vorüber. Am Wochenende war in der Agentur natürlich „Vollversammlung".

Bestandsaufnahme: RWE war auf dem Markt. Daran konnten wir nichts mehr ändern. Jetzt ging es um Schadensbegrenzung und neue Angriffspositionen. Die RWE bedrohte uns auf drei verschiedenen Ebenen. Wir mussten mit drei Gegenmaßnahmen antworten.

1. Der gelbe Kasten in der blauen RWE-Anzeige war noch kein Problem. Aber wenn es der RWE einfiel, in ihren nächsten Anzeigen das Gelb zur Grundfarbe zu machen, dann konnten wir Yello vergessen. Also: Um das zu verhindern, mussten wir vorbeugen.

2. Die RWE hatte uns in die Defensive gedrängt. Ein Startplatz für Verlierer. Also: Um das Gesetz des Handelns wieder in die Hand zu kriegen, mussten wir angreifen.

3. Die RWE zog die Aufmerksamkeit der Medien auf sich. Sie besetzte das Thema „Tarifkampf um Privatkunden“. In ein paar Tagen würde das Interesse der Medien nachlassen. Der Auftritt von Yello Strom wäre dann keine Schlagzeilen mehr wert. Wegen noch immer fehlender Call-Center-Kapazitäten konnten wir unsere Pressekonferenz nicht vorziehen und nicht mit offenem Visier kämpfen. Also: Um das Medieninteresse von der RWE abzulenken, mussten wir redaktionelle Unruhe stiften und irritieren.

Vorbeugen. Angreifen. Irritieren. Innerhalb von einer Stunde entwarf ich eine Anzeige, die alle drei Gebote erfüllte. Eine gelbe Fläche, darauf groß in schwarzer Schrift das Bekenntnis: „Also ich glaube, Strom ist gelb.“ Unter dieser Schlagzeile nur das Logo von Yello Strom.

Wir schafften es in letzter Minute, unsere ganzseitige Anzeige für den kommenden Dienstag zu schalten, in der „Bild“, der „FAZ“, der „Welt“ und der „Süddeutschen Zeitung“.

Die Anzeige besetzte die Farbe Gelb. Sie signalisierte Kampfbereitschaft. Und sie gab sowohl der Konkurrenz als auch den Medien ein Rätsel auf. Ich konnte mir leicht ausmalen, wie die anderen Wettbewerber auf die Anzeige reagieren würden: Yello Strom? Noch nie gehört! Was steckt dahinter? Und wer? In den Kommandozentralen der Konzerne wird spekuliert und recherchiert. Juristen fahnden. Keine Chance. Marketingexperten befragen ihren Runenwurf. Hilft nichts. Das lineare Konzerndenken versandet. „Also ich glaube, Strom ist gelb.“ Wer glaubt da? Keine Ahnung. „Yello Strom.“ Was kommt da auf uns zu? Die gelbe Gefahr!

Irritation auch bei den Medien. Die RWE liefert Schlagzeilen, sie wird journalistisch umworben, ist jetzt noch Ehrengast in allen Redaktionen. Und sie will schnell die Tür hinter sich zumachen, damit die Konkurrenz draußen bleibt. Aber plötzlich und unerwartet stellt einer seinen Fuß in die Tür. Ein Unbekannter. Yello Strom. Die Neugier der Journalisten wird geweckt. Wer verbirgt sich hinter Yello Strom? Nur schlechte Wirtschaftsredakteure, die es ja bekanntlich nicht gibt, setzen nicht alle Telefone in Bewegung, um das Geheimnis als erste zu lüften. Die RWE ist noch immer im Zimmer. Aber keiner hört ihr mehr so richtig zu.

Mentale Blockade bei der Konkurrenz. Eine neue Sau im Mediendorf.

In einem Gespräch hatte Gerhard Goll einmal EnBW und RWE optimistisch mit David und Goliath verglichen. Goliath hatte voll zugelangt. Und David? „Und David tat seine Hand in die Hirtentasche und nahm einen Stein daraus und schleuderte ihn und traf Goliath an die Stirn, dass der Stein in seine Stirn fuhr und er zur Erde fiel auf sein Angesicht.“ (1. Sam. 17,49)

Der Stein war unterwegs. Jetzt konnten wir nur noch hoffen, dass er auch traf.

## Kapitel 29
## Steilvorlage

Noch eine Woche bis zur Pressekonferenz. Jeder Tag hatte jetzt nur noch vier Stunden. So schien es mir. Die Zeit flog dahin. Endspurt. Wochenlang hatten wir gleichsam im Untergrund gearbeitet, ständig die Furcht im Nacken, von der Konkurrenz enttarnt zu werden. Am 9. August konnte Yello Strom vor den Medien endlich Farbe bekennen. Am selben Tag und zur selben Stunde wollte Goll in einer außerordentlichen Sitzung den EnBW-Aufsichtsrat über den Stand der Dinge und die angestrebten Ziele informieren. Außerdem sollte jeder EnBW-Mitarbeiter einen „Aufklärungsbrief" von Goll bekommen, dazu einen Auszug aus unserem Markenhandbuch mit dem Unternehmenskonzept von Yello Strom.

Für die RWE war der Einzug in den Privatkundenmarkt nicht so triumphal, wie sie es sich erhofft haben mochte. Juristen beanstandeten den allzu vollmundigen Werbetext. Und dann machte auch noch ein Störenfried namens Yello Strom von sich reden.

Dienstag, 3. August 1999. Die RWE verkündet in einer Pressekonferenz, dass sie „der führende Energiedienstleister Europas" werden will. Die „Bild"-Zeitung meldet: „Erster Ärger beim Stromanbieter-Wechsel: So mal eben schnell zum Billigstrom-Anbieter wechseln – das kann ganz schön schwierig sein." Die Blockadeanzeige „Also ich glaube, Strom ist gelb." erscheint und sorgt in den Wirtschaftsressorts für Aufregung; ein Recherchewettlauf beginnt.

Mittwoch, 4. August 1999. Fast alle Fernsehsender strahlen den ersten Yello-Werbespot aus. Schwarze Schrift auf gelbem Hintergrund: „Hat Strom eine Farbe?" Robert de Niro alias Christian Brückner fragt: „Was hat eigentlich Strom für eine Farbe?" Robert de Niro alias Christian Brückner bekennt: „Also ich glaube, Strom ist gelb." Wusch: Yello Strom-Logo.

Donnerstag, 5. August 1999. „Horizont", Fachblatt für „Marketing, Werbung und Medien", berichtet auf der ersten Seite über „Hochspannung im Strommarkt". Ein findiger „Horizont"-Redakteur hat Witterung aufgenommen: „Essen. Drei Tage lang hatte RWE Energie das Thema bundesweite Stromlieferung für den Privathaushalt allein besetzt. Jetzt kontert die Konkurrenz. (...) Am Dienstag prangte eine Anzeige von Yello Strom in Tageszeitungen. ‚Also ich glaube, Strom ist gelb' heißt es dort wie auch im angelaufenen TV-Spot, der wie die Anzeige keinen Firmenabsender hat. Die Spur führt zu EnBW, wie ein Brancheninsider ‚Horizont' zutrug. (...) Offiziell ist von EnBW-Seite keine Bestätigung zu bekommen. Die Geheimhaltung zeigt die Spannung, die im Markt herrscht."

Freitag, 6. August 1999. Die „FAZ" meldet im Wirtschaftsteil: „Gericht stoppt RWE-Werbekampagne für Billigstrom". Die „Welt" berichtet: „Billigstrom-Kampagne: Schlappe für RWE-Chef". Im „Handelsblatt" steht: „Die Stromwellen schlagen hoch: RWE ändert Slogan (....) Der Werbeslogan ‚Sie haben ein Recht auf den günstigsten Strom in Deutschland' heißt nun: ‚Sie haben ein Recht auf günstigen Strom.' "

Goliath hatte es vermasselt. Er hatte den Mund zu voll genommen. Und es sollte noch besser kommen.

In der Woche vor der Yello-Pressekonferenz erlebten wir auch intern einige Überraschungen. Am Donnerstag, dem 5. August, trafen sich Zerr und Demuth im Vorstandsbüro von Goll zu einer Abschlusssitzung. Zur Sprache kam auch ein Gerücht, das Dr. Klon in die Umlaufbahn geschickt hatte.

Unternehmensberater Dr. Klon saß noch immer in Köln und arbeitete noch immer ahnungslos für den Papierkorb. Vielleicht nicht mehr ganz so ahnungslos. Jedenfalls behauptete er, dass der Energiekonzern PreussenElektra schon am Samstag, dem 7. August, an den Start gehen werde und für diesen Termin bereits üppige TV-Werbezeiten gebucht habe.

Goll, Zerr und Demuth überlegten nun, ob sie den ersten Auftritt von Yello Strom um zwei Tage vorziehen sollten, um nicht auch noch auf den dritten Startplatz zurückzufallen. Als die Diskussion über das Für und Wider kein Ende nehmen wollte, sagte Goll: „Lasst uns mal den Kreutz anrufen und fragen, was er davon hält." Ein paar Sekunden später klingelte bei uns das Telefon.

Während ich nun fernmündlich mitdiskutierte, konferierte ich über eine Nebenleitung in meinem Kopf mit meinen Erfahrungen. Von wem kam das Gerücht? Von Dr. Klon. Wie glaubwürdig war der Unternehmensberater? Außerdem: War Dr. Klon denn überhaupt noch zurechnungsfähig?

Nein, auf das Gerede eines solchen Mannes hin durfte die EnBW nicht ihre Pläne ändern. Ich war mir ziemlich sicher, dass

Dr. Klons Gerücht eine gezielte Fehlinformation war, die uns aus der Reserve locken sollte. Der Unternehmensberater wollte endlich an die Fakten, die wir so erfolgreich vor ihm verborgen hielten.

Als ich Goll meine Vermutung mitteilte und begründete, sagte er sofort: „Stimmt. Es bleibt alles wie geplant."

An diesem Donnerstag erfuhr ich auch, dass Davids Stein sein Ziel erreicht hatte. Goliath selbst hatte es freilich noch nicht mitgekriegt.

Abends bekam ich einen Anruf von der Hamburger Yello-Truppe: „Regen Sie sich nicht auf, Herr Kreutz. Wir haben erfahren, dass in der morgigen Ausgabe der ‚Welt' eine RWE-Anzeige ist, die irgendwie etwas mit Yello Strom zu tun hat." Näheres wussten die Hamburger nicht.

Ich schickte Frau Reuhl zum Düsseldorfer Bahnhof. Dort gab es bereits die Freitagsausgabe der „Welt". Kurze Zeit später hatte ich die „Welt" auf dem Tisch. Ich blätterte sie auf. Die Anzeige war nicht zu übersehen:

„Also ich weiß, Strom ist blau", verkündete die RWE ganzseitig auf blauem Grund. In unserer Schrift. Unter der Schlagzeile war unser Firmenzeichen abgebildet, mit Sinuswelle, aber ohne Yello Strom. Ein gelber Balken stieß in den Kreis: „PrivatStrom. Jetzt wechseln. Bis 20% sparen. 0180-1234000." Unten rechts stand: RWE Energie. Deutschlands größter Energieerzeuger. Internet www.privatstrom.de."

Der Riese hatte reagiert, unser Irritationskonzept war aufgegangen. Bei unserer ersten Begegnung, am 17. Oktober 1997, hatte Goll die RWE als den Hauptkonkurrenten der EnBW markiert: „Wir sind nur der viertgrößte Energiekonzern in Deutschland. Aber wir messen uns nicht am drittgrößten oder zweitgrößten Konzern, sondern an der RWE. Wir müssen der schnellste, gescheiteste und frechste Wettbewerber werden. David eben." Seit dieser Ansage waren noch nicht einmal zwei Jahre vergangen. Und der Riese zeigte Nerven.

Ich nahm die RWE-Anzeige, hängte sie in Brusthöhe an die Wand und setzte mich davor. Die RWE hatte sich aufgepumpt. Von „Deutschlands größtem Energieerzeuger" war in der ersten Anzeige noch nichts zu lesen gewesen. Eine Drohgebärde?

Etwa eine halbe Stunde saß ich da und schaute auf Goliaths

Antwort. In meinem Kopf war Hochbetrieb. Manche Gedanken waren geradezu kandiert mit Endorphinen. Ich freute mich wie ein Schneekönig. Eigentlich ist das gar nicht möglich, dachte ich. Wie kann jemand eine strategische Dummheit dieser Qualität produzieren? Das ist doch Berufsverbot bis ans Lebensende. Fast taten mir die Verantwortlichen Leid. Doch dann sah ich sie vor mir, in ihrer Agentur, in der sie für die RWE so etwas wie Werbung ausbrüteten. Ich sah es vor mir, wie einer diesen Satz „Also ich weiß, Strom ist blau" hinschreibt und ihn triumphierend seinen Kollegen zeigt. Und alle klatschen sich auf die Schenkel vor Begeisterung und freuen sich diebisch, diesem Yello-Phantom eine reinzudonnern, die sich gewaschen hat. Und ich höre, wie sie „megageil!" und „super!" rufen und „müssen wir sofort dem Kunden erzählen". Und der Kunde, die RWE, sagt „genial" und „perfekt" und „Glückwunsch". Und dann jubeln sie alle: „Diesem Yello Strom zeigen wir jetzt mal, wie austauschbar er ist."

Und alle, die da jubeln, glauben ganz fest, dass sie diesen vorwitzigen Yello Strom mit einem einzigen genialen Schlag schon im Vorfeld plattgemacht haben. Und keiner von ihnen ahnt, dass sie auf ein Ablenkungsmanöver hereingefallen sind und dass hinter dem nahen Hügel hochgerüstete Yello-Truppen auf das kurz bevorstehende Angriffssignal warten.

Und auch morgen, dachte ich, wird des Jubelns kein Ende sein. Dann laufen sie in der RWE mit der „Welt" in der Hand über die Flure, und in der Agentur knallen die Champagnerkorken. Sie feiern, obwohl sie sich bis in den Keller hinab schämen müssten. Wegen ihrer Dummheit.

Stopp! So durfte ich nicht denken. Ich musste herunter von meinem hohen Ross. „Bernd, Hochmut kommt vor dem Fall." So hatte meine Mutter oft gemahnt, damals in Biberach. Hin und wieder, zu gegebenen Anlässen, rufe ich mir ihre Stimme ins Gedächtnis: „Bernd, Hochmut kommt vor dem Fall." Ich konnte mich ruhig wie ein Schneekönig freuen. Aber es stand mir nicht zu, so überheblich zu triumphieren. So zog ich sicherheitshalber in Erwägung, dass ich derjenige war, der keinen Durchblick hatte. Möglicherweise steckte in der RWE-Anzeige eine Raffinesse, deren Ausmaß mein geistiges Fassungsvermögen weit überstieg.

Ich ging nach Hause, kochte mir einen Tee, holte mir einen Bleistift und einen Stapel weißes Papier und setzte mich an den

Küchentisch. War die RWE-Anzeige nun furchtbar dumm, oder war sie furchtbar raffiniert? Egal. Ich war schon wieder in Fahrt: Euch haue ich jetzt einen vor den Latz, ihr kopiert mir nicht ungestraft meine Anzeige. Und ich habe geschrieben und geschrieben. Gegen vier Uhr morgens bin ich schließlich ins Bett gefallen.

Fünf Stunden später, ich saß schon wieder in der Agentur, rief Herr Goll an: „Herr Kreutz, haben Sie die RWE-Anzeige gesehen?"

„Ja", sagte ich. „Ich hatte bereits gestern Abend das Vergnügen."

Goll: „Ist das nicht eine Steilvorlage?"

Ich: „Da brauchen wir nur noch den Kopf hinzuhalten."

Goll: „Das sehe ich auch so."

Ich: „Herr Goll, Sie wissen ja, dass ich der Meinung bin, dass es zur Unternehmenspolitik von Yello gehören muss, niemals zu reagieren, sondern stets zu agieren. Aber diesmal sollten wir uns ausnahmsweise einmal nicht an diese Regel halten. Ich habe mir heute Nacht etwas ausgedacht."

Goll: „Schießen Sie los."

Ich: „Wir kontern mit einer ganzseitigen Anzeige, auf der nur das Yello-Zeichen zu sehen ist und die Schlagzeile: ‚Ich kauf' doch keinen Strom von einem, der blau ist.'"

Goll lachte herzhaft: „Sehr gut. Ich schlage vor, dass wir die am Montag zur Pressekonferenz bringen."

Ich: „Ich habe auch noch eine moderatere im Angebot: ‚Klar doch, Strom ist gelb. Ich bin doch nicht blau.'"

Goll: „Auch prima."

Am Freitag anzurufen und noch einen ganzseitigen Anzeigenplatz in den Sonntagsausgaben von „Bild" und „Welt" zu bekommen, ist fast unmöglich. Aber die Verlage waren heiß. Wir schafften es, die moderate Version für den 8. August zu schalten.

Die ganzseitige Anzeige „Ich kauf' doch keinen Strom von einem, der blau ist." brachten wir in „Bild", „Welt", „FAZ" und „Süddeutsche Zeitung" unter. Für Montag, termingerecht zur Pressekonferenz.

## Kapitel 30
## Lieber David

Wie bastelt man einen Zuspruch?

Man nehme einen kleinen Karton, 5 x 20 x 10 cm, lasse sich von einem Modellbauer in die Mitte eines Styroporblocks eine runde, zweieinhalb Zentimeter tiefe Aussparung sägen und passe das Styroporbett in den Karton ein. Auf den Boden der Aussparung klebe man ein Yello-Zeichen mit der Inschrift „Yello Stone". Dann nehme man einen gelben Kristall entsprechender Größe und platziere ihn in der runden, im Durchmesser drei Zentimeter großen Vertiefung. Auf die Oberseite des Kartondeckels klebe man nun eine gelbe Fläche mit der Beschriftung „Lieber David." Zum Schluss befestige man einen aufklappbaren gelben Zwischendeckel direkt über dem Kristall und setze darauf: „Nimm den Stein und wirf."

Ich unterschrieb die Aufforderung, schloss den Karton und freute mich auf Michael Zerr, der seit dem 1. August 1999 einer der Geschäftsführer der Yello Strom GmbH war.

Am Sonntag, dem 8. August, fuhr ich mit Inge Reuhl und der David-Schatulle nach Köln zum Hotel „Excelsior". Dort sollte am nächsten Tag die Yello-Pressekonferenz stattfinden. Gleich nach unserer Ankunft trafen wir uns in der Bar mit Zerr und Demuth. Sie stellten uns Ingo Bücher vor, den Zerr kurz zuvor als Pressesprecher für Yello gewinnen konnte. Bücher kam aus Brüssel, wo er der Vertreter eines Landeswirtschaftsministeriums bei der EU war. Ahnend, was auf Bücher in den nächsten Wochen zukommen würde, warf ich ihm ein aufmunterndes „Tja, Herr Bücher, da haben Sie sich ja auf was Schönes eingelassen" zu. Dann überreichte ich Zerr meinen selbst gebastelten „Zuspruch" und fuhr wieder zurück nach Düsseldorf. Inge Reuhl übernachtete in Köln, um an dem ersten offiziellen und öffentlichen Auftritt von Yello Strom teilzunehmen.

Es folgt Inge Reuhls Bericht über die Pressekonferenz vom 9. August 1999:

Die Konferenz begann um zehn Uhr morgens im großen Tagungsraum des Hotels. Anwesend waren etwa 50 Journalisten von Presse, Funk und Fernsehen, außerdem mehrere Abgesandte der EnBW. Zerr eröffnete die Pressekonferenz mit einem Gag. Kurz vor Beginn der Veranstaltung hatten zwei Leute, die an der Vorbereitung der Pressekonferenz mitgearbeitet hatten, ihm und Demuth zwei gelbe Sieger-Trikots der „Tour de France“ überreicht. Nun hatte Zerr eine spontane Idee. Vor den Augen und Ohren der verblüfften Journalisten streiften er und Demuth sich die viel zu engen Sieger-Trikots über die recht massigen Oberkörper und verkündeten: „Wir wollen mit Yello Strom die ‚winners‘ sein.“

Da standen nun die beiden kräftig gebauten Energie-Chefs oben auf dem Podium und sahen aus wie pralle Würste, nicht wie Sieger.

Die Journalisten murrten. Man sei hier doch nicht auf einem Butterschiff. Man erwarte Fakten, keinen kindischen Mumpitz. Der erste öffentliche Auftritt von Yello Strom drohte zu einer peinlichen Lachnummer zu verkommen. Die Journalisten nahmen Zerr erst wieder ernst, als er das Preismodell der jungen EnBW-Tochter nannte: 19 Pfennig pro Kilowattstunde inklusive aller Steuern und 19 Mark Grundgebühr im Monat. Zerr schob ein Rechenexempel nach: „Bei einer vierköpfigen Familie mit 4 000 Kilowattstunden Jahresverbrauch bedeutet unser Preismodell eine Ersparnis von 186 Mark im Jahr gegenüber RWE-Privatstrom.“ Endlich griff David an. Auch andere Konkurrenten wurden vorgeführt: „Wenn die Familie von den Münchener Stadtwerken zu Yello Strom wechselt, dann spart sie sogar 517 Mark pro anno.“

Gegen Ende der einstündigen Pressekonferenz demonstrierte Zerr unternehmerischen Ehrgeiz: „Mit 43 Millionen Privatkunden machen die deutschen Stromversorger rund 43 Milliarden Mark Umsatz im Jahr. Wir rechnen damit, dass nur jeder zehnte Haushalt wechseln will. Von diesen Haushalten soll jeder dritte bei Yello Strom landen. Wir streben einen Jahresumsatz von 1,3 Milliarden Mark an.“

Während Inge Reuhl noch in Köln war, bekam ich einen Anruf von Goll, der gerade die außerordentliche Aufsichtsratssitzung hinter sich hatte. Er sagte nur drei Sätze: „Herr Kreutz, es ist alles gut gelaufen. Ich möchte Ihnen jetzt ein mündliches Zwischenzeugnis für Ihre bisherige Arbeit ausstellen. Es ist eine Eins.“

Das war’s an diesem Montag. Wir hatten ein wichtiges Etappenziel erreicht. Außer Atem und mit einigen Blessuren. Aber auch mit einer Menge neuer, guter Erfahrungen. Und mit Lust auf mehr.

Erwähnt sei noch der Funkspot, der an diesem Tag vielen Radiohörern eine gute Nachricht bescherte: „Seit heute steht fest: Strom ist gelb. Köln. Auf ihrer soeben beendeten Pressekonferenz hat die Yello Strom GmbH letzte Zweifel an der Farbe von Strom beseitigt: Strom ist gelb. Gelber Strom habe sich in langen Versuchsreihen gegenüber allen anderen Farben als besonders robust und haltbar erwiesen. ‚Er kommt praktisch ohne Farbverlust beim Verbraucher an', so ein Yello-Sprecher, ‚und kann sofort verwendet werden: Stecker in die Dose, und los geht's.' Informationen gibt es unter nullachthundert, neunzehn, dreimaldienull, neunzehn."

Schon am nächsten Tag, am 10. August, wurde Yello Strom zum Begriff. Das offensive Preiskonzept machte bundesweit Schlagzeilen: „Yello Strom unterbietet Branchenführer". „Yello geht als erste Strommarke auf Kundenfang". „Yello Strom will Nummer eins werden auf dem Privatkundenmarkt". „Yello Strom unterbietet RWE-Tarife".

Das „Hamburger Abendblatt" erschien mit der Überschrift: „Billigstrom aus dem Otto-Katalog. Der Hamburger Versandhausriese kooperiert mit der EnBW-Tochter Yello Strom". Im Lauftext erfuhren die Leser: „Tausende Kunden des Hamburger Versandriesen Otto werden in Kürze ganz besondere Post bekommen: Nicht nur seine neuesten Angebote aus der Herbst- und Wintermode wird Europas größtes Versandhaus dann anpreisen. Sondern über beigelegte Postkarten seine Kunden auch aufmerksam machen auf einen neuen Stromanbieter: Yello Strom. (...) Auch im nächsten großen Otto-Hauptkatalog werden die Otto-Kunden eine Postkarte finden, mit der sie Strom aus Baden-Württemberg bestellen können. Und zwar, so versicherte Yello-Strom-Geschäftsführer Michael Zerr, ‚zu den derzeit günstigsten Konditionen'."

Flankiert wurden die positiven Presseberichte von einer ganzseitigen Unternehmensanzeige in den Tageszeitungen „FAZ", „Welt", „Süddeutsche Zeitung" und „taz". Unter der Schlagzeile „Ab heute werden die Strompreise für private Haushalte neu berechnet" stand ein dreispaltiger Lauftext, in dem die Geschäftspolitik von Yello Strom erläutert wurde.

Gelb. Gut. Günstig.

Die Zeit der Konspiration, der Täuschungen und Ablenkungsmanöver war endlich vorbei. Am 11. August trafen sich Zerr und

Demuth mit Dr. Klon. Sie waren ihm eine Erklärung und eine Entlassung schuldig. Beides bekam er.

Ein paar Wochen später sollte sich Dr. Klon in einer Zeitschrift noch einmal zu Wort melden. Dort behauptete er, dass der Preiskampf der Energieunternehmen eine wirtschaftliche Torheit sei. Am Schluss drohe allen die Pleite. Deutschland im Dunkeln? Aber so ernst muss man ihn ja nicht nehmen, den Unternehmensberater Dr. Klon, der uns nun bis zum Ende des Buches nicht mehr begegnen wird.

## Kapitel 31
## Sonnenfinsternis

*„Ein Mann hat eine Erfahrung gemacht, jetzt sucht er die Geschichte dazu – man kann nicht leben mit einer Erfahrung, die ohne Geschichte bleibt, scheint es, und manchmal stellte ich mir vor, ein andrer habe genau die Geschichte meiner Erfahrung ...“*

Max Frisch in *Mein Name sei Gantenbein*

Für Goll und Zerr hatte das Yello-Zeitalter bereits mit dem offiziellen Marktstart begonnen. Für mich begann die neue Zeitrechnung erst mit der Sonnenfinsternis. Ich wollte feiern. Und so flog ich am Vormittag des 11. August nach Stuttgart, um das Naturschauspiel in seiner ganzen Pracht zu sehen.

Es waren nur wenige Passagiere an Bord. Über uns Hellblau, unter uns eine dichte Wolkendecke. Ich beschloss, nicht in die Innenstadt zu fahren. Dort standen sie in Massen, wie bei einem Rockkonzert im Fußballstadion. Ich war ein Teil dieser Masse, wollte aber an diesem Tag nicht unbedingt ständig daran erinnert werden.

Auf die Empfehlung von Michael Zerr hatte ich den Roman „Mein Name sei Gantenbein“ von Max Frisch gelesen, erschienen Mitte der 60er Jahre. Er schildert die Möglichkeit, sich und die Welt neu erfinden zu können. Diese magische Formel, mit der man die Wirklichkeit knacken konnte: „Ich stelle mir vor ...“ Max Frisch spielte mit den Identitäten wie mit Bauklötzen. Aus heutiger Sicht geradezu rührend. Die meisten von uns haben keine Geschichte mehr, sondern nur noch einen Lebenslauf. In der ernst zu nehmenden Literatur und Philosophie anno 2000 hat sich die persönliche Identität in den subatomaren Bereich verkrümelt. Im wahrsten Sinne des Wortes: verkrümelt. Der französische Starautor Michel Houellebecq nennt einen seiner Romane treffend „Elementarteilchen“; der Architekt und Meisterdenker Paul Virilio findet im Menschen nur noch „verblichene Texturen von Ich-Behauptungen“. Und nun die Sonnenfinsternis, die uns Elementarteilchen einen einheitlichen Spin gab. Himmel gucken. Sonne weg. Auf dem Münchener Marienplatz schenkte eine Brauerei Freibier aus; ein großes Optikunternehmen hatte Zigtausende Schutzbrillen verteilt; Reiseveranstalter boten günstige Gruppenarrangements an: mit dem Bus zum Jahrhundertereignis. Alles prima. Die gute alte Sonnenfinsternis konnte auch im WWW-Zeitalter noch für Aufsehen sorgen. Anders als in früheren Jahrhunderten glaubt heute kein Mensch mehr, dass der Himmel einstürzt und die Welt untergeht. Und trotzdem funktioniert es. Kein Mensch, der seine Sinne beisammen hat, glaubt wirklich, dass

Strom gelb ist. Und trotzdem funktioniert es. Es komme mir keiner und behaupte, er wisse, warum. Nur die Klons dieser Welt meinen, man könne einen kollektiven Reizauslöser auf dem Reißbrett konstruieren. Wer so denkt, der unterschätzt die Macht der Marken, die vielleicht Identitätsersatz, vielleicht aber auch eine Art Glaubensersatz sind. Heute könnte es in George Orwells „1984" heißen: „Nike is watching you." Und irgendwann wird die Geschichte des letzten Individualisten mit dem Satz enden: „Er liebte die Marke."

Wir mussten uns wieder anschnallen. Nach der Landung wollte ich eigentlich in ein nahe gelegenes Krautfeld gehen und dort auf die Finsternis warten. Aber es war bereits kurz nach 12 Uhr. Ich musste mich sputen. Der Beginn der Totalität war für 12 Uhr 33 angesagt. Als ich mich nach einem geeigneten Platz umschaute, sah ich auf dem Dach des Parkhauses ein Dutzend Leute mit dunklen Brillen stehen. Wenige Minuten später stand ich neben ihnen.

Ein Panoramablick. Dort hinten die Schwäbische Alb. Linker Hand freier Blick bis zum Schwarzwald. Vor mir der Asemwald und der Fernsehturm. Leichter Nieselregen. Ich lehnte mich gegen das Schutzgeländer, hielt meine kleine Ixus-Kamera bereit. Gegen 12 Uhr 25 riss über uns die Wolkendecke auf. Und dann kam der schwarze Vorhang, der vom Himmel bis zur Erde herabhing. Langsam glitt er auf uns zu. Es wurde ganz still. Keine Vogelstimmen mehr. Als hätte man der Welt plötzlich den Ton abgedreht. Und es war Nacht. Finstere Nacht in der Mitte des Tages. Zwei Minuten lang. Dann drehte sich die Erde aus dem kompakten Schatten wieder ins Licht. Zuerst zwei, drei zaghafte Vogelstimmen. Dann wieder das ganze Orchester, mit Autos und dem ganzen Trara.

Während der wachsenden und schwindenden Finsternis habe ich ein paar Mal auf den Auslöser meiner Kamera gedrückt, reflexartig, ohne durch den Sucher zu schauen.

Am Abend, zurück in Düsseldorf. Kurz vor 20 Uhr sitze ich mit Inge Reuhl in der Agentur vor dem Fernsehapparat. Es läuft das erste Programm. 19 Uhr 58 läuft ein Spot der Telekom. Danach wird die Studiouhr eingeblendet. Noch 25 Sekunden bis zur Tagesschau. Unser Sonnenfinsternisfilm kommt nicht mehr. Noch 20 Sekunden. Und da geschieht es doch noch. Es beginnt mit der totalen Finsternis, nur die orangefarbene Korona leuchtet schwach. Während das Licht der Sonne am Schattenrand zunehmend heller wird, verkündet Robert de Niro alias Christian Brückner: „Heute – war für Deutschland – ein ganz besonderer Tag. – Seit heute – gibt es gelben Strom.“ Zuletzt glüht auf dem Bildschirm ein warmes Sonnengelb. Schnitt. Yello-Logo. Unmittelbar danach, ohne Übergang, erscheint die ARD-Sprecherin Dagmar Berghoff und beginnt die Nachrichtensendung mit der Meldung: Die Sonnenfinsternis hat heute in Deutschland usw.

Ich habe wieder eine Gänsehaut, zum zweiten Mal an diesem außergewöhnlichen Tag.

## Kapitel 32
## Kommandosache „Komödie"

Die Welt war nicht untergegangen. Am Tag nach der Sonnenfinsternis fuhr ich in meiner Eigenschaft als „Generalbevollmächtigter für Comedy" nach Köln, um mit Ingolf Lück über unser TV-Konzept „Hausbesuche" zu reden.

Im Mittelalter brauchte man nur ins Bordell, in den Knast oder in die Kneipe zu gehen, wenn man mit einem Komödianten reden wollte. Heute muss man erst beim Produzenten oder Agenten brav Männchen machen. Dank einer Empfehlung von Dieter Wedel war mir diese Ochsentour erspart geblieben.

Lück und ich trafen uns im Kölner Produktionsbüro der SAT 1 „Wochenshow". Nachdem ich ihm kurz erklärt hatte, woher Yello Strom kommt und wohin Yello Strom will, stellte ich ihm unsere Spotidee und die Exposés zu den drei „Hausbesuch"-Episoden vor. Lück las und hatte Spaß. Aber auch Bedenken. Er könne sich durchaus vorstellen, sagte er, die Vertreter-Rolle zu übernehmen. Aber: Auf Grund der öffentlichen Diskussion über den Kernkraftausstieg sei das Ansehen der Stromerzeuger nicht gerade vom Feinsten. Könne er es sich überhaupt leisten, sich via Werbung auf die Seite der Energiekonzerne zu stellen?

Ich kannte diese Vorbehalte. Ich bin nie für Atomstrom auf die Straße gegangen. Die Forderung nach einem sofortigen Ausstieg halte ich allerdings für Utopie. Von Goll, der an den Energie-Konsensgesprächen mit Kanzler Schröder teilgenommen hat, wusste ich, dass die Verantwortlichen über das Wünschbare und Machbare konstruktiv verhandelten.

Es ist für einen Laien nicht leicht, einen Komödianten zum Lachen zu bringen. Ich schaffte es, wenn auch unbeabsichtigt:

„Herr Lück, ich verstehe Ihre Bedenken, halte sie aber für unbegründet", sagte ich. „Fünfzig Jahre lang sind die Stromverbraucher von den Monopolisten abgezockt worden. Jetzt wird Energie endlich billiger. Wenn Sie, Herr Lück, für Yello werben, dann setzen Sie sich mit an die Spitze dieser positiven Entwicklung."

Lück lachte: „Sie reden wie ein Wahlkämpfer, Herr Kreutz." Er wusste nicht, wie Recht er hatte. Als ich eine halbe Stunde später das Büro verließ, hatte ich zwar keine schriftliche Zusage von Lück, aber immerhin eine Hoffnung per Handschlag: Er habe zwar noch nie in einem Werbefilm mitgewirkt, sei aber im Prinzip an der Rolle des Yello-Vertreters interessiert, sagte er. Allerdings müsse er sich vorher noch mit seinem Agenten zusammensetzen. Obwohl mich das Stichwort „Agent" aus schlechter Erfahrung ein bisschen beunruhigte, war ich mir sicher, dass Ingolf Lück demnächst auf dem Bildschirm als Yello-Vertreter unterwegs sein würde. Und so geschah es auch.

Wir hatten jetzt die ideale Besetzung. Fehlte noch der ideale Regisseur. Er musste nicht nur ein Meister seines Fachs sein, sondern auch ein „Prominenten-Bändiger". Ein Mann, der auf Grund seiner großen Erfolge keine Durchsetzungsprobleme hatte. Kurzum: Wir brauchten Helmut Dietl, den Regisseur von so hochkarätigen Spielfilmen wie „Schtonk", „Rossini" oder „Late Show". Ich wusste, dass Dietl bereits viele Werbefilme gedreht hatte. Aber das war länger her. Ich schickte ihm ein Fax. Er antwortete. Und ich flog nach München.

Um Dietl für unser Projekt zu gewinnen, brauchte ich gute Argumente und Angebote. Ein erster Schritt in die richtige Richtung war bereits getan: Ich hatte Dietl eine Zusammenarbeit mit der Münchener Filmproduktionsfirma Interteam vorgeschlagen. Ich kannte den Interteam-Chef Hatto Kurtenbach. Dietl kannte ihn auch – und war einverstanden. Ein guter Anfang.

Wir trafen uns im Büro der Produktionsfirma. Zu dritt saßen wir um einen runden Tisch: Helmut Dietl, Produzent Tom Wommer und ich. Auf dem Tisch befanden sich eine bayerische Brotzeit mit Brezen und Weißwürschteln, unser Markenhandbuch und unsere TV-Exposés. Dietl gab sich zunächst noch reserviert, aber nicht unfreundlich. Ich warb. Mit wohlgesetzten Worten erklärte ich, dass mich nicht Dietls Berühmtheit nach München geführt habe, sondern vor allem seine Professionalität; denn: „Es geht mir auch darum, das vorliegende Grundkonzept mit Ihrer Hilfe zu verfeinern, Herr Dietl." Auch das kam gut an.

Dietl (nach kurzem Blickwechsel mit seinem Produzenten): „Ich müsste erst mal in meinem Terminkalender nachschauen, ob ich überhaupt Zeit habe. Da sind Projekte für SAT 1, für den WDR und so weiter."

Wommer (sachlich): „Es gibt da auch noch ein anderes Problem, Herr Kreutz. Die Exposés sehen jeweils einen anderen Drehort für die drei Filme vor: ein Einfamilienreihenhaus, ein Schloss und einen Wohnblock. Diese Drehorte müssen wir erst mal finden. Das dauert."

Ich schüttelte unwirsch den Kopf: „Das ist wirklich kein Problem. Vergeuden Sie doch Ihre Energie nicht mit der Beschreibung von Schwierigkeiten. Wir können die Schauplätze doch im Studio bauen lassen."

„Das wird aber teuer", sagte Dietl.

Jetzt hatte ich ihn an der Angel: „Ich bin nicht hier, um Geld zu verschenken", erwiderte ich. „Aber ich bin bereit, alle Voraussetzungen dafür zu schaffen, dass Sie gut arbeiten können. Es gibt nur zwei Sachen, die nicht zur Disposition stehen: das Konzept ‚Hausbesuche' und die drei Schauplätze, mit denen wir unterschiedliche Zielgruppen bedienen: Familie, allein stehende Frau und reiches Ehepaar. Bei allen anderen Sachen ist nur das optimale Ergebnis entscheidend."

Dietl (wohlwollend): „Studioaufbauten erleichtern natürlich vieles. Aber sicher gibt es da noch andere Entscheidungsträger. Sie müssen ja wohl erst Ihre Auftraggeber um Genehmigung fragen, Herr Kreutz."

Ich konnte ihn noch nicht beruhigen, aber immerhin schon verblüffen: „Es gibt in diesem Fall nur einen Entscheidungsträger, und das bin ich. Sie haben es ausschließlich mit mir zu tun, Herr Dietl. Mein Wort gilt."

Dietl und Wommer, die ganz andere Produktionsbedingungen gewohnt sind, schauten sich zweifelnd an. Ich legte nach: „Wenn Sie wollen, überweise ich Ihnen morgen eine Million Mark als Abschlagszahlung."

Jetzt waren Dietl und Wommer beruhigt. Und Dietl ging daran, die vorliegenden Exposés zu verfeinern. Er kam auf zwei Ideen, die das ursprüngliche Konzept wesentlich verbesserten.

Er schlug vor, dass das Symbolschwein aus dem Markenhandbuch unser günstiges Preismodell 19/19 darstellen sollte. Prima. So gab es nun zwei Hauptfiguren in jedem Film: den Yello-Vertreter und das Yello-Schwein.

Seine zweite Idee: „Wie wäre es, wenn in dem Augenblick, in dem der Lück den ‚Tatort' verlässt, alles gelb wird", fragte er, „dann hätten wir eine zusätzliche formale Klammer für alle drei Spots." Auch prima.

Einige Tage später trafen sich Helmut Dietl und Ingolf Lück in

München zu einem Vorgespräch. Sie verstanden sich auf Anhieb gut und drehten im Lauf der folgenden Wochen unsere drei „Hausbesuche".

Bevor wir zum letzten Kapitel kommen, sollten wir uns zumindest einen der Filme ansehen.

„Die Durchschnittsfamilie und der Yello-Vertreter"

Es ist Abend. Ein gelber Yello-Smart hält vor einem biederen Reihenhaus. Der „Yelloman" steigt schwungvoll aus, geht mit seinem großen Yello-Rucksack unterm Arm zur Tür und klingelt.

Nach einigen Sekunden öffnet sich eine Sichtklappe, und das misstrauische Gesicht des Hausherrn erscheint.

„Yelloman" schaut fröhlich und freundlich. Der Mann öffnet die Tür. „Yelloman" fragt in selbstverständlichem Ton: „Darf ich Ihnen mein Schwein zeigen?"

Der Hausherr ruft in Richtung Wohnzimmer: „Inge!"

Im Wohnzimmer sitzt die blonde Ehefrau Inge gelangweilt auf der Couch, eine Illustrierte in der Hand.

„Yelloman" kommt ins Zimmer, holt das Schwein aus dem Rucksack und nimmt neben der Ehefrau auf der Couch Platz. Die Ehefrau rückt näher und fragt mit erwachendem Interesse: „Was soll'n das für'n Schwein sein?"

„Yelloman" schaut der Ehefrau lächelnd in die Augen, präsentiert das Yello-Schwein und sagt bündig: „Spart Stromkosten."

„Das kann ich auch", sagt die Ehefrau, und schaltet mit einem Druck auf den Fußschalter das Licht der Stehlampe aus.

Im dunklen Wohnzimmer sind nur noch die Umrisse von „Yelloman" und der Ehefrau zu erkennen.

In der Dunkelheit ertönt die misstrauische Stimme des Hausherrn: „Inge!"

Das Licht geht wieder an. „Yelloman" und Ehefrau sitzen noch enger nebeneinander, ihre Kleidung ist leicht derangiert.

„Yelloman" sagt mit einem pfiffigen Lächeln: „19 Pfennig pro Kilowattstunde ..."

Er geht dem sichtlich angesäuerten Ehemann entgegen, hält das Yello-Schwein mit dem Yello-Zeichen auf dem Rüssel hoch und ergänzt: „... 19 Mark Grundpreis pro Monat ..."

Dann lässt er ein Geldstück in den Schlitz fallen und vollendet den Satz: „... ein Jahr Vertragslaufzeit."

Der Hausherr nimmt dem „Yelloman" das Yello-Schwein aus

der Hand und betrachtet es halb neugierig, halb verblüfft.

„Yelloman“ verrät ihm lächelnd das ganze Geheimnis: „Der Strom ist gelb.“ Dann verlässt er schnellen Schrittes das Haus.

In diesem Augenblick erstrahlt draußen auf der Straße das Reihenhaus in einem warmen gelben Licht.

Schnittfolge: Gelb. Gut. Günstig. Yello Strom.

## Kapitel 33
## Yello ohne Ende

*„Einer der spektakulärsten wirtschaftlichen Umbrüche seit der Wiedervereinigung: die Liberalisierung des Strommarktes."*

Frank Dohmen, Harald Schumann in *Der Spiegel*

„Welche Farbe hat Gott?" So fragte am 4. September 1999 fett gedruckt Pastor Klaus-Dieter Zunke in der „Celleschen Zeitung". Der Geistliche aus Ovelgönne begann sein „Wort zum Sonntag" mit der Feststellung: „Inzwischen kennen Sie die Frage: Welche Farbe hat Strom? Sie kennen auch die Antwort (angeblich gelb)."

Der Pastor sagte, was bundesweit Sache war. Die neue Physik sprach sich in Windeseile herum, von Flensburg bis Lindau, von Aachen bis Zittau. In den ersten drei Wochen nach unserem Marktstart erschienen rund 5 300 Presseberichte über Yello Strom; etwa 300 Fernsehbeiträge befassten sich mit unserer Werbekampagne und der Yello-Preispolitik. Unser Anzeigen-Duell mit der RWE wurde zum Signet der landesweiten „Strom-Schlacht": „Also ich weiß, Strom ist blau" versus „Ich kauf' doch keinen Strom von einem, der blau ist".

Im Yello Call-Center klingelten die Telefone von frühmorgens bis spät in die Nacht; täglich brachte die Post mehrere große Säcke, prall gefüllt mit schriftlichen Anfragen. Auf der Straße, in Büros und Werkstätten, am Stammtisch: Der gelbe Strom floss überall; innerhalb weniger Wochen wurde Yello gleichsam zum Volksgut. Das Frankfurter Satireblatt „Titanic" empfahl sich mit einem makaberen Cartoon. Ein Delinquent, festgeschnallt auf dem elektrischen Stuhl, spricht sein Vermächtnis an die Nachwelt: „Also ich glaube, Strom ist gelb." Die Hamburger Umweltschützer von Robin Wood verkündeten auf großen Transparenten „Not Yellow, but Green!". Der private Fernsehsender Pro 7 kupferte besonders großzügig ab. Er klebte Plakate mit seinem 7-Zeichen und „Gelb. Gut. Gratis."

Am Tag nach der Sonnenfinsternis begannen wir mit der klassischen Zeitungswerbung, in der es vor allem um überzeugende Fakten ging. Der wichtigste Pluspunkt für Yello Strom war zweifellos der günstige Tarif. Nach dem Diktat der Monopolisten wollten die Kunden endlich die Preise purzeln sehen. Es lag also nahe, die privaten Stromverbraucher mit den unterschiedlichen Tarifen zu konfrontieren. David gegen Goliath. Goll scheute nicht den Preisvergleich, aber er wollte ihn nicht gerne als aggressives Wettbewerbsargument eingesetzt sehen. Als die RWE ihren Tarif bekannt gegeben hatte, rief ich Goll an und bat ihn: „Herr Goll, ich kenne Ihre Einstellung zu öffentlichen Preisvergleichen. Aber dieses eine Mal müssen Sie mir erlauben, dem Stier eins zwischen die Hörner zu geben.“ Goll erlaubte. Am 12. August erschien in allen großen Tageszeitungen unsere Preisvergleichsanzeige, ein „Diptychon“. Auf der linken Seite stand mit schwarzer und weißer Schrift auf gelbem Grund: „Privatstrom? 1 174,– DM, sagte RWE. 988,– DM, sagt Yello. Was sagen Sie?“ Auf der rechten Seite stand: „Der Yello-Preis ‚19/19 alles inklusive‘ macht Schluss mit dem Preis-Chaos!“

Nach dieser klaren Ansage brachten die RWE und mehrere andere Wettbewerber sofort ihre Juristen auf Trab und erwirkten beim Kölner Landgericht eine einstweilige Verfügung – weil wir bei dem Tarifvergleich nicht die vertragliche Mindestlaufzeit von zwölf Monaten angegeben hatten.

Es war überhaupt kein Problem, die Texte der nächsten Anzeigen entsprechend zu ergänzen. Richtig teuer konnte ein anderer Gerichtsbeschluss werden. Am 9. August hatten der Otto-Versand und „bon prix“ begonnen, ihre neuen Kataloge mit dem Yello-Angebot zu verschicken. Schon wenige Tage später erging eine einstweilige Verfügung gegen den in Millionen von Katalogen gedruckten Yello-Satz: „Jetzt anmelden und lossparen.“ Dieser Satz wurde gerichtlich untersagt. Sparen könne man ja erst, so das feinsinnige Argument, wenn die erste Rechnung zur Zahlung anstehe. Bei jeder Zuwiderhandlung drohte Yello Strom eine Ordnungsstrafe von jeweils 100 000 Mark oder gegebenenfalls sogar Beugehaft.

Und auch das noch: Wenn Otto-Versand und „bon prix“ beschlossen, ihre restlichen Kataloge mit dem inkriminierten Werbesatz nicht zu verschicken, dann musste Yello Strom mit einer erheblichen Konventionalstrafe rechnen.

„Wo ist das Problem?“, fragte Zerr. „Etwas Besseres konnte uns doch gar nicht passieren. Wir zahlen keinen Pfennig. Stattdessen gehe ich in den Knast, und zwar in einem quietschgelben Anzug und begleitet von zehn Fernsehteams.“

Und dann spielte Zerr vor, wie er vor dem Gefängnistor eine Yello-Fahne schwenken und vor den vielen Mikrofonen eine Erklärung abgeben würde: „Die Altmonopolisten, die mich in den Knast klagen, die meinen es nur gut, liebe Verbraucher. Vor allem mit sich selbst. Jahrzehntelang haben sie euch über den Löffel balbiert. Und weil sie es auch weiterhin tun möchten, haben die guten Altmonopolisten beschlossen, euch vor dem bösen Wettbewerb schützen."

Zerr meinte es durchaus ernst. „Bezahlt wird nichts. Ich will in den Knast." Er erkundigte sich auch schon bei den Justizbehörden, ob er sein Handy mit in die Zelle nehmen dürfe. Die Auskunft beunruhigte ihn nur peripher: Lesen und Denken sei erlaubt, Telefonieren nicht.

In diesen Wochen lief Zerr zur Höchstform auf. Er tourte kreuz und quer durch die Medienlandschaft, argumentierte, brillierte, charmierte. Drei Männer bereiteten ihm professionell das Feld: Ingo Bücher, Pressesprecher von Yello Strom, Kommunikationsstratege Martin Stanscheit und sein Kollege Utz Karpenstein. Die Presse von „Bild" bis „Spiegel", Radiostationen in der Provinz und in Ballungszentren, die privaten und die öffentlich-rechtlichen Fernsehsender: Alle Medien präsentierten Zerr als den erfolg- und erfindungsreichsten Strom-Manager auf dem Privatkundenmarkt. Aus dem „jungen Bären" wurde „Mister Yello". Zerr hier, Zerr dort, immer eloquent, gut gelaunt und unkompliziert.

Zerr durfte nicht in den Knast. Die einstweiligen Verfügungen kamen zu den Akten. Aber während seiner vielen Fernsehauftritte nutzte er oft genug die Chance, das hartnäckige Monopoldenken der Konkurrenz bloßzustellen.

Fast immer kamen in den Sendungen auch Verbraucherschützer zu Wort. Wichtige Leute. Übrigens fast alle mit Bart. Man müsste mal einen Psychologen befragen. Aber, wie gesagt, wichtige Leute. Sie saßen da mit engagierten Gesichtsmuskeln und schauten besorgt wie Chirurgen am offenen Herzen. Mal meldeten sie Bedenken an, mal erteilten sie Rat. „Bloß keine Verträge mit langer Laufzeit unterschreiben!"

Wochen bevor sich die Verbraucherschützer auf das Thema „Laufzeit" kaprizierten, hatte ich schon mit Goll darüber gesprochen. Unser Preis war konkurrenzlos günstig. Aber während die RWE mit einem vierteljährlich kündbaren Vertrag lockte, mussten sich unsere neuen Kunden für mindestens ein Jahr binden. Ich beschwor Goll geradezu: „Wir müssen unsere Laufzeit ändern; denn sie ist der einzige Schwachpunkt, an dem die anderen Wettbewerber strategisch ansetzen können, um uns Schwierigkeiten zu machen."

Menschenkenner Goll meinte: „Die Leute haben überhaupt kein Problem mit einer zwölfmonatigen Laufzeit." Ich hakte nach: „Genau deswegen sollten wir von unseren zwölf Monaten runter. Denn wenn die Leute sich erst einmal entschieden haben zu wechseln, dann werden sie auch bei ihrem neuen Stromversorger bleiben, es sei denn, er liefert ihnen Wasser durch die Steckdose. Wer wechselt, bleibt. Und darum sollten wir die Laufzeit verkürzen. Ich würde sogar noch einen Schritt weiter gehen und die Konkurrenz auch in diesem Bereich unterbieten: Verzichten wir doch einfach ganz auf eine vertragliche Bindung!"

Goll wollte nicht. Das Resultat: Jetzt hatten wir die Verbraucherschützer mit ihrem Laufzeit-Lamento in unserem Revier. Was die Konsumenten-Anwälte bestimmt nicht wollten, aber tatsächlich bewirkten: Sie verunsicherten die Privatkunden so nachhaltig, dass die Wechselbereitschaft rapide abnahm. „Abwarten, der Strom wird noch viel billiger", rieten die Verbraucherschützer. Die Leute warteten und warteten, und der Wettbewerb fand schließlich weniger auf dem Markt als in den Chefetagen der Stromversorger statt. Die Marktanteile der ehemaligen Monopolisten veränderten sich weniger als erwartet.

Viele Anbieter senkten tatsächlich ihre ursprünglichen Preise. Aber nicht wegen eines Verbraucherschutz-Vetos. Es war der günstige Tarif von Yello Strom, der die Konkurrenz zu Nachbesserungen zwang. So meldete die „Bild" am 19. August: „Reaktion auf Yello-Attacke: Esag, Drewag & Veag senken Strompreise."

Yello Strom gab die Richtung an. Viele folgten, aber auf einem falschen Weg. Wir hatten den Strom zu einer Marke gemacht. Anstatt mit einer eigenen Strategie zu reagieren, beispielsweise mit einem faszinierenden Angebot, vertrödelten etliche Konkurrenten wertvolle Wochen damit, ebenfalls eine Marke zu entwickeln. Die RWE zum Beispiel. Im September zog der Stromriese aus Nordrhein-Westfalen nach. Er stellte sich den Privathaushalten mit der neuen Marke „Avanza" vor. Ein Markenname aus der „Branding & Co."-Retorte. Auch andere Wettbewerber glaubten, von uns gelernt zu haben. PreussenElektra zum Beispiel kam mit „Elektra direkt", VEW mit „Evivo". Schöner hätten wir es uns nicht träumen können.

*„Man nimmt einen Computer und lässt 58 Millionen Mal die Konsonanten und Vokale durcheinander wirbeln. Das Ergebnis wird dann noch bis zum Umfallen getestet. Am Ende heißt das dann ‚Opel Tigra'. Oder eben Aventis und Avanza. Nach vorn wollen sie offensichtlich alle – diese Avantgardisten."*

Konstantin Jacoby in *Der Spiegel*

Es war der Sommer der Markt-Auguren. Sie stellten und revidierten ihre Prognosen schneller, als die Zeitungen drucken konnten. Einmal hieß es, jeder zweite Privathaushalt werde den Stromanbieter wechseln. Dann rechneten Experten hoch, dass 80 Prozent der Verbraucher bei ihrem bisherigen Energieversorger bleiben würden.

Im Herbst veröffentlichten mehrere Energieversorger ihre Erfolgszahlen. Die RWE meldete klägliche 4 000 neue Vertragsabschlüsse. Yello Strom hatte mehr Kunden gewonnen als alle anderen Wettbewerber zusammen. Die entscheidenden Weihen bekommt eine Marke erst durch den wirtschaftlichen Erfolg. Und darum hatte ich bis zuletzt gebangt. Jetzt war es gelaufen, und zwar sehr gut.

Am 21. Oktober fuhr ich nach Stuttgart zu einem Treffen mit Herrn Goll. Es war der zweite Jahrestag unserer Bekanntschaft. Am 21. Oktober 1997 hatten der EnBW-Vorstandschef und ich uns zum ersten Mal gesehen und unsere Zusammenarbeit beschlossen. Grund genug zum Feiern. Goll und ich setzten uns ins Stuttgarter Firmencasino, ließen die Speisekarte kommen und bestellten gemischten Salat. Dazu je eine Flasche Teinacher Mineralwasser. Schwaben unter sich. Ich hatte zwei Geschenke für Goll mitgebracht: eine Information und ein Buch.

„Lieber Herr Goll“, begann ich, „in diesem Augenblick besuchen Michael Zerr und Ingolf Lück den hunderttausendsten Yello-Kunden. Es ist eine Familie Königsfeld in Sankt Augustin bei Bonn. Sie bekommt von uns eine Reise zum Yellowstone National Park.“

Goll nahm einen Schluck Mineralwasser. „Gut“, sagte er, und die rechte Seite seines Schnurrbarts hob sich leicht an.

Mit dem zweiten Geschenk wartete ich, bis wir mit dem Essen fertig waren. Dann übergab ich Goll die „Spuren der Macht“. Er hatte von dem vor kurzem erschienenen Bild- und Interviewband bereits gehört und schlug ihn sofort neugierig auf. Er sah Leidensgefährten: Neun Jahre lang hat die Autorin und Fotografin Herlinde Koelbl eine Gruppe von Politikern, Wirtschaftsbossen und Medienmachern im Jahresrhythmus befragt und fotografiert, um die Veränderungen der Perönlichkeiten im Bannkreis der Macht zu ergründen. Psychogramme von Prominenten wie Joschka Fischer, Angela Merkel oder Gerhard Schröder.

Nach den zwei Geschenken hatte ich noch eine EnBW-Überraschung parat. Ich konnte Goll ein Handmuster der ersten

„Energie Portraits"-Ausgabe zeigen: Dr. Alex Krauer, interviewt von „Zeit"-Redakteur Hanns-Bruno Kammertöns und fotografiert von Herlinde Koelbl. Und wieder hob sich die rechte Seite von Golls Schnurrbart leicht an.

Wir bestellten noch einmal Teinacher Mineralwasser und blickten zurück auf die vergangenen zwei Jahre. Es war viel geschehen in der Zwischenzeit. Die EnBW hatte nach der schwierigen Fusion ein ansehnliches Profil gewonnen und sich auf dem Geschäftskundenmarkt einen guten Namen gemacht. EVS und Badenwerk wurden überführt in eine EnBW Regional AG. Die Tochterfirma Yello Strom GmbH wurde „erfunden" und gegründet und überaus erfolgreich im Markt positioniert. „Also ich glaube, Strom ist gelb." Und über 50 Millionen Menschen glaubten das mittlerweile auch. Die junge Yello Strom GmbH hatte auf dem Privatkundenmarkt alle Konkurrenten abgehängt, auch den größten deutschen Energieanbieter RWE.

Wie sollte es mit Yello weitergehen?

Mein Vertrag mit der Kölner Yello Strom GmbH lief nur bis zum 31. Dezember 1999. Ich wusste noch nicht, ob ich ihn verlängern würde. Goll und ich vereinbarten, am Jahresende über dieses Thema zu reden.

Beim Kaffee erzählte Goll von seinen Sorgen und Hoffnungen.

Das Land Baden-Württemberg wollte im Zuge der Privatisierung bis zum Jahresende sein 25,01-Prozent-Paket an EnBW-Aktien verkaufen, ein Milliardengeschäft. Goll hatte weite Teile des baden-württembergischen Landtags verärgert, weil er frühzeitig den französischen Staatskonzern Électricité de France (EdF) als Käufer favorisierte. Für die protestierenden Landtagsabgeordneten ging es vor allem um landespolitische Muskelspiele. Ihre Hauptgegner: Goll und Ministerpräsident Teufel.

Der ehrenvollste, allerdings keineswegs so gemeinte, Vorwurf an Goll war, er führe das Unternehmen wie ein Unternehmer. Unternehmensinteressen spielten in diesem Politschaukampf nur scheinbar eine Rolle. Aber die Abgeordneten hatten ihre Rechnung ohne Yello Strom gemacht.

Durch unsere offensive Unternehmenspolitik war schockartig Bewegung in den Markt und in die Chefetagen gekommen.

Viele Stromversorger sahen in der neuen Marktsituation eher eine Bedrohung als eine Chance. Statt mit unternehmerischem

*„Die Geschichte, die wir über unsere Vergangenheit erzählen, bestimmt unsere Zukunft. Aus diesem Grund verwendet bei Nike eine Reihe von Führungskräften einen Großteil ihrer Zeit darauf, als ‚corporate storytellers' die Geschichte unseres Unternehmens zu erzählen und sein Erbe zu vermitteln. Und zwar allen – vom Vizepräsidenten über die Vertriebsmannschaft bis zu den Kassiererinnen in den Nike Läden. Die Geschichte, die sie dabei erzählen, hat nichts zu tun mit bombastischen Geschäftsplänen oder raffinierten Finanzstrategien', berichtet Nelson Ferris, 57, Nikes Chef in Sachen Unternehmenskultur und somit oberster ‚corporate storyteller'. ‚Sondern sie handelt von Menschen, die einfach ihre Arbeit erledigen'."*

Eric Ransdell in *Fast Company*

Elan und Einfallsreichtum Marktanteile zu gewinnen, fiel ihnen in ihrem Managementdenken nichts Besseres ein, als nach potenziellen Partnern Ausschau zu halten.

Mit ihrer wirtschaftlichen Paarungsgier brachten sich RWE, VEW und Bayernwerk schließlich kartellrechtlich um alle Chancen bei der EnBW. Es blieb nur noch ein Bewerber übrig: Électricité de France, Golls Wunschpartner.

Spannende Zeiten. „2000 wird für die ganze Branche das schwierigste Jahr überhaupt", prophezeite Goll. „Aber danach geht es wieder aufwärts."

Nach zwei Stunden, beim Abschied, noch eine letzte Frage von mir: „Herr Goll, sind Sie einverstanden, wenn ich über unsere Zusammenarbeit ein Buch mache?"

Goll nickte.

## Kapitel 34
## Danke!

Für die Mit- und Zusammenarbeit möchte ich mich bedanken bei Nina Arnold, Dr. Bernhard Beck, Reinfriede Bettrich, Martin Bleher, Karl Böhm, Sandra Borgmann, Christian Brückner, Ingo Bücher, Christian Darius, Marco Demuth, Dieter Deventer, Timo Dierkes, Helmut Dietl, Franz Ditgen, Dieter Eikelpoth, Dr. Birgit Fratzke-Weiß, Dr. Hartmut Fricke, Martina Gerling, Hermann-Josef Giesen, Silke Gress, Claudia Grotz, Martin Hartmann, Mirjam Heller, Dietmar Henneka, Uwe Höfer, Friedhelm Holzapfel, Rolf Ingenfeld, Martin Kaselow, Hanns-Bruno Kammertöns, Utz Karpenstein, Volker Kauder, David Kehoe, Reinhard Kiehl, Marcel Klenk, Edward Klosinski, Herlinde Koelbl, Evelyn Konstandin, Dr. Alex Krauer, Peter Krick, Mirko Krizanovic, Dirk Kurbjuweit, Hatto Kurtenbach, Andreas Lebert, Petra Lefert, Dr. Kurt Lillich, Andrea Linke, Ingolf Lück, Beate Maes, Christa Marek, Frauke Milbrecht, Ilse Mühlhölzer, Andrea Münstermann, Rulf Neigenfind, Frank Nicolaus, Ulrike Plehn, Tania Polich, Ferdinand Quante, Hendrik Rauch, Patricia Gräfin von Reichenbach, Inge Reuhl, Dieter Schaumann, Peter Schlotte, Nadja Schmedthorst, Michael Sombetzki, Claus Sommer, Nicole A. Spiekermann, Martin Stanscheit, Martina Thäsler, Joachim Tomaschewsky, Carmen Treffinger, Carina Verlohr, Stefan Viering, Petra Viethen, Marianne Weber, Dr. Dieter Wedel, Ulrich Wendt, Klaus Wertel, Wilhelm Wieben, Tom Wommer, Dr. Bernd-Michael Zinow, Alexander und Maximilian.

Mein besonderer Dank gilt Michael Zerr. Für seinen Glauben an die Kraft der Ideen.

Vor allem aber gilt er Ihnen, Herr Goll. Für alles.

# Anhang

## Ungestützte Bekanntheit von Stromanbietern

| | |
|---|---|
| Yello Strom | 53,6 % |
| RWE Energie | 28,3 % |
| Bayernwerk | 14,9 % |
| PreussenElektra | 5,5 % |
| VEW | 5,5 % |
| Evivo | 4,0 % |
| EnBW | 3,8 % |
| Avanza | 2,8 % |
| Elektra direkt | 1,5 % |

Quelle: „Horizont“; VEW-Energiekundentracking, repr. Befragung, Februar 2000

## Bruttowerbeaufwendungen

| | 1997 | 1998 | 1999 | **Gesamt** |
|---|---|---|---|---|
| RWE/RWE Energie (1999 inkl. Avanza) | 16 648 | 23 533 | 45 943 | **86 124** |
| PreussenElektra (1999 inkl. Elektra direkt) | 19 277 | 21 836 | 41 398 | **82 511** |
| Bayernwerk | 2 319 | 16 518 | 62 648 | **81 485** |
| EnBW | – | 10 634 | 18 351 | **28 985** |
| VEW (1999 inkl. Evivo) | 376 | 5 863 | 19 022 | **25 261** |
| Yello Strom | – | – | 90 269 | **90 269** |

Quelle: AC Nielsen S&P; Werbeaufwendungen der Unternehmen in TDM

## Medienthema

| | | |
|---|---|---|
| 1996 | Strom | 1 111 |
| | Energie | 1 665 |
| | **Gesamt** | **2 776** |
| 1997 | Strom | 1 146 |
| | Energie | 2 517 |
| | **Gesamt** | **3 663** |
| 1998 | Strom | 1 304 |
| | Energie | 3 000 |
| | **Gesamt** | **4 303** |
| 1999 | Strom | 1 756 |
| | Energie | 3 445 |
| | **Gesamt** | **5 201** |

Häufigkeit der Begriffe „Energie“ und „Strom“ in der Berichterstattung der „Frankfurter Allgemeinen Zeitung“

## „Echtes Schnäppchen“

Aus *Der Spiegel* Heft 11/2000

„Der Wettbewerb auf dem Strommarkt hat RWE in eine schwierige Lage gebracht. Konzernchef Kuhnt bereitet sich auf eine mögliche feindliche Übernahme vor ...

Mangelnde Vorbereitung auf den Wettbewerb im Strommarkt und milliardenschwere Fehlentscheidungen wie der verpatzte Einstieg in die Telekommunikation haben den nordrhein-westfälischen Stromriesen unter Druck gesetzt ...

Wenig erfolgreich geriet auch der Wettbewerb um private Stromkunden. Während quirlige Angreifer wie das Kölner Unternehmen Yello mit pfiffigen Werbe- und Marketingaktionen inzwischen mehr als 250 000 Kunden in ihre Netze lockten, konnte die mit mehrstelligem Millionenaufwand in den Markt gepuschte RWE-Marke Avanza nicht einmal 8 000 Neukunden gewinnen – und das alles bei rapide fallenden Strompreisen ...

Ganz offen rebellieren leitende Angestellte und Betriebsräte gegen die Konzeptlosigkeit der RWE-Führung. Das Tagesgeschäft, so Konzernbetriebsrat Alwin Fitting in einem internen Rundbrief, werde vom Management ‚sträflich vernachlässigt‘, es sei zu bezweifeln, ‚ob die Führungskräfte die Situation überhaupt noch beherrschen‘.

Hauptgrund für die Schwäche ist eine völlig unzureichende Vorbereitung auf den Wettbewerb im Strommarkt. Seit Jahren war den RWE-Managern klar, dass die europäischen Strommärkte liberalisiert werden sollten. Doch anstatt sich in Zeiten üppiger Monopolgewinne gewissenhaft darauf vorzubereiten und die Kerngeschäftsfelder entsprechend zu stärken, pumpte Kuhnt Milliarden in den Aufbau neuer Konzerntöchter – mit wenig Erfolg.“

## „Wie sich *E.On* gegen *Aral Power* und *Vevi* durchsetzte"

Aus *Die Welt* vom 31. März 2000

„Der neue Schriftzug steht für Internet, Aufbruch und Globalität – Namensfindung kostete 3 Millionen Mark

Düsseldorf – Noch hat die Fusion Veba-Viag die kartellrechtlichen Hürden nicht genommen, da steht schon der neue Name fest: E.On AG. ‚Es war eine einmalige Chance, das Kerngeschäft Energie, die Marke für unsere Produkte, den Firmennamen und die Aktie miteinander zu verbinden', begrüßt Veba-Sprecherin Marie-Luise Wolff die rundherum auffällige Label-Kreation der Designer-Agentur Wolff Olins. Im neuen Logo kämen zudem alle gewünschten Eigenschaften zum Ausdruck: Neben Energie noch Innovation, Internet, Aufbruch, Globalität, Sympathie, hohe Auffälligkeit und Beachtung. Mit E.On wechselt gleich auch die Hausfarbe: vom traditionellen Veba-Blau auf ein sanftes Rot. Der Aufsichtsrat hat E.On bereits einstimmig akzeptiert. Jetzt müssen noch die Aktionäre zustimmen.

Sechs Monate liegen zwischen der Erkenntnis, dass Veba-Viag einen innovativen und intelligenten neuen Namen bekommen muss, und der Entscheidung für E.On. Allein die Belegschaft hatte in dieser Zeit rund 700 Vorschläge eingereicht: von ‚Preussisch-Bayerischer Energie AG' über ‚VeVi AG' bis zu der mit Blick auf die künftige Doppelspitze Hartmann-Simson eher scherzhaft gemeinten ‚Hasi AG'. Auch ‚VeVita' konnte nicht befriedigen. Die bisherige Verwechslung mit einem Waschmittel hätte die Veba nur in die andere Nähe eines Schmelzkäses verschoben.

Natürlich stand Aral zur Diskussion, verfügt diese traditionsreiche Veba-Benzinmarke doch über einen außerordentlich hohen Bekanntheitsgrad. Zudem ist sie an den Tankstellen Marktführer. Doch, so die Einsicht, ist Aral eben Benzin und nicht Strom. Mineralöl ist zudem ein eher schmutziges Produkt. Zudem klingt Aral auf englisch nicht unbedingt positiv. Obendrein besteht die akute Gefahr, dass Aral samt Veba Oel eines Tages eigene Wege gehen, außerhalb des Veba-Viag-Konzerns. So wurde Aral als neuer Konzernname verworfen.

Die mit der Namensfindung beauftragten Profis, neben Wolff Olins noch die Frankfurter Agentur Demuth, hatten das weite Feld möglicher Namen schon frühzeitig auf 60 eingeengt. Die Hälfte davon bestand aus Kunstnamen, vergleichbar mit Novartis oder Aventis. Diesem schon an Inflation grenzenden Trend wollte sich die Veba-Viag nicht anschließen. Am Ende blieben acht Vorschläge zur Auswahl, darunter nur noch ein Kunstname. Aus einem verdeckten Test bei 2 000 Personen ging schließlich E.On mit Abstand als Sieger hervor.

Den Preis für die Namensfindung beziffert Veba mit etwa drei Mio. DM. Das deckt indes nur Recherche, Agenturberatung, Marktforschung und Anwaltskosten ab. Zudem musste in den USA einem kleinen Mittelständler, dessen Firma schon E.On hieß, der Name abgekauft werden. Er dürfte damit ein gutes Geschäft gemacht haben. Die wirklichen Kosten der Taufe kommen allerdings erst noch, wenn der Name intern und extern realisiert wird: vom Neudruck sämtlicher Visitenkarten und Briefbögen bis hin zu einem aufwendigen Werbefeldzug. ..."

## Bildnachweis

Bildreihenfolge jeweils von oben links nach unten rechts. Wahlkampf: SZ Magazin; Fehlanzeigen: Camille Tokerod/Tony Stone, Morton Shapiro/ibid/Premium, Maximilian/ibid/Premium, Kristin Finnegan/Tony Stone, Fridmar Damm/Zefa, Peter Christopher/Zefa, Roy Butterall/Bavaria, Morton Shapiro/ibid/ Premium, Guy Marché/Zefa, Tim Flach/Tony Stone; Unternehmensanzeigen: Claire Haydn/Tony Stone, Joanne Dugan/Graphistock, Ralph Gibson, Michael Melford/The Image Bank, Will McBride, Martin Barraod/Tony Stone, Ernst Haas/Tony Stone, Jane Hinds/Graphistock, Charles Wilp/Art & Space, Ernst Haas/Tony Stone, Ives Gellie/Focus, Kevin W. Kelley/World Perspectives; Geschäftsbericht: Dieter Eikelpoth; „Erster“: Kristin Finnegan/Tony Stone; Expertenanzeigen: Dieter Eikelpoth; Augenblick: Hendrik Rauch/lux Fotografenbüro, Nicole Maskus; Dreh-Pause I: Mirko Krizanovic; Gedankenspiele: Dietmar Henneka; Yellotown: Reinhard Rosendahl; Jahrhundertereignis: Black Star/Zefa; 18/1-Plakat: Werner Mahler/Ostkreuz; Dreh-Pause II: Mirko Krizanovic; Glaubensbekenntnis: Titanic; Gegendarstellung: Roland Scheidemann/dpa, Werner Mahler/Ostkreuz; Auftragshumor: Erik Liebermann, Hans Traxler, René Fehr, Freimut Wössner.

02/123 3,00